成本管理与控制实战丛书

现代酒店成本管理与控制

匡仲潇　主编

化学工业出版社

·北京·

内容提要

《现代酒店成本管理与控制实战宝典》一书具体包括酒店成本控制概述、酒店采购成本控制、酒店人力成本降低、客房设备用品管控降成本、酒店餐饮成本控制、节能降耗减成本、管好酒店设备降成本、推进信息化管理降低经营成本、加强酒店成本费用内部控制等内容。本书文字浅显，语言简练，条理清晰，深入浅出，将复杂的管理理论用平实的语言与实际操作结合起来，读来轻松，用时方便。

本书可供酒店经营管理负责人、各部门负责人和管理人员，以及新入职的大中专毕业生、有志于从事酒店业成本管理的人士学习参考。

图书在版编目（CIP）数据

现代酒店成本管理与控制实战宝典/匡仲潇主编. —北京：化学工业出版社，2020.9（2024.5重印）
（成本管理与控制实战丛书）
ISBN 978-7-122-37073-0

Ⅰ.①现… Ⅱ.①匡… Ⅲ.①饭店-成本管理 Ⅳ.①F719.2

中国版本图书馆CIP数据核字（2020）第090133号

责任编辑：陈 蕾　　　　　　　　　　　　　　　装帧设计：尹琳琳
责任校对：王 静

出版发行：化学工业出版社（北京市东城区青年湖南街13号　邮政编码100011）
印　　装：北京天宇星印刷厂
787mm×1092mm　1/16　印张19¾　字数409千字　2024年5月北京第1版第3次印刷

购书咨询：010-64518888　　　　　　　　　　　售后服务：010-64518899
网　　址：http://www.cip.com.cn
凡购买本书，如有缺损质量问题，本社销售中心负责调换。

定　　价：88.00元　　　　　　　　　　　　　　　　　　　　　　版权所有　违者必究

成本管理与控制是企业永恒的主题，利润与成本的关系就是在收入一定的情况下，成本越低，利润越大。而成本管理的目标是保证成本的支出获得最有效的收益——提升价值。成本控制不等于省钱，花得多会浪费，花得少也会有浪费，花多花少不是重点，花得有效才是关键，才会避免价值不平衡造成的浪费。

对于企业而言，暴利的年代一去不复返，人工成本、材料成本年年在攀升，企业盈利的空间似乎越来越低，而每年却仍在不断地有新的企业成立，企业之间的竞争也就越演越烈，企业的竞争力在哪里？在成本管理！对于许多企业而言，能否继续生存取决于运用复杂的成本管理系统的能力，而这种成本管理系统，能产生内在动力来促使企业成本的下降。

当然，许多企业都很重视成本管理与控制，但有时收效甚微，有的最后甚至放弃去抓。基于此，我们的管理团队萌发了一个想法，就是将团队在给企业辅导的过程中关于成本管理与控制的经验总结出来，编写成"成本管理与控制实战丛书"，期待能帮助到处在困境或迷惑中的企业管理者。

酒店成本管理与控制较好的企业不仅竞争力较强，而且利润率也会高于同行业的其他企业。所以，酒店业要想在提高自身竞争力的同时提高效益，有效的成本管理与控制是关键。

酒店成本管理，就是在酒店开业及经营过程中，对所产生的成本费用支出，有组织、有系统地进行预测、计划、控制、核算、考核、分析等科学管理的工作，它是以降低成本为宗旨的一项综合性管理工作。成本与利润是两个互相制约的变量，因此，合理降低成本，必然增加利润，就能提供更多的资金满足单位扩大规模的资金需要，就可以提高单位的经营管理水平，提高企业的竞争能力。

进行成本管理是酒店业改善经营管理，提高酒店管理水平，进而提高酒店竞争力的重要手段之一。酒店只有在确保安全和服务质量的前提下，不断加强管理，严格控制经营成本，挖掘潜力降低成本，才能取得较多的经济效益，才能使企业在市场竞争中永立不败之地。但许多酒店在成本控制方面做得并不好，有的是没有成本控制的思维和想法，有的是有想法却没有方法，处在一种盲乱无序的状态，结果不仅没有降低成本，反而因为控制成本而增加了酒店的经营成本。

《现代酒店成本管理与控制实战宝典》一书具体包括酒店成本控制概述、酒店采购成本控制、酒店人力成本降低、客房设备用品管控降成本、酒店餐饮成本控制、节能降耗减成本、管好酒店设备降成本、推进信息化管理降低经营成本、加强酒店成本费用内部控制等内容。

本书文字浅显，语言简练，条理清晰，深入浅出，将复杂的管理理论用平实的语言与实际操作结合起来，读来轻松，用时方便。可供酒店经营管理负责人、各部门负责人和管理人员，以及新入职的大中专毕业生、有志于从事酒店业成本管理的人士学习参考。

本书由匡仲潇主编，参与编写的有滕悦然、刘艳玲。由于笔者水平有限，疏漏之处在所难免，敬请读者批评指正。

编　者

第一章 酒店成本控制概述

酒店各项成本控制的目的是以酒店效益最大化为目标。在竞争激烈而又微利的酒店业，成本管理的加强，必然能带来经济效益的提升，从而提高酒店竞争力和创造利润最大化。

第一节 何谓酒店成本 ·· 1
  一、酒店成本的定义 ·· 1
  二、酒店成本的构成要素 ·· 1
  三、酒店成本的计算过程 ·· 2
第二节 何谓酒店成本控制 ·· 2
  一、酒店成本控制的三个部分 ·· 2
  二、酒店成本控制的细分内容 ·· 3
第三节 酒店成本控制的思路 ·· 5
  一、以提升成本功能价值为主导的意识 ·· 5
  二、以本量利分析为手段的思路 ·· 7
  三、全员成本控制的意识 ·· 7
第四节 酒店成本领先战略的管理方式 ·· 7
  一、流程管理 ··· 8
  二、目标管理方式 ·· 8
  三、项目管理方式 ·· 9
  四、全面管理方式 ·· 9

第五节 酒店成本控制的具体措施 10
一、建立和健全企业的成本控制制度 10
二、合理设置酒店成本控制机构 11
三、建立并有效运用激励竞争机制 11
四、加快酒店集团化经济,实行规模发展 11
五、掌握先进技术,降低经营成本 12
六、重视信息技术,提高酒店竞争力 12
七、重视新技术运用,减少能源成本的消耗 13
【实战范本1-01】酒店定额管理制度 13
【实战范本1-02】酒店经营成本分析制度 15

第二章 酒店采购成本控制

> 成本控制中处于第一环节的就是采购成本,这个环节直接关系着酒店业绩的好坏。
>
> 采购水平的高低不仅能直接决定酒店的营业费用和固定费用,还会在一定的程度上影响经营过程中的管理费用。控制采购成本具体体现在两方面:一是以更低的价格(包括货款、运费和磨损费)采购市场上同类产品;二是确保所购酒店用品或设备的质量。

第一节 酒店采购的方式与原则 19
一、酒店物品采购的方式 19
二、酒店物品采购的原则 21

第二节 酒店采购成本降低策略 22
一、采购效益最大化 22
二、比较供应商 22
三、比较品牌 23
四、利用具有成本效益的各种折扣 24
五、采购适量的存货 24
六、采购节省人工的产品 24
七、以符合道德标准的方式进行采购 25

第三节 酒店采购成本降低措施 25
一、完善采购制度 25

二、完善预算编制 ·· 26
三、规范采购活动的工作流程 ·· 26
四、降低采购物资成本的方法和手段 ·· 30
五、实行战略成本管理来指导采购成本控制 ································· 30
　　【实战范本2-01】酒店采购制度及程序 ································· 31
　　【实战范本2-02】酒店采购成本全程控制规范 ······················ 41
　　【实战范本2-03】酒店HOE类别清单 ··································· 43
　　【实战范本2-04】酒店开业HOE采购计划表 ························ 44
　　【实战范本2-05】酒店开业HOE采购计划审批表 ·················· 44
　　【实战范本2-06】酒店类物品采购合同管理台账 ·················· 45
　　【实战范本2-07】样品接收/退还记录表 ······························· 45
　　【实战范本2-08】酒店HOE采购封样记录表 ························ 46
　　【实战范本2-09】酒店营运重点产品采购月报表 ·················· 46
　　【实战范本2-10】酒店营运采购稽核检查大纲 ······················ 47
　　【实战范本2-11】酒店HOE采购后评价模板 ························ 48
　　【实战范本2-12】供方履约评估表 ·· 48
　　【实战范本2-13】物资采购计划 ·· 49
　　【实战范本2-14】采购申请单 ··· 50
　　【实战范本2-15】物资验收入库单 ·· 50
　　【实战范本2-16】物资收发存月报表 ···································· 51

03

第三章　酒店人力成本降低

在酒店经营管理中，人力资源的成本是影响利润的重要因素之一。随着旅游市场的发展，商务活动的活跃，宾客品位的提高，酒店对从业人员的文化水平、业务素质等要求将越来越高，因此人力资源成本在经营成本中所占的比例也将呈现不断增长的趋势。由此可见，控制好人力资源成本，对于当前处于微利经营的酒店如何获得最大的利润回报和健康的发展具有十分重要的作用。

第一节　人力成本的构成 ··· 52
　　一、取得成本 ·· 52
　　二、开发成本 ·· 53
　　三、使用成本 ·· 53

四、离职成本……54

第二节 酒店人力成本降低的对策……54

一、要根据酒店特点，科学进行预算……54
二、开发人力资源，培养复合型人才……57
三、合理配置人才，避免人才的高消费……58
四、研究工作量与工作难度的降低……59
【实战范本3-01】人力资源管理年度费用预算表……61
【实战范本3-02】人力资源管理费用预算执行表……62
【实战范本3-03】人力资源成本分析表……63
【实战范本3-04】年度招聘计划及费用预算表……64
【实战范本3-05】部门招聘成本预算表……64
【实战范本3-06】招聘成本登记表……65
【实战范本3-07】招聘工作成本分析表……65
【实战范本3-08】培训费用预算明细表……67
【实战范本3-09】各培训课程费用明细表……67
【实战范本3-10】加班费明细表……68

第三节 招聘成本的降低……68

一、制定详细的招聘方案，加强对招聘人员的培训……68
二、选择科学的招聘方法……68
三、招聘应选择合适的招聘渠道……69
四、招聘信息发布要讲技巧……71
五、招聘评估要及时……71
六、实施招聘工作团队负责制……72

第四节 员工培训成本降低……72

一、员工培训成本的构成……72
二、进行科学合理的培训需求分析……73
三、针对不同群体实施菜单式培训……74
四、做好培训的转化工作……74
五、合理设计培训协议防止员工流失……75
六、培养内部兼职培训师……76
【实战范本3-11】某酒店菜单式培训方案……78
【实战范本3-12】外派培训服务协议书……84
【实战范本3-13】酒店培训协议……86

第五节 利用实习生资源降低成本……88

一、实习生在降低酒店人力资源成本方面的作用……88

二、合理利用实习生资源的对策和措施 ·········89

第六节　留住人才，降低员工流失成本 ·········91
　　一、人才流失成本的表现 ·········91
　　二、酒店人才流失的特点 ·········92
　　三、酒店人才流失的原因 ·········93
　　四、酒店人才流失的对策 ·········95
　　【实战范本3-14】员工离职成本核算表 ·········101
　　【实战范本3-15】员工异动分析表 ·········104

第四章　客房设备用品管控降成本

> 客房成本也是酒店经营成本的一部分。客房部的设备用品不但种类多，数量大，使用频率高，而且设备的资金占用量也居酒店前列。客房设备用品管理得好与坏，直接影响着酒店的成本控制。酒店客房的设备用品必须遵循经济、实用这一宗旨，以实现酒店效益的最大化。

第一节　客房设备用品管理概述 ·········105
　　一、客房设备用品的管理范围 ·········105
　　二、客房设备用品的管理要求 ·········105
　　三、客房设备用品的管理方法 ·········106

第二节　客房设备的配备与管理 ·········107
　　一、客房设备配备要求 ·········107
　　二、客房设备的选择 ·········108
　　三、设备分类建档管理 ·········110
　　四、客房设备日常管理 ·········111
　　五、设备保养与维护 ·········111
　　六、客房设备更新改造 ·········113

第三节　客房布草管理与控制 ·········114
　　一、客房布草的选择 ·········114
　　二、客房布草的存放 ·········116
　　三、客房布草的收发 ·········117
　　四、客房布草报废和再利用 ·········117

五、布草的使用控制 ………………………………………………………… 118

六、布草洗涤管理 …………………………………………………………… 118

七、布草盘点 ………………………………………………………………… 119

八、备用布草的管理 ………………………………………………………… 119

　　【实战范本4-01】客房楼层布草管理制度 ……………………………… 120

　　【实战范本4-02】布草房管理制度 ……………………………………… 122

　　【实战范本4-03】布草车物品摆放标准及日常使用规范 ……………… 123

　　【实战范本4-04】每日布草申领（换洗）单 …………………………… 125

　　【实战范本4-05】布草欠账单 …………………………………………… 126

　　【实战范本4-06】布草报废记录表 ……………………………………… 126

　　【实战范本4-07】布草盘点表 …………………………………………… 127

　　【实战范本4-08】布草盘点统计分析表 ………………………………… 127

　　【实战范本4-09】备用布草储量卡 ……………………………………… 128

第四节　客用品成本控制

一、明确客用品的储备标准 ………………………………………………… 128

二、制定客用品消费定额 …………………………………………………… 128

三、客房用品的发放 ………………………………………………………… 129

四、客用品的日常管理 ……………………………………………………… 130

　　【实战范本4-10】客用品收发管理制度 ………………………………… 130

　　【实战范本4-11】日常消耗品申领单（客用品） ……………………… 132

　　【实战范本4-12】每日房间卫生用品耗量表 …………………………… 133

　　【实战范本4-13】每日楼层消耗品汇总表 ……………………………… 134

　　【实战范本4-14】每月客用品消耗分析对照表 ………………………… 134

第五节　运用客房智能控制系统降成本

一、酒店客房智能控制系统与成本控制 …………………………………… 135

二、应实现的系统功能与模式 ……………………………………………… 137

三、客房智能控制系统开发的实施步骤 …………………………………… 141

第五章　酒店餐饮成本控制

　　我国酒店的餐饮利润来源于餐饮营业收入和餐饮成本这两个环节，在我国酒店的餐饮价格和其他因素不变的情况下，餐饮成本决定着酒店利润的高低，餐饮成本降低可以增加餐饮业的利润，因此减少餐饮的开支是提高餐饮经济收益最基本的方法，而加强成本控制是降低我国酒店的餐饮成本最有效的途径，也是提高我国酒店餐饮盈利水平的基本手段。

第一节　酒店餐饮经营特点及成本结构分析 143
　　一、酒店餐饮的经营特点 143
　　二、餐饮成本概念 144
　　三、餐饮成本结构及控制方法分析 146

第二节　酒店的餐饮成本控制的必要性 149
　　一、降低酒店的餐饮成本，使得酒店获得更大的利润空间 149
　　二、降低消费者的成本、吸引更多消费者到店消费 149
　　三、为了适应消费者追求精神上的享受 149
　　四、控制成本是酒店提高竞争力的根本途径 150

第三节　餐饮成本造成偏差的原因 150
　　一、酒店的餐饮部门的菜单设计不够准确 150
　　二、酒店工作人员没有成本控制意识 151
　　三、酒店餐饮的原料使用容易造成浪费 151
　　四、餐饮成本控制机制不够完善合理 152

第四节　酒店餐饮成本控制的措施 153
　　一、实施标准成本控制制度，控制材料耗量 153
　　二、培养酒店全员成本意识，加强成本效益观念 155
　　三、建立合理的采购和验收制度 156
　　四、重视原料仓储、发放原料过程 156
　　　　【实战范本 5-01】餐饮采购管理制度 156
　　　　【实战范本 5-02】餐饮部物资成本控制规定 160

第六章　节能降耗减成本

　　近年来随着煤、电、油、水能源价格的不断上涨，酒店业的能耗成本也不断上升。面对激烈的市场竞争，节能减排、降低成本负担成为酒店立足市场、提高竞争力的关键因素之一，推行节能减排对提升酒店行业整体形象具有深远的意义。

第一节　酒店节能降耗管理的内容 ... 166
一、酒店能源管理 ... 166
二、酒店用水管理 ... 167
三、酒店废弃物管理 ... 167

第二节　实施节能降耗的基础工作 ... 167
一、掌握节能降耗的法律法规 ... 167
二、建立健全能源管理机构 ... 168
三、实行节能降耗目标管理 ... 169
四、制订并实施节能降耗计划和方案 ... 170
五、加大资金投入和加强技术力量 ... 170
六、推广节能技术和产品 ... 171
七、采取有效的设备保养和使用措施 ... 175
八、严格高效的管理制度 ... 176
九、开发酒店能源管理系统 ... 176
【实战范本6-01】酒店节能降耗管理制度 ... 178
【实战范本6-02】酒店倡导节能减排实施活动方案 ... 184
【实战范本6-03】关于酒店冬季灯控及节能管理的建议 ... 188
【实战范本6-04】客房部节能降耗管理规定 ... 199
【实战范本6-05】餐饮部节能降耗实施方案 ... 203
【实战范本6-06】工程部节能降耗管理办法 ... 207
【实战范本6-07】酒店行政部节能降耗实施方案 ... 209

第三节　酒店节能减排的具体措施 ... 213
一、减少能源浪费 ... 213
二、减少水资源使用 ... 214
三、能源计量 ... 216
四、节能管理与操作 ... 217
五、节能方法 ... 219
六、设备选型与管理 ... 225
七、节能宣传和培训 ... 226
【实战范本6-08】酒店电力使用记录表 ... 227
【实战范本6-09】酒店锅炉主机运转时数表 ... 227
【实战范本6-10】酒店锅炉燃油使用记录表 ... 228
【实战范本6-11】酒店冷气泵省电器使用记录表 ... 228
【实战范本6-12】酒店水使用记录表 ... 228
【实战范本6-13】酒店加药机使用记录表 ... 229

【实战范本6-14】能源费用与计划对比表…………………………………………229
【实战范本6-15】各部门用品损耗对比表（每月数据提供进行对比）………229
【实战范本6-16】酒店各区域开关灯时间表…………………………………………230
【实战范本6-17】酒店灯光开关时间控制表…………………………………………230
【实战范本6-18】酒店各楼层空调保持温度表………………………………………232
【实战范本6-19】酒店工程部节能管理检查表………………………………………232

第七章　管好酒店设备降成本

酒店设备的维修与保养是一项很大的支出，只有把酒店的设备进行充分利用，懂得妥善使用，才能达到酒店设备利用的最大化，从而降低损耗，节约能源，最终达到降低酒店经营成本的目的。

第一节　酒店设备的综合管理……………………………………………………235
　一、酒店设备的类别……………………………………………………………235
　二、设备管理组织机构设置……………………………………………………236
　三、设备资产管理………………………………………………………………237
　四、设备的购置…………………………………………………………………237
　五、设备的验收…………………………………………………………………238
　六、设备的安装、调试…………………………………………………………238
　七、酒店设备的更新与改造管理………………………………………………238
第二节　酒店设备的使用与维护管理……………………………………………238
　一、明确设备技术状态完好的标准……………………………………………239
　二、制定设备使用维护管理制度………………………………………………239
　三、教导并监督员工正确使用设备……………………………………………239
第三节　酒店设备设施的保养……………………………………………………240
　一、酒店设备维护保养的基本内容……………………………………………240
　二、酒店设备三级保养制度……………………………………………………241
　三、酒店设备的点检制度………………………………………………………242
第四节　酒店设备的维修管理……………………………………………………244
　一、酒店设备的维修方式………………………………………………………244
　二、酒店设备的修理类别………………………………………………………245

XI

三、酒店设备的维修形式 246
【实战范本7-01】酒店设备设施管理制度 246
【实战范本7-02】设备资料卡制度 251
【实战范本7-03】设备档案卡 252
【实战范本7-04】巡检记录表 253
【实战范本7-05】设备检修记录表 254
【实战范本7-06】客房设备检修记录表 255
【实战范本7-07】设备定时检查表 258
【实战范本7-08】工程维修单 258
【实战范本7-09】维修记录 258
【实战范本7-10】工程维修反馈单 259
【实战范本7-11】设备维修统计表 259
【实战范本7-12】设备改造（大修）审批单 259
【实战范本7-13】设备改造（大修）验收单 260
【实战范本7-14】设备设施部件更件审批表 261
【实战范本7-15】设备报废单 261

08

第八章 推进信息化管理降低经营成本

运用先进的信息化管理系统是酒店实行全面成本管理的一个重要途径。利用先进的互联网平台，可以实现网络订餐订房、网络营销，可以直接进行物资网络采购，降低采购费用并减少库存成本。借助OA（办公自动化）系统，酒店实现无纸化办公，既可节约纸张，又可帮助酒店降低管理成本与人工成本，提高运营效率。充分运用先进的计算机软件系统，将帮助酒店管理人员对错综复杂的数据和动态的信息进行及时准确的分析、处理，将酒店公关销售、前台预订、会议管理、财务统计和人力管理等多种模块功能集成，将科学管理理念与先进管理手段相互融合并实现全面质量管理，缩短操作时间，有效提升成本控制，从而建立酒店全面竞争优势。

第一节 酒店信息系统的作用 262
一、提高酒店的管理效益及经济效益 262
二、提高服务质量 263
三、提高工作效率 263
四、完善酒店内部管理体制 263

五、全面了解营业情况，提高酒店决策水平 ························· 263

第二节　酒店信息系统的建立 ··· 264

　　一、酒店信息系统的构成 ·· 264
　　二、酒店信息系统必须具备的功能 ·· 265
　　三、酒店信息管理系统的业务流程分析 ······································ 265
　　四、酒店前台信息系统数据流 ·· 266
　　五、酒店前台信息系统功能模块 ··· 269

第三节　酒店信息系统的运行与管理 ·· 272

　　一、酒店信息系统的运行管理 ·· 272
　　二、酒店信息系统的维护管理 ·· 274
　　三、酒店信息系统的安全管理 ·· 276
　　【实战范本8-01】酒店计算机机房管理规定 ································ 279
　　【实战范本8-02】计算机系统出现故障时的紧急应对办法 ·············· 283
　　【实战范本8-03】网络机房钥匙借出登记表 ································ 288

第九章　加强酒店成本费用内部控制

　　酒店的成本费用内部控制，是指酒店在提供服务的过程中，对各种实际产生的经营耗费，按照事先制定的标准，对其进行指导调节和限制，使之被控制在原定的标准之内，以保证成本、费用目标的实现。酒店的成本费用内部控制是内部财务控制系统的重要组成部分。

第一节　酒店成本费用内部控制设计概述 ····································· 289

　　一、酒店成本费用内部控制设计的总思路 ··································· 289
　　二、酒店成本费用内部控制的关键环节及要点 ···························· 290

第二节　成本内部控制的基本程序和内容 ····································· 290

　　一、客房成本的内部控制 ·· 290
　　二、餐饮成本的内部控制 ·· 291
　　三、存货的内部控制 ··· 293

第三节　费用内部控制的基本程序和内容 ····································· 296

　　一、人工成本的内部控制 ·· 296
　　二、费用的内部控制 ··· 297

XIII

第一章
酒店成本控制概述

> **引言**
>
> 酒店各项成本控制的目的是以酒店效益最大化为目标。在竞争激烈而又微利的酒店业,成本管理的加强,必然能带来经济效益的提升,从而提高酒店竞争力和创造利润最大化。

第一节 何谓酒店成本

一、酒店成本的定义

狭义的成本是指酒店各营业部门为正常营业所需而购进的各种原材料及相关的费用。而广义的成本,包括原材料费用、工资费用、其他间接费用(包括煤气费,购买餐具、厨具费用,餐具破损费用,清洁、洗涤费用,办公用品费,银行利息,租入财产租金,水电费、交通费、通信费、差旅费和客房管理费等),即成本=直接材料费用+直接人工费用+其他间接费用,通常酒店成本控制的内容是以广义的成本为控制对象的。

二、酒店成本的构成要素

酒店成本一般包括直接成本、直接人工费用、出库成本、毁损成本(盘点净损失)及其他间接费用,即酒店成本=直接成本+直接人工费用+出库成本+盘点净损失+其他间接费用。

盘点净损失是指财务人员通过实地盘点,盘点数与账存数之间的差异而带来的损失。酒店运作期间由于种种原因,不可预料地会造成账实不符的情况,如出品后因没及时开单而收不到钱,酒吧员不小心打破酒水,呆账,服务员打破餐具,失窃、火灾等意外事故带来的损失等。

三、酒店成本的计算过程

实地盘存法下的酒店经营成本的计算：消耗成本＝期初结存＋本期增加－本期减少－期末结存。其中，期初、期末结存分别为上期和本期期末盘点数额，本期增加包括直接投入、领料和调入（各部门之间调拨），本期减少是指发生的退货、调出及非常规损失准予核销部分，这样计算出来的成本相对客观。

第二节　何谓酒店成本控制

酒店成本控制是以广义的成本为控制对象。酒店经营的目的是以最小的投入获得最大的利润，收入减去成本费用等于利润，增收节支是增加利润的基本途径。

成本控制的目的就是增加收入、减少支出，杜绝浪费和减少不必要的开支。

一、酒店成本控制的三个部分

酒店成本控制具体可分为进货成本控制、营业成本控制、后勤成本控制三个部分。

（一）酒店进货成本控制

酒店进货成本控制是对进货数量和进货单价的控制，更着重于进货单价的控制，保证质量、低价购入是根本。各部门根据实际情况将本部门所需物品以采购订购单的形式，列明名称、申购数量、规格等，交由采购部询价，采购部询价后，填写好市场调查价格，呈报酒店有关负责人审批，经总经理审批后方可购买。对于各管理部门每天必须使用如蔬菜、水果、肉类、饮料及加工原料等的物质，可先由采购部和成本部、库管部门员工进行市场调查，后勤库管部门、成本部、财务部和采购部会同供货商制定报价表，经酒店有关负责人审批签字后生效，管理部门根据实际所需开出采购申请单给采购部，由采购部采购物品。具体应做好以下几点。

一是建立完善的物料采购申请和审批制度，杜绝不合理、不必要的采购。

二是设立由采购部、成本部、财务部和库管部四部门主管组成的询价小组，定期对酒店库管部门所需物资进行市场调查，定期会同供货商制定报价表，尽量把价格压到最低。

三是采购部尽可能地打听市场，广泛选择供应商，做到货比三家，在保证物品数量和质量的情况下降低采购价格。

（二）酒店营业成本控制

酒店营业成本控制是指包括厨房、餐厅、酒吧和客房等营业部门的成本控制。具体应做到以下几点。

（1）对酒水、厨房的高价食品、客房使用的布料、楼面使用的餐具和客房设施等采用会计学上的永续盘存制进行核算，即期末账存数＝期初结存数＋本期进货数－本期销售数,盘点净损益=实存额–账存额,若有盘亏,责令有关责任人赔偿。

(2)不定期对厨房、酒吧和客房等出品部门进行抽查监督,严厉查处浪费原材料现象,杜绝浪费、偷窃等不必要的损失。

(三)酒店后勤成本控制

酒店后勤成本是酒店成本的重要组成部分,后勤成本控制是指对各部门办公用品、物料用品以及水、电、煤气和客房用品等使用情况的控制。应该做到以下几点。

(1)不定期对各营业点的水、电使用情况进行检查,保证正常运行的情况下减少浪费。

(2)对各种办公用品、物料用品的领用施行严格的审核批准制度,不符合要求的不批,严禁不必要的浪费。

(3)监督部门要时时监督各部门办公用品、物料用品和各种器具的使用,做到物尽其用,以旧换新,不闲置乱用。

(4)做到公私分明,杜绝"公为私用"现象,禁止员工将酒店物资带出酒店,禁止员工用酒店电话打私人电话,禁止有免费请客吃饭的现象。

二、酒店成本控制的细分内容

根据酒店成本控制管理的目的,可以看出酒店成本控制的主要内容包括:原材料采购和验收、储存和发放、食品和酒水的加工及制作、服务等。

(一)物料采购与验收成本控制

物料采购是酒店经营的起点,酒店在决定其经营类型、经营数量、经营质量、所提供的服务之后,便要确定所采购物料的质量、数量和价格。采购环节一完成,所采购物料的质量也就确定下来,这将对以后整个经营过程的成本产生决定性的影响。如果所采购物料的价格过高、质量不好,那么酒店经营和服务的成本肯定就高,质量也不能满足顾客的要求。因此,控制采购成本对酒店整个成本控制过程具有重要意义。采购环节完毕,货物运输到酒店库房,就开始进入成本控制的验收环节。验收所依据的标准是采购之前所制定的标准化采购细则。验收的重要职能就是使用一定的设备检验所采购的货物在数量、质量和价格上是否符合规定的标准,另外,还要检验货物是否及时送达酒店。验收人员应该持有一份货物规格明细单,以检验货物的质量、形状、样式和大小是否正确,同时验收人员还应该持有一份订货清单,以核对数量是否正确、交货是否及时以及价格是否符合双方商定的价格,加强原材料验收的严格性是防止采购物料流失和真实性的重要环节,使其能够真实反映所购材料原始成本。

(二)原材料仓储与发放成本控制

仓库是酒店生产经营的"大本营",酒店生产经营所需的一切原材料都在仓库储存,因此加强仓库管理、控制储存成本是酒店成本控制的重要环节。为了更好地实施储存成本的管理,酒店应该制定严格的仓库储存管理制度。如对不同种类的货物要分别存放;

对单价较高的货物要实行重点管理；对易损坏的存货要轻拿轻放；及时跟踪质量情况，及时清理已经变质的库存；不允许非仓库管理人员和未经授权的员工进入库房；库房不用时一定要锁好；实行专人专管等。发放存货要经过严格的程序，提货人必须向仓库管理人员提交领料单，仓库管理人要严格审核提货单，提货人等到签单后才能提走货物。会计人员只能根据已经签名的领料单登记入账。在实际工作中常会出现这样一种情况，即已经发放的货物但未使用，对于这种情况，仓库管理人员要及时加以记录、计算，并收回尚未使用的存货。如果经常不对未使用的物品加以记录，那么这些物品最后就会丢失或被注销，这样就会增加消费成本。管理人员应该经常对实物进行清点，并把客人的账单和出库的物品加以比较，以确定物品是否已经销售，发放存货成本的控制是酒店成本控制的重要环节，应该引起高度重视。

（三）加工制作成本控制

原材料经过采购与验收、储存与发放，就进入加工制作环节，加工制作是整个成本控制程序中最困难、最重要的环节。如果加工制作中由于错误地使用了调料或减少了分量，都会影响到所制作饭菜的质量，从而失去顾客的信赖，也失去自己的诚信。因此，为了防止在加工过程中浪费食品或偷工减料，酒店应该制定统一的烹饪标准来保证食品的质量。必须严格监督和控制厨房工作人员在加工、制作食品时有意克扣分量，把克扣下来的食品带回家或出售等现象。因此，管理人员要经常到厨房进行抽查，如到厨房查看工作人员是否按照烹饪标准配菜，到客房检查客房的配备是否齐全等。这种监督检查制度会使酒店的饭菜质量得到保证，能够使顾客吃得满意，以至于吸引更多的顾客光临酒店。

（四）后勤服务成本控制

酒店后勤服务是一种无形资产，很难有确定的标准来衡量服务的好坏，这给控制服务带来了很大的障碍。酒店行业属于第三产业，所提供的主要产品就是住宿、餐饮、后勤服务。因此，服务成本是酒店业成本控制的一个重要组成部分。服务水平的提高要依赖全体员工的共同努力。所以，控制服务就要对全体员工业务素质进行培训，让员工充分意识到高质量的服务是酒店赖以生存的法宝。用高质量的服务挽留老顾客比引进新的顾客要容易得多。如果由于员工服务质量的低劣导致顾客的流失，将会使酒店前期的所有投入和所做的成本控制工作都付诸东流。因此，控制服务成本、提供优质的服务是酒店战胜竞争对手、成功实施成本控制的保证。同时，管理人员也必须对员工的工作情况实施有效的监督，通过员工所负责的工作范围内销售额的升降情况来判断员工的服务质量，对服务水平低的员工给予相应的惩罚，并对其进行教育培训，并促使其及时转变观念、积极工作，提高服务质量和水平；而对那些服务水平较高的员工，则要给予一定程度的物质和精神奖励，以鼓励员工继续努力工作，以便提供更优质的服务。

（五）人工工资成本控制

酒店业也属于劳动密集型产业，人工工资在整个成本中占有重要地位。对人工成本不仅要从数量上进行控制，更重要的是在一定的人工成本水平上，以水平定工资，使服务质量有所提高。实行人工工资成本控制就是要通过一些财务指标的核算，确定合理的人工工资成本标准，通过合理定编定岗、合理排班、适当培训和激励等管理手段有效降低人工成本工资，提高服务质量。因此，加大对员工的监督和激励，提供优厚的服务质量，是增加收入、减少成本、提高酒店效益的有效手段。

第三节　酒店成本控制的思路

一、以提升成本功能价值为主导的意识

所谓酒店业成本控制是指成本支出所获得的功能或效益与其成本的比值，该比值越大说明成本功能价值越大，成本支出越合理也越有必要。这是价值工程分析在成本管理中的推广和应用。传统的成本管理要点可简单归纳为减少支出以降低成本，这是对成本理解的狭隘观念。

（一）酒店业成本管理存在的误区

当前酒店业成本管理存在以下几个误区。

1.因成本控制而降低酒店的接待标准

对于酒店来说，其服务应有严格的标准，不能随意降低，否则既损害了客人的利益也损害酒店的自身形象。此外，若不切实际地片面追求成本的降低，将使酒店经营陷入恶性循环，如下所示。

（1）随意减少客房用品的供应量。为了迅速降低成本，有些酒店尤其是流动资金不足的酒店往往喜欢在客房用品、餐具上"打主意"。采购时，不是借助科学的市场调查购买质优价廉的商品，而是试图用低价采购低档用品，以降低成本，如某些信笺、服务指南等低值易耗品早已过时，却不及时更新，影响了酒店的形象。

（2）随意降低产品质量。以价低质次的原材料来替换质量好、价格高的原材料，如选购食品时降低原材料的档次，加工中减少配料定额等，这些做法在短期内使酒店降低了经营成本，但长此以往会使酒店失去信誉和市场。

（3）随意减少服务项目。尽管有些项目不能直接为酒店产生营业收入，却有助于酒店主体产品的销售和酒店整体收益的增加，同时也使客人利益不受损害。若酒店为了节省费用而取消一些细微和十分必要的项目，以降低成本，往往会适得其反。如对豪华套房和贵宾应免费赠送的鲜花及果篮，尽管增加了一定的成本，但能够提高服务档次。

2.损害顾客合法利益

有一些酒店尤其是规模小、档次较低的酒店选择了舍本逐末的做法，如随意取消服务项目，甚至减少客房用品的标准性配量，采购原材料时以次充好或者在食品加工中减

少配料定额等。这些短期行为最终会使酒店丧失信誉,丢掉市场。

3. 不注重设备的日常维护

不注重设备的日常维护,致使设施设备运行失常造成客户不满,甚至提前报废,最终影响了酒店的服务质量。

4. 刻意压缩正常的营业费用

大型酒店的营业费用一般有25项之多,除了工资、折旧、大修理费、水电费、物料消耗等大额项目外,还包括宣传促销、教育培训、劳动保护等多种费用。在不浪费的前提下,上述费用的支出都是维持酒店正常运转所必需的,因而不能随意削减,不少酒店经营者由于追求短期效益等原因,偏偏采取了这种不明智的行为。

(二) 树立成本功能价值观念

基于以上误区,酒店应改变自己的观点,树立成本功能价值观念。

从产出看投入、从效益看成本的新思路,实现由传统的节约、节省观念向现代效益观念转变。特别是我国市场经济体制逐步完善的今天,企业管理应以市场需求为导向,通过向市场提供质量尽可能高、功能尽可能完善的产品和服务,力求使企业获取尽可能多的利润。为与这一基本要求相适应,酒店成本管理应与企业整体经济效益直接联系起来,以成本效益观念来看待成本管理及其费用控制问题。企业的一切成本管理活动应以成本效益观念作为支配思想,从投入与产出的对比分析来看待投入的必要性与合理性,即努力以最合理的成本付出,创造尽可能多的使用价值,为企业获取更多的经济效益。确定成本是否合理时,需要对其提供的功能或创造的经济效益进行对比分析,即功能或效益与成本的比值最大化。只要企业的高成本投入能创造更高的经济效益就是可取的。价值工程分析原理说明,"合理的成本支出"与"单纯减少支出"概念上是有区别的,"合理的成本支出"不只是简单地节省或减少成本支出,运用功能/成本比值最大化理念指导酒店成本费用管理,以合理的成本投入创造出高质量、高功能的产品与服务。

例如,某一家酒店在对市场需求进行调查分析的基础上,认识到如果在产品的原有功能基础上新增某一功能(如提供更好的会议设施),会使产品的市场占有率大幅度提高,尽管为实现这一新增功能会相应地增加一部分设计及装修改造成本,但只要这部分成本的增加能大大提高酒店在市场的竞争力,最终为酒店带来更大的经济效益,这种成本增加就是符合成本功能价值理念的。又比如,一项节能措施的推广(更换节能灯泡,购买余热回收处理设备),虽然要增加一定的投入资金,但这能使酒店的能源成本得以降低,同时也具有社会效益,那么,这种投入与支出就是值得的。随着行业竞争的日趋激烈,酒店引进新的管理模式或品牌都需要增加相应开支,但能提高酒店运营水平,扩大市场占有率。再比如,酒店为充分论证决策备选方案的可行性及先进合理性而产生的费用开支,可以使企业避免可能产生的损失等,这些支出都是不能不花的,这种成本是花钱是为了使企业更有活力、更具竞争力,为了更多地赚钱,这就是成本功能价值理念的体现。

二、以本量利分析为手段的思路

所谓本量利分析是对企业成本、销售数量、营业利润之间的关系进行的分析。可以用它来分析酒店业的一些问题。例如，任意给定的客房出租率下，酒店预期利润会是多少？下一个年度客房销售额必须增加多少才能弥补固定费用或其他增加的必要费用，且能达到预期利润？客房出租率达到多少才能实现预定的利润？如果客房价格变动、变动成本上升或固定成本增加的话，将会对利润产生什么影响等。本量利分析为酒店业成本管理提供了一个新的分析思路。即酒店在预测效益时，应从成本角度出发，考虑怎样保证必要的成本支出且能使成本最合理化，达到最佳点，也就是上面谈到以最合理的成本付出，去满足期望达到的效益。

三、全员成本控制的意识

企业内的非变动成本是人为无法控制的，如固定资产折旧、无形资产等，而变动成本在很大程度上取决于人的素质、员工的成本意识，比如产品原料、物料消耗等。因此，作为酒店管理层应注重培养员工成本意识。

（1）要培养员工"一物多用"的习惯。如合理利用"二手纸"，一些普通通知、规定等都可以利用平时已用过的报表纸或其他只用过一面的纸张，这样原先每次需用的纸张就节约下来，一张纸的成本虽小，但一个酒店内各个部门日复一日节约下来的纸张就为数不少了。

（2）培养员工的废物再利用习惯。如客房内的一次性用品，酒店可以向供货商订购一批无外包装的，但质量同等的日常用品，服务员在做客房卫生时可把完好的未受损的一次性用品的外包装挑出，再度使用时只要把新的用品重新装入外包装盒中即可。又如客用的洗发液和沐浴液，可以进行收集，再次灌装，再次利用。另外，客用的香皂可以供洗衣房使用，破损的毛巾可作抹布之用。

（3）要培养员工勤俭节约的良好习惯。如节约用水、用电，做到人离开时及时关闭水龙头和不必要的电源，前台员工要注意观察室内光线，在阳光明媚、室内光线充足的情况下，可选择性地关闭大堂的一路照明灯。

第四节 酒店成本领先战略的管理方式

在基于竞争的战略思想指导下，一些酒店常常在"差异化"和"成本领先"战略之间选择其一，确立自身产品或服务在市场中的独特优势，以最大限度地占领市场份额。

所谓的成本领先，并不仅仅意味着低成本运作，而是要求酒店管理者在成本管理上，有更系统、成熟的方式方法。从酒店成本形成来看，涉及业务经营的各个环节、各个方面，甚至涉及每一个细小的管理和服务行为，所以要以系统、成套的制度，有效、规范的监督，来达到对生产经营全过程、全方位管理的目的。

一、流程管理

酒店的成本流程管理是以建立酒店成本管理控制体系为基础，建立制度化、标准化的管理流程，将酒店的成本管理从事后控制转化为事前及事中的控制。有效的成本流程管理可以提高酒店参与、管理和响应经营变化的能力，同时还可以通过减少重复工作来提高效率和减少失误，帮助酒店尽可能地捕捉更多利润空间。

这项工作，要求我们在酒店筹建之初，就要着手建立一个相对较为完善的财务管理流程。财务要以建立标准、规范的酒店成本管理体系为目标，从组织架构的设置、人员的配备、岗位操作流程的设计、财务操作制度的制定，对酒店成本管理控制体系以"根状"的形式进行全面梳理。要对各项关键点进行设计，如酒店审批流程设计、分区域物料领用流程、分餐厅餐饮原料领用流程、酒水部酒水领用流程等，为后期酒店成本控制提供有利依据。

在规模较大的酒店中，可以建立级库管理模式。以酒店房务二级库的管理体系为例，说明如下。

（1）房务二级库有专门的人员配备，由其通过有效的领料单到总仓领用各类物品，并登录酒店财务存货系统，在系统的房务二级库中统一进行核算。

（2）房务部各个区域领用物品时需开领料单并经有效人员签名确认，办公用品需部门经理级以上人员签字，楼层消耗品需相应区域主管级以上人员签字，总台需区域主管级以上人员签字，其他物品需区域主管级以上人员签字。

（3）二级库在月初时根据上一个月的使用量作为依据开具领料单，到总仓领用当月物资，月末尽量做到零库存。

（4）对于棉织品、玻璃器皿，通过手工备查账进行管理，每个月必须提供给财务部一份情况表，其中的报损、客赔、员工赔偿、签免等必须有手续有效、齐全的凭证，附在情况表后。对玻璃器皿等物品设置相应的报废标准。

（5）对于PA（酒店保洁）组的洗涤用品领用还采用以旧瓶换新瓶的方法进行管理。通过房务二级库的建立，使房务部成本管理流程清晰，环节、要点到位，核算更合理、更精确，同时也及时有效地控制了部门各项经营成本，提升了房务成本控制的整体能力。

二、目标管理方式

目标成本是酒店在生产经营活动中的某一时期要求实现的目标成本指标。控制好目标成本，是为了把生产经营过程中形成产品成本的各种消耗控制在事先预算的成本指标之内，从而确保降低产品成本，实现酒店的目标利润。

目标成本是根据目标利润制定的，如果目标成本不能实现则企业的目标利润就没有实现的基础。围绕目标利润对组成成本项目的指标进行分析，充分挖掘生产经营中各环节的潜力，制定出先进、合理的目标成本指标，并在日常的经济活动中坚决贯彻落实。

酒店应结合自身经营特点，依据酒店重点控制项目，适时采用目标成本管理法进行及时有效的管理，酒店在人力成本管理、能源成本管理、餐饮成本管理、员工餐厅成本管理中建立相应的目标成本管理体系。

如酒店在能源成本管理中，因酒店开业初期对高层建筑的酒店能耗量的估量不足，导致能源消耗量极大。酒店及时、全面了解和分析了能耗状况，开始全面推行能源成本目标管理制度，通过每月对各项能源成本的专项分析，分区域进行能源耗用比例的核定，建立各部门在能源成本管理中的目标，以充分发挥各级管理层的作用。同时将管理责任落实到各部门和各区域，使酒店能源目标管理在酒店能源成本管理中发挥较大的作用。

酒店通过充分挖掘生产经营中各环节的潜力，制定出先进、合理的目标成本指标，通过事前的目标成本预测控制、中途的目标成本计划控制和事后的实际成本核算与目标成本比较分析控制，把生产经营过程中形成项目成本的各种消耗控制在事先预算的成本指标之内，从而确保降低项目成本，实现酒店的目标利润，促进酒店经济效益的提升。

三、项目管理方式

项目管理是酒店通过对相关专业课题，制定相关项目成本控制操作流程和制度，从而达到酒店对专项项目成本控制的目的。对于一家高星级酒店来说，各项设施及配件标准较高，如酒店餐饮的餐具配置采用高档的骨质瓷、进口玻璃器皿、进口不锈钢器具，各种物件配置都非常昂贵，对破损的控制就显得尤为重要。

对餐具破损的管理是各酒店损耗管理中的一个重要项目。我们可以对餐饮中餐厅餐具管理流程进行专项的设计，通过对中餐厅餐具管理的专项分析，针对酒店的中餐厅餐具实际分布特点，推行餐厅餐具的管理流程，制定酒店餐饮餐具的三级管理体系。

具体方案如下。

（1）建立三级控制流程方案：一级控制部门——部门管事部，二级控制部门——中餐厅各班组负责人，三级控制部门——各班组人员。

（2）建立三级区域责任管理制度：一级责任人——部门管事部，二级责任人——中餐厅各班组负责人，三级责任人——各班组直接责任人。

针对各级责任中心，细化餐具破损的原因，对中餐厅实行详细破损原因分析比对、定向管理，如将员工打破餐具的过程进行细化，将其分为摆台期间损坏、跑菜过程损坏、烹饪过程损坏、洗涤过程损坏。帮助餐饮部了解破损的比例，及时制定应对餐具破损的方案，修改相关餐具操作流程，规范餐饮餐具管理的流程，为酒店建立标准的餐饮餐具管理模式。

为此有效地推行酒店项目成本管理形式，将更有助于提高酒店专项成本的控制能力，结合酒店特定环境、特定需求、特定能力来实施控制内容和项目，使成本控制的有效性得到充分显现。

四、全面管理方式

酒店的全面成本管理体现成本管理中的"三全性"——全员、全面、全过程，应使酒店组织流程每一个环节、每一个部门、每一个员工，都能参与到成本管理中；同时强调成本管理的科学性与发挥全员参与改善的主动性相结合，来达到经营层的要求与各级部门追求的一致性。推行全面成本管理不但要体现"三全性"，而且要将"科学性、主动性、一致性"融入其中。

因此，全面成本管理就是：以成本管理的科学性为依据，建立由全员参与，包含业务管理全过程的、全面的成本管理体系，并汇集全员智慧，发挥全员主动性，让各部门全体员工自主改善，不断降低成本，使经营层与各部门员工具有降低成本的一致性，谋求在最低成本状态下进行经营管理与组织运作。

酒店应建立每月一次的成本分析会制度，来逐步引导各级管理层参与成本管理的全过程。首先酒店财务对成本分析内容进行改进，从以往单纯的经营成本内容，扩展到酒店广义的成本项目内容，分析内容涵盖酒店全部成本费用，使酒店成本管理内容更具全面性，酒店从餐饮成本到能源成本、人力成本、市场推广费用、经营性费用、维修支出、行政管理费支出，全面分析和阐述酒店各项成本，使各部门高度重视酒店全面成本管理工作，同时也培养各部门的全面成本管理和控制意识。

其次酒店通过改变成本分析会的形式，从以往由财务部综合进行成本分析汇报改为每月各部门对本部门产生的成本费用开支情况一一进行汇报，在月度成本分析会上各部门全面分析本部门当月的成本费用项目，通过分析会的形式来培养各部门对本部门重要管控点控制的能力，由此来引导酒店各级员工全员参与。

如客耗品率分析、电话费分析、办公费用分析、水果赠送费用分析、棋牌经营性赠品分析、库存量分析、员工餐厅成本分析等，通过酒店成本管理面与点的有效结合，充分发挥酒店全面成本管理的作用。推行全面成本管理对提高酒店经营效益和综合竞争力具有重要的意义。

第五节　酒店成本控制的具体措施

一、建立和健全企业的成本控制制度

根据我国现行的财务会计内部控制制度，在酒店运行过程中，严格按照费用明细计划执行，实行日常经济业务开支均由总经理"一支笔"审批制度，防止财务支出多头审批的弊端，堵塞财务开支上的漏洞，强化少花钱多办事的效率、效益观念，可为酒店节省大量资金。

在经营成本控制上，以计算机的广泛运用为辅助手段，实行严格、细致的定额定员目标管理制度，员工的效益与定额执行情况直接挂钩，成本控制效果显著。以餐饮部为例，对每道菜式成本利润率都有详尽、严格的控制标准，在定期的生产经营检讨会上都会对酒店各项定额成本执行情况进行考核、监督和管理，确保将各项成本支出控制在限定目标之内。每周酒店高层会同财务及其他各部门召开汇报会，对企业运行情况进行小

结。每周对上周成本费用产生情况进行认真检讨，及时考核上周预算执行情况，一旦发现问题，立即采取针对性改进措施。每月对成本费用预算执行情况做一次全面的分析总结。对酒店成本的控制措施做相应的评价和修正，有效保证全年成本费用控制计划的贯彻落实。

二、合理设置酒店成本控制机构

合理设置酒店成本控制机构是关键的控制环节，酒店不仅组织架构要合理，而且职责要明确，每一个岗位的职责都要有明确的规定，而且财务岗位职责的确立应该独立，也要充分考虑成本控制的需要。以成本控制总监职责为例，其职责为复核采购申请单，可审查采购单价、数量的合理性，对采购部门的工作进行有效监管；组织并监管酒店物流状况，每月底安排库存物资盘点和估价，有效监督酒店物流状况，并与会计账务相核对，通过账实、账账、账证核对，可及时确定当月实物流动情况，若存在差异，可及时分析原因。这样可实现对会计账务处理与仓储部门每月工作情况互相验证、互相制约，达到内部成本控制的目的。

营业部主任每天将各餐厅营业点的现金收入与餐厅账单相核对，既核对酒店现金收入是否准确，也检查收入是否合理、折扣有无依据。客房部每天提交前一天房间销售详细情况，如客房收入总额、平均房价、入住团体客人数量、散客数量及就餐人数等情况，并将客房部掌握的当天收入情况与财务部账上反映的收入情况进行核对，对双方的记录进行复查，如有差异应及时处理。通过酒店内部完整的、有效的内控手段，减少差错的发生，对于出现的差错及时进行纠正，可提高工作效率，确保整个酒店成本管理的良性运作。

三、建立并有效运用激励竞争机制

建立并有效运用激励竞争机制，严格执行酒店成本控制制度。当员工有了成本意识，并且酒店制定了奖惩考核制度进行奖惩，但要真正实现最大限度的成本节约，还需要在日常工作中有专人监督检查，找出差错并及时更正，这样才能保证成本控制工作的成功实施。酒店中，有些费用是员工不能控制的，有些费用主要由管理人员来决策。员工能够控制的往往是那些变动成本，酒店只有严格执行节约有奖、浪费有罚的制度，同时通过员工竞争上岗，调动大家的积极性，才能有效执行酒店成本控制。

四、加快酒店集团化经济，实行规模发展

在我国，酒店企业集团化经济不仅可以大大降低酒店经营成本，还能形成多种竞争优势，从而大幅提升酒店企业竞争力。通过集团化经营，可以形成市场优势、经营管理优势、人力优势、信息优势、营销优势、投资开发优势及品牌优势等，大大降低酒店各项成本水平。世界著名酒店管理集团经营管理上存在的共同点与优势如下。

（1）发挥著名品牌优势，提升全集团各酒店知名度，便于对酒店产品进行深层次开

发利用。

（2）拥有全球网络化、信息化的预订系统，确保稳定客流源。

（3）拥有强大的市场营销体系、集团价格优势和完善的服务系统。

（4）拥有独特的管理模式和人才优势，高度重视人力资源的开发和利用。

随着酒店集团规模的增加，成员酒店共同分担各类成本，经营效率则会提高。建立酒店集团化成本管理体系有助于全集团宏观经济决策的措施以及成本管理运作职能的实现，因为企业集团必须树立大成本意识，关注企业成本与实现集团经营战略、经营决策和经营目标的关系。

五、掌握先进技术，降低经营成本

科学技术在不断发展，科技的进步为消费者提出了更高的要求，从而给酒店业的发展带来挑战。消费者消费观念和消费行为的更新，从整体上推动了酒店业从量到质的飞跃。高科技的运用已成为酒店竞争力的重要指标之一，它和酒店管理相结合形成新的生命力。它不仅可以为酒店宾客带来更方便、快捷、舒适、个性化的服务和丰富的信息，满足新时代客人数量不断提高的要求，同时也把酒店带入新的信息时代。高科技的应用意味着人力成本的降低，对人力资源要求的提高，使管理效率提升，能源成本下降，尤其在酒店市场销售、商务信息、内部管理、设备智能控制等方面将引发一场从观念到形式的革命。在全球化经济的影响下，新经济时代的来临正悄然改变着人们的价值观念、工作环境和生活方式，酒店业应该最先体察客人的需求和消费观念的变化，要跟上时代的步伐，利用高科技来提高酒店的创新能力，加强酒店的信息化建设和管理，以提高营运效率和准确把握市场需求变化，既满足了客人的需求，又加强了酒店成本管理，达到提升自己竞争优势的效果。

六、重视信息技术，提高酒店竞争力

20世纪90年代初，很多酒店就开始应用计算机网络技术处理内部信息管理和业务操作。目前，计算机信息技术已广泛用于前厅接待、收银、问询、客房预订、销售、餐饮、保安、报表、门锁、仓储等各个方面。随着信息技术的广泛运用和不断更新，酒店的管理也应向更广、更深层次领域发展。

酒店的日常运营中，一线员工与顾客接触最多，了解最多，他们的工作对酒店的质量与效率影响最大。很多酒店鼓励一线员工参与质量的改善，把更大的权力下放给员工，在对工作效率及服务质量有影响的日常工作方面，让员工更多地参与决策。一方面员工有更高的积极性与责任意识；另一方面酒店能更快速地对需求的变化做出正确反应。运用现代信息技术在原有酒店管理系统上建立一个高效、互动、实时的内部信息管理体制可以使原有组织结构打破部门界限的僵局，使跨部门的成本控制问题得到解决，也可以实现把决策权放到最基层的班组，因而酒店的整个服务过程，可以以顾客为中心来设计

工作流程。在这个过程中，员工能够了解整个服务过程，了解他们的决策如何影响整个酒店的进程。

七、重视新技术运用，减少能源成本的消耗

根据酒店成本管理的具体情况，降低酒店能源成本对降低酒店成本的效果非常明显。由于酒店能源具有易耗性、不易察觉性、分散性和多渠道性等特点，控制起来较其他成本要困难些，可以通过引进先进的中央能源管理系统来大幅降低酒店的能源成本。中央能源管理系统通过中央计算机控制器对各房间进行控制，可自动探测房间有无客人并自动关启电源开关。采用该系统后，酒店客房部只需配备一名操作人员，工程部不用派专人值班监控，这样既可以降低客房管理的人工成本，又能使能源成本控制效果好。据统计，一座拥有300间客房的酒店采用该系统后可为其节约28%能源。比如，一般酒店的扶梯在正常营业时间内不停运转，结果会浪费一些能源并加快电梯的磨损。采用先进的电脑自动监控设施后，当无客人使用时，电梯会自动暂停，直至有客人使用时才会重新启动，这样既可以节电，减少电梯磨损，同时也可降低大厅噪声。当然，为更有效地控制酒店能源成本，需制定合理的能源成本控制制度，如设立专门的能源管理部门，强化节能意识，遵循全面控制、重点控制、系统控制、量化控制和具体控制的原则，尽可能将酒店能源成本控制在最低限度。因此，要重视新技术的运用，降低能源成本。

【实战范本1-01】▶▶▶

酒店定额管理制度

1. 总则

定额管理是酒店管理的一项基础，它是酒店推行计划管理、质量管理、经济核算和人力资源管理的基础。

（1）定额是对酒店各种经济活动所规定的一种数量标准，也就是在一定的时间内，根据实际的经营和组织条件所规定的人力、财力的利用和消耗，应遵守并达到数量的标准。

（2）定额的制定必须坚持"先进合理"的原则，即在目前的经营条件下，经过努力，多数员工或部门可以达到、部分可以超过、少数可以接近的水平。

（3）酒店的定额体系由一系列独立而又相互联系的定额构成。它是检验酒店管理水平、质量水平，衡量酒店经济效益、劳动生产率高低的重要依据。

2. 定额的制定

2.1 劳动定额。劳动定额是酒店为宾客提供服务过程中劳动量消耗的一种数量标准，包括酒店的劳动组合、岗位的人员配置及单位时间内所需完成的工作。

其计算公式如下。

酒店劳动生产率定额＝酒店营业收入总额/酒店平均总人数

各经营部门劳动生产率定额＝部门营业收入总额/该部门平均人数

客房服务员劳动生产率定额＝客房出租总间天数/（服务员人数×工作天数）

2.2 物资消耗定额。物资消耗定额是在酒店现有经营条件下，为宾客提供一定服务量所应消耗的物资的数量标准。

（1）客房物资用品的消耗定额，是客房出租每一间每天所需消耗物料用品的数量标准，其计算公式如下。

① 物料消耗量定额＝客房物件用品配备标准×客房出租间天数×（1–配备未使用系数）。

② 布件消耗量定额＝客房布件配备标准×出租间天数/布件可使用次数×（1–配备未使用系数）。

③ 物料、布件消耗资金定额＝实物、布件消耗定额×单价。

（2）食品原料成本定额是餐厅为宾客提供餐点所需消耗的食品原料的数量标准，计算公式如下。

① 食品原料消耗定额＝菜点主辅料、调料配料标准。

② 食品原料成本率定额（综合食品成本）＝（1–食品综合毛利率）。

③ 酒水原料成本率定额＝（1–酒水毛利率）＝酒水原料总成本/酒水营业收入＝∑菜点主辅料、调料配料标准×单价/食品营业收入。

（3）能源消耗定额是指酒店在经营活动过程中所需用的燃料油、液化气、水、电等物资的消耗限额，其标准由工程部参照历史上经营情况、消耗水平制定。

2.3 费用定额。费用定额按国家规定和费用开支的范围，分变动费用和固定费用两种。

（1）变动费用指与酒店经营有直接联系，随经营状况变动而变动的这部分费用，其费用定额为

变动费用定额＝营业收入×变动费用率

（2）固定费用指与酒店经营活动无直接联系，相对固定的这部分费用，这部分费用可参照年度费用计划标准执行。

2.4 制定定额的方法。制定定额的方法有统计分析法、工作测定法、技术经济分析法和经验估计法，在实际工作中，应根据不同的情况分别选用或同时选用数种方法，使定额的制定更加科学合理，有利于定额的贯彻执行。

（1）统计分析法：利用的是定额完成的记录和统计资料，经过整理分析，并结合目前的条件来确定定额。

（2）工作测定法：通过对操作人员的实际工作测定来确定定额。

（3）技术经济分析法：采用现代数学方法和技术经济效果的分析来确定定额。

（4）经验估计法：合同定额管理人员、使用部门管理人员和员工一起，根据操作

规程、业务特点、历史统计及酒店经营管理要求，凭工作经验来确定定额。

3. 定额的管理

3.1 酒店定额管理贯彻集中领导、分级管理、专业分工的原则，明确酒店、部门、班组各级定额管理的责任和权限，发挥其工作主动性和积极性。

3.2 定额管理各专业管理部门的分工，主要指对分管的某项定额从修订、确定到下达、汇总和总结整个过程的分工管理，即实行"谁主管、谁负责"的原则。

3.3 各专业管理部门对定额管理的分工。

（1）人力资源部负责各类人员的劳动定额和劳动生产率。

（2）财务会计部负责各类资金定额。

（3）成本财产管理部负责食品原料消耗定额，物料用品、低值易耗品消耗定额和各类费用定额。

（4）工程部负责能源消耗定额。

上述各部门应根据实际情况和相关部门共同制定各项定额管理的实施办法。

3.4 各专业管理部门应指定专人对分管的定额进行管理。财务会计部负责召集有关定额管理人员的工作，协调各项定额之间的关系，平衡各类定额的水平。每年的11月为酒店定额修订期，各分管部门的专业人员应依据本年度定额的执行情况和酒店的具体要求确定明年定额水平，作为明年综合计划编制的依据。

3.5 定额执行部门应指定专人负责管理，定额执行部门的主要职责如下。

（1）负责推行定额的实施，建立健全的原始记录、台账和统计报表，确保定额资料的齐全性、正确性和及时性。

（2）汇集定额管理的执行情况，结合实际提出分析与意见。

（3）协助专业管理部门修订下一年度的各类定额。

3.6 各班组长的主要职责如下。

（1）组织班组、个人贯彻执行酒店下达的各项定额，在维护定额严肃性的前提下，通过准确、完善的检查、统计手段，确保定额的落实。

（2）帮助员工正确填写原始记录（凭证），了解和掌握班组定额完成情况，了解员工对定额工作的反映，及时提出修改性意见。

【实战范本1-02】▶▶▶

酒店经营成本分析制度

1. 目的

为了切实有效地拟定有关的成本控制分析指标，既能及时、重点地找出成本管理中存在的问题，寻找解决办法，又能综合判断成本取向，保证酒店获取最大经济利益，特制定本制度。

2. 参加分析会人员

会议由总经理主持，财务部负责人主讲，正、副总经理，营业部门经理（负责人），保障部门（工程、物供）、职能部门（财务、人事、办公室）等负责人参加分析。

3. 管理规定

3.1 制定管理报表

财务部每月根据管理需要提供各部门会计报表并准备经营分析报告，各部门也要准备好自己部门的分析报告。具体时间安排如下。

（1）每月25日结账。

（2）每月25日至次月5日，财务部将部门报表做好交各部门。报表应详细记录当期的数据：横向比较去年同期和预算的数据，纵向采取总项与分项记入的方式，包括总收入和总成本费用。

（3）每月8日，财务部将财务分析报告交总经理。

（4）每月9日中午12:00前各部门必须将部门分析报告的PPT交办公室存入电脑并备档。

（5）每月10日下午2:00开经营分析会。

3.2 经营分析的要求

3.2.1 经营分析要以相对数据分析为主。

3.2.2 由于各期数据不同，以绝对数据分析没有实际意义。为对比方便，采用百分率的方式对照变异差距，找出原因。

3.2.3 具体分析的各项指标。

（1）权重指标分析：收入构成的权重、成本构成的权重、费用构成的权重。

（2）完成率指标分析：收入的完成率、成本的完成率、费用的完成率、GOP（营业毛利）的完成率等（GOP总经营利润计算公式：酒店各生产营业部门营业毛利总和－非营业部门总费用；各生产营业部门营业毛利＝收入－直接成本－营业费用）。

（3）差异率指标分析：与上年同期比较的各项指标的差异率、与上月同期比较的各项指标的差异率、与预算比较的各项指标的差异率。

（4）部门的各项指标及报表分析。

（5）每项指标分析，不但要进行数字分析，还要加入表格和图对比分析。

3.3 分析报告

3.3.1 财务部和各部门的分析报告应从对本期经营收入、成本、费用等各项指标，重点是超常规数据增减数额做出分析和说明，如增减原因、财务计算的方法变化对费用成本的影响等，各部门还要剖析行动计划完成和预算执行的情况。

3.3.2 各营业部门应对本部门经营情况做出分析。

（1）财务总监应从饭店总体经营状况分析，诸如对营业收入的构成及其权重，营业成本和管理费较上月及预算上升（下降）的额度和比率，新增的超预算支出（收入）项目名称、所含何种性质的成分，以及饭店的主要费用（如人力成本总额、接待费总额、物业运营费用、能源费用）等变化情况作出剖析，并提出下个营业周期应从哪几个方面降低成本，获取较好利润，完成饭店的预算。

（2）营销和市场分析，由销售总监着重从几个方面进行：第一，是饭店的RevPAR（平均每个房间的收入）指标的实现与客房散客量、团队、会议、滞留天数的影响，大型接待、团队接待和公关活动对各项收入的影响，协议单位的餐饮消费、娱乐消费、平均消费标准及当月的应收账催收情况等；第二，当月与本饭店有竞争的同行在餐、房、娱等方面经营上的特色以及采取的特价、优惠、折扣、包价等情况；第三，分析本地区同档次竞争对手的出租率、平均房价、会议、团队接待等经营手段的变化信息；第四，指出本月的不足并提出下月的营销和公关活动重点、已确认预订的和正在洽谈的团队、会议的情况并做出较准确的客情预测。

（3）保障部门（如工程部门）和职能部门应从维修计划的落实分析，通报本月的工程报修量情况、各部的维修费用摊算、能耗总额占收入比重等来评判控制方面的成败得失。解析饭店推行的节能方法对各项能源费用的影响程度；采购部门应重点分析海鲜、肉类、干货等食品的采购量的增减、价格的起伏、涨跌率对成本的影响；仓库应从各项物资的备货情况（哪种物品的积压、用量大、急需购买、即将到期的品种等）分析受饭店经营的影响等。

3.3.3 除了上面的要求以外，每个部门具体分析都要包括三个部分。

（1）历史数据回顾（文、表、图）：

① 本部门行动计划完成情况通报；

② 经营部门报表结算期到分析期的经营收入分析；

③ 本部门相关数据分析［收入、成本、费用、出租率、平均房价、RevPAR（平均每间可卖房间的收入）、应收长款等］。

公式为：RevPAR＝房间总收入/可卖房总数。

（2）查找过去经营过程中的问题和原因：

① 本部门存在的问题及产生的原因；

② 部门收入完成/未完成的因素；

③ 部门成本、费用节余/超支的原因分析；

④ 重点分析解决的办法和措施。

（3）对未来（下月）的展望和具体策略：

① 行动计划方案和策略；

② 市场预测；

③进一步落实已经确认的预订；

④需要饭店其他部门配合和协调的事项。

3.4 会议程序

3.4.1 发言的顺序是财务部、销售部、前厅部、房务部、餐饮部、娱乐部、人力资源部、工程部、保安、办公室。

3.4.2 总经理最后从各部门谈到的典型事例中归纳总结，说明本月的预算完成、行动计划的履行和各项营销策划活动的总体情况，并提出下月在扩大经营和成本、费用控制方面的意见。对本月营业部门在服务项目和经营成本上存在的不足提出改进意见，明确数据目标，要求经营部门和职能部门如期完成。对下月的市场和营销措施、推广、分布、活动等策划提出改进意见及指导性措施。

第二章
酒店采购成本控制

> **引言**
>
> 成本控制中处于第一环节的就是采购成本,这个环节直接关系着酒店业绩的好坏。采购水平的高低不仅能直接决定酒店的营业费用和固定费用,还会在一定的程度上影响经营过程中的管理费用。控制采购成本具体体现在两方面:一是以更低的价格(包括货款、运费和磨损费)采购市场上同类产品;二是确保所购酒店用品或设备的质量。

第一节 酒店采购的方式与原则

一、酒店物品采购的方式

酒店对一般用品、食品、饮料、工程设施设备的采购,可以采用以下几种方法。

(一)公开市场采购

它亦称为竞争价格采购,适用于采购次数频繁、需要每日进货的食品原料。公开市场采购是采购部通过电话、微信等联系供货单位,或通过与供货单位直接洽商,取得所需食品原料的报价,一般每种原料至少应取得一个供货单位的报价,分别登记在"采购申请单"上,经过比质比价,选择其中最好的供货单位。

(二)无选择采购

在较特殊的情况下,如酒店所需要采购的某种原料在市场上奇缺,或仅有一家供货单位,或酒店必须得到此物品及食品原料,采购部往往采取无选择采购方法,即连同采购申请单开出空白支票,由供货单位填写。

(三)成本加价采购

某种物品或食品原料的价格涨落变化较大或很难确定其合适价格时,可以采用成本加价法。此处说的成本指批发商、零售商等供货单位的商品成本。在某种情况下，供货单位和采购部双方都把握不住市场价格动向，于是便采用此法成交。即在供货单位购入原料时所花的成本上酌加一个百分比，作为供货单位的盈利部分。此法对供货单位而言，减少了因价格的骤然下降可能带来的亏损危险；对采购单位而言，加价的百分比一般比较小，也比较合算，采取成本加价方法的主要困难是很难准确掌握供货单位物品的真实成本，因此酒店采购时较少采用此方法。

（四）招标采购

它是一种比较正规的采购方法。一般只有大型酒店使用。采购单位把所需采购的物品名称及规格标准，以投标邀请的形式寄给各有关供货单位，供货单位接到邀请后即行投标，报出价格，亦要以密封文件的形式寄回采购单位。一般而言，凡其物品能符合规格标准，出价低者中标。这种方法有利于采购单位选择最低的价格，但由于此法要求双方签订采购合同，因而又不利于采购单位在执行合同期间另行采购价格可能更低兼、质量更合适的物品原料。

（五）"一次停靠"采购

酒店营业所需的物品原料品种繁多，必须向众多的供货单位采购，这就意味着酒店每天必须花费大量的人力和时间处理票据及验收进货。为了减少采购、验收工作的成本费用，有的酒店使用"一次性停靠"采购法，如果属于同一类的各种原料、物资，酒店都向同一个单位购买，这样只需要向供货单位开出一张订单，接收一次送货，处理一张票据。然而，这种方法对大型酒店而言，仍不理想，于是酒店采购也使用超级市场购物方式。这种超级市场是现在逐渐建立的酒店物资源共享供应公司，它可以使酒店原料物资源共享供应、及时无缺，而且每月订货、验收次数大大减少，降低了采购费用。

（六）合作采购

合作采购是三家以上的酒店组织起来，联合采购某种物品原料。其主要优点是通过大批量采购，各酒店有机会享受优惠价格。尽管各酒店各有特色，但完全可以运用合作采购的方法采购某种相同标准的食品、饮料及各种通用物品。

（七）集中采购

酒店管理公司或集团往往建立地区性的采购办公室，为本公司该地区的酒店采购各种物品、食品等，具体做法是各酒店将各自所需要的原料、物品及数量定期上报公司采购办公室，办公室汇总后集中采购。订货后，可根据具体情况，由供货单位分别运送到各个酒店，也可由采购办公室统一验收，随后再行分送。

集中采购的优点是由于批量大，往往可以享受优惠价格。集中采购，便于与更多的供货单位商洽，货品的品质和价格有更多的选择余地，集中采购可以减少各酒店采购员营私舞弊的机会。当然，集中采购也有不足之处，由于采购物品相同，不利于酒店创造独特风格。

二、酒店物品采购的原则

所有采购，必须事前获得批准，未经计划、未报审核和批准，不得采购。采购工作必须要围绕"适价""适质""适时""适量""适地"等基本要素来开展工作。

（一）适价

价格永远是采购活动中最核心的焦点，一个合适的价格往往要经过表2-1所示几个环节的努力才能获得。

表2-1 价格获得的环节

序号	环节	说明
1	多渠道获得报价	报价就是向供应商询价，根据"货比三家"的采购原则，酒店采购部门在物品采购时依据所要购买物品的具体采购要求，通过多种渠道向多家供应商发出物品采购要约，从而获得来自不同供应商的多方面报价
2	比价	由于供应商报价单中所包含的条件往往不同，因此采购人员必须将不同供应商报价中的条件转化成一致后才能比较，只有这样才能得到真实可信的比较结果
3	议价	经过比价环节后，筛选出价格最适当的2～3个报价（注意：是适当价格，不是最低价格），然后进行议价环节。随着进一步的沟通，不仅可以将详细的采购要求传达给供应商，而且还可进一步"杀价"，供应商的第一次报价往往含有"水分"。但是，如果物料为卖方市场，即使是面对面地与供应商议价，最后所取得的实际成绩也可能要比预期的低
4	定价	经过上述三个环节后，双方均接受的价格便作为日后的正式采购价，一般需保持2～3个供应商的报价。这2～3个供应商的价格可能相同，也可能不同

（二）适质

并不是最低的价格就是最可取的，应考虑价格对应的质量，并同时考虑与供应商的长远合作关系和其他采购等因素，使物品的质量在合适的前提下，采购价格达到最低、最优水平。一个优秀的采购人员不仅要做一个精明的商人，同时也要是一个精通业务的品质管理人员。在物品采购时，价格是第一，但质量同样不可忽视。品质达不到使用要求的严重后果是价格差异永远无法弥补的。

（三）适时

酒店用品的采购到位时间，必须根据使用要求确定。若酒店用品未能如期购到，则会影响酒店的正常经营运作；若酒店用品提前太多时间买回来放在仓库里，一方面会造成酒店用品的变质和损耗，另一方面将造成采购资金的积压。故采购人员应该严格按照采购要求，把握物品交货期限。

（四）适量

批量采购虽然可以获得数量折扣，但会积压采购资金，太少又不能满足经营需要，故合理确定采购数量相当关键，原则上酒店需根据经济订购量采购。采购人员不仅要监督供应商准时交货，还要强调按订单数量交货。

（五）适地

酒店在选择供应商时首先考虑最近的供应商来实施，近距离不仅使得沟通方便，处理事务更快捷，也可降低采购物流成本。

第二节 酒店采购成本降低策略

采购部门要与业务部门紧密合作，从战略层面为酒店贡献价值、节约成本，考虑总成本概念而不只是价格。为了尽可能有效地控制成本，制定合适的采购策略，可以使酒店采购人员更加了解酒店的需求，并运用这些策略使酒店得以控制和降低成本。

一、采购效益最大化

为了实现采购效益最大化，采购经理们必须评估所有可能的选择，比如是否选择集团采购或参加大型酒店用品市场组织的供需见面会。

大规模的采购能够以较低的成本获得产品，还可以使供应商不必在同一个地区往返数次，酒店采购可以帮助供应商缩减成本来增强自身讨价还价的实力。同时，买方有效地采购程序和管理机制，也会让卖家给予更优惠的价格，提供更优质的服务。

供应商与采购商之间需要诚信合作。但因为信息不对称、沟通脱节，往往阻碍了双方的合作。供应商自身的推广精力和能力有限，难寻一个长期合作的酒店和有实力的经销商。

同时，对于酒店采购人士来说，由于对卖家背景了解不清楚，找到优质的供应商也不容易。能够真实地深入厂家，实地考察，面对面咨询，最后能够真正实现货比三家，采购到物美价廉、称心如意的产品是采购者最大的心愿。

此外，酒店业还流行一种"点对点"的"联姻"活动，能更直接、高效达成目标。由行业协会或相关单位组织协调一些或一批有意向采购的酒店总经理和采购部门负责人直接到一家颇有实力的酒店用品生产企业考察、体验，或去一个酒店用品生产企业集中地考察、观摩。其目的就是要促进供需双方面对面交流，通过与企业直接沟通、洽谈交流，更多有实力、有潜力的买家能更加直观地了解企业的规模、实力、文化以及优势产品等各个方面，而彼此之间的深入了解也有利于双方信心的建立。

二、比较供应商

采购经理在与供应商打交道时应时刻关注并清楚产品的供求关系。尽管一般意义上

"最佳价格中标"，酒店都愿意以最佳的价格采购产品，但负责任的采购经理更应该做的是比较各供应商及其提供的产品，有时候价格最低的产品不一定能够保证产品的质量和稳定性。

比较供应商首先应看其资质。比如企业是否具备一定规模的生产能力，是否是官方认可的合格生产企业等。如能入选到行业标准或有获评行业荣誉等的单位则更能加分。但当前供应商的各种荣誉鱼龙混杂，实在很难衡量，此项只能作为参考。

比较供应商时应评核其经营标准。比如，供应商企业若没有实行完善的卫生措施，产品可能就不是安全的。一个拥有HACPP（危害分析和关键控制点）食品安全管理体系认证的企业总比一个毫无资质的企业看上去更加适于合作。

比较供应商时还应评估其送货方式以判断是否能够及时送货上门，在送货过程中能否按照规定的温度保存产品等。

比较供应商时还应评估其结算方式。实行较灵活的多次结算方式的供应企业一般会被认为财力雄厚，容易被选择合作，而那些希望一次性支付的供应商一般不被选择。这也不应作为唯一衡量依据。

比较供应商时还应评估其退换货政策。一个拥有良好的退换货政策的供应企业，一般较受欢迎。

三、比较品牌

在采购中，采购经理经常会面对一些新产品和新品牌，往往要比较相似的产品以确定这些产品是否符合需要、质量是否一致、能否达到使用目的。我们需要讨论的是是否一定要使用品牌或名牌产品。

在烹饪的物料选择上，不同产地、不同品种的马铃薯的用途也是不一样的，有的适于炸薯条，有的则适于熘炒。

同样炸薯条，一些品牌的马铃薯可以做出味道极佳的法式炸薯条。一些品牌的马铃薯在烘烤后的保鲜时间显然超过其他品牌的马铃薯，这些马铃薯可能就会被用于宴会和自助餐。同样，不同产地、质地的海参，价格也是不等的，这取决于客人的需求。

同样，酒店对产品的选择，是否考虑品牌或名牌产品，还与酒店的定位有关。定位奢华和定位高档的酒店，也许都是五星级，但酒店的建设标准、客源层次还是有其差异性，所以在品牌的选择和使用上也是有其区别的。很多国际酒店品牌就制定了严格的品牌标准，以规范物品采购中的标准问题，便于采购部门的甄选。

另一种情况是，无论是名牌产品还是普通品牌，很有可能它们的效用基本上是相同的，因为都达到了国家标准，甚至都超出了国家标准。

比如国际品牌和国内品牌，很有可能国际品牌也是国内代工的。名牌也许意味着更好的保证性，但往往只有在特殊要求下才有必要使用名牌产品。

如果酒店一味采购名牌产品，就会提高采购的价格，这个道理是显而易见的。所以说酒店采购经理要和各物品使用部门负责人沟通的是，能确保质量又不影响对客服务的，尽量还是使用替代品牌。

根据酒店的档次、星级标准、客人的需要进行针对性的采购，正确地认识品牌、比较品牌、选用品牌，是有效控制采购成本的有效环节。

四、利用具有成本效益的各种折扣

供应商在推销产品时，适时推出优惠价及各种折扣也是其有效策略之一。在大多数情况下，有经验的采购经理往往会不局限于某一种品牌而放弃利用折扣的机会。

在特定的情形下，如果酒店此前并没有和供应商签订此类产品的供货合同，性价比高的折扣产品将会被优先选择，前提是确保维持产品的质量和稳定性。

此外，酒店赊账乃至拖延支付供应商货款的情形是当前酒店业的普遍现象，供应商往往允许酒店在30日内支付所欠款项而不收取任何利息。如果酒店能用现金创造出高于利息成本的利润，那么以赊账的方式支付可能更具成本效益。

因此供应商也有通过现金折扣的方式，鼓励酒店客户提早付款，甚至预付款。在营销实务中，这是加快资金周转的有效方式，是商品流通领域中常见的经营策略之一。对酒店而言，现金付款如能带来具有成本效益的价格优惠（比如折扣），也是可以接受的。

五、采购适量的存货

存货占用的资金是在评估折扣和单位价格时必须考虑的因素。大量的存货会增加浪费、偷盗和食品过期变质的可能性，但同时酒店又不应陷入缺货的尴尬困境，因为这必将失去客人。

菜单上的食品是否应该保证100%供应，一流酒店的回答是肯定的、必须的，这与酒店的定位与豪华水平相关。然而在酒店业内，一般通行的做法却是菜单上的食品能够90%～95%提供就属正常。

不能提供有多种原因，可能因为当日沽清，可能临时促销结束，也有可能当日根本就没有准备或因供应商供货不足。

90%～95%的范围之所以合理，也因为客人不太可能100%地点到所有的菜品，更多的情况是往往某些热销菜式或推广菜式需要多做准备，有的备货可能仅仅为几份或一份，个别特殊菜品甚至需要预订才会提供。

因此，合理的存货量是成本控制的关键之一。大量的存货意味着占用了本可以放在银行里获得利息的资金。如果在酒店淡季某种产品的需求量降低的时候，就是有必要减少这种产品的库存量的时候了。

六、采购节省人工的产品

近年来人力成本占总成本的比例在逐年上升，为了省钱而放弃机器化的时代已经过去。酒店业本就属于劳动密集型产业，降低人工成本可以为酒店带来竞争优势。

任何一项采购决定做出之前，都应进行价值分析以确定这项采购对于人工的影响。比如员工餐厅拟申购两台面条机，费用不到几百元，但是因此会节省一个人的人工成本，这项采购就是值得的、划算的。这与买一个切片机还是投入人工将萝卜按菜单要求切片的问题如出一辙。另外，采购设备的质量高低也决定了其对人工成本的影响。

全自动咖啡机做出的咖啡口感显然要好于半自动咖啡机，更重要的是全自动咖啡机更加节省人工（比如无须研磨咖啡豆），乃至客人可以自行完成。

七、以符合道德标准的方式进行采购

在采购过程中，卖方和买方都有可能出现不道德行为与合谋欺诈（如串标等），因此必须有一些规章制度等来加以限制，比如制定出书面的道德准则要求。

单纯追求传统销售收入的时代已经过去，但凡省下来的都是利润，而采购则贯穿了"省"的全过程。

第三节　酒店采购成本降低措施

一、完善采购制度

酒店应完善采购制度，做好采购成本控制的基础工作。

采购工作涉及面广，并且主要是和外界打交道，因此，如果酒店不制定严格的采购制度和程序，不仅采购工作无章可依，还会给采购人员提供暗箱操作的温床。完善采购制度要从表2-1所示几个方面做起。

表2-2　完善采购制度的要点

序号	要点	说明
1	建立严格的采购制度	建立严格、完善的采购制度，不仅能规范企业的采购活动、提高效率、杜绝部门之间扯皮现象，还能预防采购人员的不良行为。采购制度应规定物料采购的申请、授权人的批准权限、物料采购的流程、相关部门（特别是财务部门）的责任和关系、各种材料采购的规定和方式、报价和价格审批等。比如，可在采购制度中规定采购的物品要向供应商询价、列表比较、议价，然后选择供应商，并把所选的供应商及其报价填在请购单上；还可规定超过一定金额的采购须附上三个以上的书面报价等，以供财务部门审核
2	建立供应商档案和准入制度	（1）对酒店的正式供应商要建立档案，供应商档案除有编号、详细联系方式和地址外，每一个供应商档案应经严格的审核才能归档 （2）酒店的采购必须在已归档的供应商中进行 （3）供应商档案应定期或不定期地更新，并有专人管理，同时要建立供应商准入制度 （4）重点材料的供应商必须经质检、物料、财务等部门联合考核后才能进入，如有可能要实地到供应商生产地考察

续表

序号	要点	说明
3	建立价格档案和价格评价体系	采购部门对所有采购物资建立价格档案,对每一批采购物品的报价,首先与归档的材料价格进行比较,分析价格差异的原因。如无特殊原因,原则上采购的价格不能超过档案中的价格水平,否则要作出说明。对于重点物资的价格,建立价格评价体系,由单位有关部门组成价格评价组,定期收集有关的供应价格信息,分析、评价现有的价格水平,并对归档的价格档案进行评价和更新
4	建立材料的标准采购价格以进行比价采购	财务部对重点监控的物资,根据市场变化的产品标准成本定期定出标准采购价格,促使采购人员积极寻找货源,货比三家,不断地降低采购价格

通过以上四个方面的工作,虽然不能完全杜绝采购人员的暗箱操作,但对完善采购管理,提高效率,控制采购成本,确实有较大的成效。

二、完善预算编制

预算是成本控制的关键。酒店要结合实际有针对性地做好采购成本预算,并严格执行预算指标,采购成本控制才能真正起作用。预算要针对酒店的实际制定在可控的范围内,要科学、要合理。预算的要点如下。

(1) 编制采购预算,使采购部事先预知全年采购规模,拟订采购计划,提前了解市场采购信息,按采购计划组织实施,克服目前运作中零星、无计划的采购,建立采购年度综合预算制度,在财务综合预算中单独列出,从资金控制上为采购把关。所有款项应全部拨入采购专户,应纳入采购的全部经过统一采购,不应纳入采购的再拨入各部门。

(2) 把部门预算与酒店采购的工作有机结合起来,将采购预算细化到每个部门和项目。

(3) 强化采购年初预算的约束力和在操作上的指导性,控制有关采购人员临时追加采购预算,严格预算的执行。

三、规范采购活动的工作流程

酒店应该规范各类物品采购工作流程,以降低采购过程中的各项业务办理成本。

(一)仓库补仓物品的采购工作流程

仓库的每种存仓物品,均应设定合理的采购线,在存量接近或低于采购线时,即需要补充货仓里的存货,仓库负责人要填写"采购申请单",且"采购申请单"内必须注明以下信息。

(1) 货品名称,规格。
(2) 平均每月消耗量。
(3) 库存数量。

(4) 最近一次订货单价。

(5) 最近一次订货数量。

(6) 提供本次订货数量建议。

经总经理签批同意后送采购部经理初审，采购部经理在"采购申请单"上签字确认，并注明到货时间，按仓库"采购申请单"内容要求，在至少三家供货商中比较，选定相应供应商，提出采购意见，按酒店采购审批程序报批，经总经理批准后，采购部立即组织实施，一般物品要求在3天内完成。如有特殊情况，要向主管领导汇报。

(二) 部门新增物品的采购工作流程

若部门需添置新物品，则部门负责人填写申请报告，经总经理审批后，连同"采购申请单"一并送交采购部，采购部经理初审同意后，按"采购申请单"内容要求，在至少三家供货商中比较，选定相应供应商，提出采购意见，按酒店采购审批程序报批，经总经理批准后，采购部立即组织实施。

(三) 部门更新替换旧有设备和物品的采购工作流程

如部门需更新替换旧有设备或旧有物品，应先填写一份"物品报损报告"给财务部及总经理审批。经审批后，将一份"物品报损报告"和采购申请单一并送交采购部，采购部须在采购申请单内注明以下资料。

(1) 货品名称，规格。

(2) 最近一次订货单价。

(3) 最近一次订货数量。

(4) 提供本次订货数量建议。

采购部在至少三家供应商中比较价格品质，并按酒店采购审批程序办理有关审批手续，经总经理批准后，组织采购。

(四) 燃料的采购工作流程

采购部根据营业情况与厨师长编制每日采购申购计划，填写采购申请单，以电话落单形式采购。

(五) 维修零配件和工程物料的采购工作流程

工程仓库日常补仓由工程部填写"采购申请单"，且采购申请单内必须注明以下资料。

(1) 货品名称，规格。

(2) 平均每月消耗量。

(3) 库存数量。

(4) 最近一次订货单价。

(5) 最近一次订货数量。

大型改造工程或大型维修活动，工程部需做工程预算，并根据预算表项目填写采购申请单（工程预算表附在采购申请单下面），且采购申请单内必须注明以下资料。

(1) 货品名称，规格。

(2) 库存数量。

(3) 最近一次订货单价。

(4) 最近一次订货数量。

(5) 提供本次订货数量建议。

以上采购申请单经总经理签批同意后送采购部经理初审，采购部经理初审同意后，按"采购申请单"内容要求，在至少三家供货商中比较，选定相应供应商，提出采购意见，按酒店采购审批程序报批，经批准后，采购部立即组织实施。

（六）厨房对不同存货，采取不同时期的采购申报计划

厨房对不同存货，采取不同时期的采购申报计划，如表2-3所示。

表 2-3 采购申报计划

序号	计划类别	说明
1	日计划	指需购进的各种基础性原材料食品，由厨房各档口负责人根据当天营业情况预测第二天的需要量，据此拟订需求，填制"原材料申购单"，报厨师长审核签字后，交采购部办理正式采购业务（没有厨师长签字确认不予采购）。原材料申购单下单时间为每天晚餐8:30～9:00。蔬菜、肉类、冻品、三鸟（鸡、鸭、鹅）、海鲜、水果等物料的采购申请，由各部门厨师或主管，根据当日经营情况，预测明天用量，填写每日申购单交采购部，采购部当日营业结束后以电话落单或第二天直接到市场选购
2	周计划	指需购进的干货、调料、冻品、烟酒等由仓库报计划，由厨师长、副总经理预测下周需求量，拟订"采购申请单"和"原材料申购单"，交采购部办理采购业务。下单时间为每周一下午3:00～4:30
3	月计划	指需购进的厨房低值易耗品、印刷用品等，由副总经理预测下月需要量，并据此拟订需求，填制"采购申请单"，由厨师长、副总经理、总经理签字后，交采购部办理采购业务。申报计划时间为每月25日

（七）采购工作流程中须规范事项

1. 采购申请单的联次

所有的采购申请必须填写一式四联，采购申请单经部门负责人核签后，整份共四联交给会计，会计复核后送总经理。

采购申请单一共四联，在经审批批准后，第一联作仓库收货用，第二联采购部存档并组织采购，第三联财务部成本会计存档核实，第四联部门存档。

2. 采购申请单的审核

收到采购申请单后，采购部应做出以下复查以防错漏。

(1) 签署核对：检查采购申请单是否由部门负责人签署，核对其是否正确。

(2) 数量核对：复查存仓数量及每月消耗，确定采购申请单上的数量是否正确。

（八）货比三家工作流程

每类物品报价单需要最少三家做出比较，目的是防止有关人员从中徇私舞弊，保证采购物品价格的合理性。酒店采取三方报价的方法进行采购工作，即在订货前，必须征询三个或三个以上供应商报价，然后确定选用哪家供应商的物品，具体做法如下：

（1）采购部按照采购申请单的要求组织进货，填制空白报价单，包括以下内容。

① 填写空白报价单中所需要的物品名称、产地、规格、型号、数量、包装、质量标准及交货时间，送交供应商（至少选择三个供应商），要求供应商填写价格并签名退回。

② 对于交通不便或外地的供应商，可用传真或电话询价。用电话询价时，应把询价结果填在报价单上并记下报价人的姓名、职务等。

③ 提出采购部的选择意见和理由，连同报价单一起送交评定小组审批。

（2）评定小组根据采购部提供的有关报价资料，参考采购部的意见，对几个供应商报来的货品价格、质量以及信誉等进行评估后，确定其中一家信誉好、品质高、价格低的供应商。

（九）采购活动的后续须跟进工作

1. 采购订单的跟催

当订单发出后，采购部需要跟催整个过程直至收货入库。

2. 采购订单取消

（1）酒店取消订单。

如因某种原因，酒店需要取消已发出的订单，供应商可能提出取消的赔偿，故采购部必须预先提出有可能出现的问题及可行解决方法，以便做出决定。

（2）供应商取消订单。

如因某种原因，供应商取消了酒店已发出的订单，采购部必须能找到另一家供应商并立即通知需求部门。为保障酒店利益，供应商必须赔偿酒店人力、时间及其他经济损失。

3. 违反合同

合同上应注明详细细则，如有违反，便应依合同上所注明的处理。

4. 档案储存

所有供应商名片、报价单、合同等资料均须分类归档备查，并连同采购人员自购物品价格信息每天须录入至采购部价格信息库。

5. 采购交货延迟检讨

凡未能按时、按量采购所需物品，并影响申购部门正常经营活动的，需填写采购交货延迟检讨书，说明原因及跟进情况并呈财务部及总经理批示。

6. 采购物品的维护保养

如所购买的物品是需要日后维修保养的，选择供应商时便需要注意这一项，对设备等项目的购买，采购人员要向工程部咨询有关自行维护的可能性及日后保养维修方法。同时，事先一定要向工程部了解所购物品能否与酒店的现有配套系统兼容，以免造成不能配套或无法安装的情况。

四、降低采购物资成本的方法和手段

（一）通过付款条款的选择降低采购成本

如果酒店资金充裕，或者银行利率较低，可采用现金交易或货到付款的方式，这样往往能带来较大的价格折扣。

（二）把握价格变动的时机

价格会经常随着季节、市场供求情况而变动，因此，采购人员应注意价格变动的规律，把握好采购时机，为酒店节约资金，创造经济价值。

（三）以竞争招标的方式来牵制供应商

对于大宗物料采购，一个有效的方法是实行竞争招标，通过供应商的相互比价，最终得到底线的价格。此外，对同一种材料，应多找几个供应商，通过对不同供应商的选择和比较使其互相牵制，从而使单位在谈判中处于有利的地位。

（四）向厂商直接采购或结成同盟联合订购

向厂商直接订购，可以减少中间环节，降低采购成本，同时厂商的技术服务、售后服务会更好。另外，酒店今后的发展方向是：有条件的几个同类单位结成同盟联合订购，以克服单体酒店数量少而得不到更多优惠的矛盾。

（五）选择信誉佳的供应商并与其签订长期合同

与诚实、讲信誉的供应商合作不仅能保证供货的质量、及时的交货期，还可得到其付款及价格的关照，特别是与其签订长期的合同，往往能得到更多的优惠。

（六）充分进行采购市场的调查和信息收集

一个酒店的采购管理要达到一定水平，应充分注意对采购市场的调查和信息的收集、整理，只有这样，才能充分了解市场的状况和价格的走势，使自己处于有利地位。

五、实行战略成本管理来指导采购成本控制

（一）估算供应商的产品或服务成本

酒店采购管理只是过多强调公司内部的努力，而要真正做到对采购成本的全面控制，仅靠自己内部的努力是不够的，应该对供应商的成本状况有所了解，只有这样，才能在价格谈判中占主动地位。在谈判过程中，可通过参观供应商的设施，观察并适当提问以获得更多有用的数据；甚至为了合作，明确要求供应商如实提供有关资料，以估算供应商的成本。在估计供应商成本并了解哪些材料占成本比重较大之后，可安排一些使自己

在价格上有利的谈判，并尽可能加强沟通和联系，即与供应商一起寻求降低大宗材料成本的途径，从而降低成自己单位的材料成本。进行这种谈判，要始终争取双赢的局面，以达到与供应商建立长期良好的合作关系。

（二）对竞争对手进行分析

对竞争对手进行分析的目的是要明确我方酒店与竞争对手相比的成本态势如何。本酒店的优势在哪里，对手的优势在哪里，优势和劣势的根源是什么，是源自酒店与竞争对手战略上的差异，还是源自各自所处的不同环境，或是单位内部结构、技术、管理等一系列原因。然后从消除劣势，保持优势入手，制定在竞争中战胜对手的策略。通过对竞争对手的分析，找到努力的方向，在竞争中保持先机。

【实战范本2-01】▶▶

酒店采购制度及程序

1. 目的

当酒店的业务进行运作时，采购部是负责酒店一切物品的采购及服务的部门，酒店一切所需求的物品必须经由采购部负责采购，酒店不允许未经行政管理部门批准的任何购货行为，无论是现金（零用金除外）还是非现金交易，需用部门必须按照采购程序，经过审批手续后，由采购部办理。采购部要提供最新的市场信息资料给需求部门，且采购部需要为各使用部门提供可靠的服务，搜集良好品质的物料和供应商来配合酒店的政策，采购人员必须对所有物品的数量、质量、价格、货源等加以控制，并能按各部门的要求，购入质优、价廉的货品，从而达到最大限度降低进货成本、提高利润、节约资金的目的。

2. 采购程序

2.1 采购货品分类如下：

2.1.1 货舱存货补充——仓库管理人员应经常留意各种库存物品的存量的改变，在物料存量达到规定的补充线时，应及时提出补充要求，保障酒店任何时间均有合理的物料供应。

2.1.2 部门新增的物品——运作部门在业务需要新增设备或添加物料时，所需的采购工作在各部的采购申请获得行政办批准后，由采购部门进行洽购，以适应新的业务发展。

2.1.3 部门替换旧有设备或物品——当酒店的业务运作至一定周期时，操作设备、器材、用具、低值易耗品等物品，均需按情形更新、补充。

2.1.4 食物和饮料供应——食物及饮料供应品因性质不同，且受客人流量和消费的影响，故每天都有极大的流量，加上品质方面的选定，需要厨房部、饮食部、采购部和成本控制部的合作，以便能以尚佳的物料产出好的食物和饮品，因此，其采购申请和程序与其他部门不同，除了批量的采购外，亦有每天补充用料的每日市场采购。

2.1.5 燃油和燃料。

2.1.6 维修物料和工程零配件。

2.1.7 急用和零星用品。

2.2 部门新增物品及替换旧有设备或物品采购申请及程序如下。

2.2.1 采购申请。

2.2.1.1 货舱存货补充。各仓库的每项存仓物料均应设定合理的补充线，在存量接近或低于补充线时，即需要补充货仓的存货，货仓主管便需填写一份货仓补货表通知给有关部门，表内必须注明以下资料：货品名称，平均每月消耗量，库存数量，最近一次订货数量，最近一次订货数量建议，提供本次订货数量建议，若有可能应随附样品。

有关部门查阅后需回复该项货品是否需要取消或补充，如有任何转变或更改，应予注明，然后送回货仓主管，货仓主管便可填写采购申请表送交采购部。

2.2.1.2 部门新增物品。若有部门欲增置新物品，部门主管应参照每年的预算是否包括该项目在内。如没有预算，应连同有关报告和采购申请表一并送交采购部。

2.2.1.3 部门替换旧有设备或物品。如部门欲替换旧有设备或物品，应先填写一份"固定资产、物品损失或损坏报告"给财务经理审批，经审批后，将一份损失或损坏报告副本和采购申请表送交采购部。

2.2.2 采购申请单。

2.2.2.1 所有的采购申请单必须填写一式四份，采购申请单经部门主管核签后，交给采购部。在经行政办批准后：第一份收货部存档（存收货组准备收货）；第二份采购部存档；第三份财务部存档（应付会计核算）；第四份部门存档。

2.2.2.2 填写采购申请单时部门主管应注意以下事项。

（1）货品名称、规格、数量及数量单位必须列明。

（2）如货物必须在指定日期前收到请注明。

（3）此申请单只限于部门主管签署。

（4）部门主管必须谨记，此申请单交往采购部之日起，采购部需要找供应商的报价，选择供应商，然后经财务经理及总经理批准方可发出采购订单，从制造到送货需要一定的时间，故请各部门主管详细计划订货时间，及时发出申请表，以配合货品的应用。

2.2.3 检定申请单。当采购部收到采购申请单后，应做出以下复核，以防错漏。

2.2.3.1 签署核对：检定采购申请单有否部门主管签署及核对是否准确。

2.2.3.2 数量核对：复核存仓数量及每月消耗，确定采购申请表上的数量是否正确，因过多或过少都会产生很多不良后果。

（1）过多存货引起的问题。

①流动资金减少而束缚于存货成本。

②保险费及存货成本增加。

③货品残变或过期的可能性而形成损耗。

④货品有被盗的危险而招损。

（2）存货不足引起的问题。

①出品产生缺项，令客人不满或令整个预订的供应计划改变，影响业务素质和酒店形象。

②匆忙的订单导致价格或品质上的不可预控。

2.2.4 供应商。

2.2.4.1 联络供应商。采购员可以利用电话、传真或其他通信途径联络供应商，供应商资料可从以下来源获得。

（1）营业代表的来访。

（2）供应商目录及邮寄小册子。

（3）刊物或电话黄页，报纸、杂志上的广告。

（4）展览会。

（5）有关部门的介绍。

2.2.4.2 选择供应商：在采购方面，选择供应商是一项十分重要的环节，酒店选择供应商时要考虑以下条件。

（1）稳固财政：最好选择有稳固财政能力的供应商，因这样对保持酒店货品水准、数量及交货期有一定的保障。

（2）品质的统一：所选择的供应商必须提供符合酒店要求的物品，令酒店保持一贯稳定水准。

（3）地区：若品质或数量可以接受的话，最好选择本地的供应商，从而节省税项、运输及保险费用，且联系方便，易于随时检查合同的执行情况。

（4）价格：如所有供应商的货品、品质、数量及交货期都能符合酒店要求，则选择价格最低的供应商；若品质条件不同，则应与需货部门共同考虑，协商核定最符合酒店要求的供应商。

（5）维修保养：如所购买的货品是需要日后维修保养的，选择供应商时需要注意这一项，因为好的维修服务能间接影响货品的性能和成本。采购人员应向工程部门咨询有关自行维修的可能性及日后的保养维修方法。属于机电、器材等项目的购买，事先一定要向工程部门了解所购买物品能否与酒店的现有配套系统兼容，以免造成不能配套或无法安装的情况。

2.2.5 报价单。

报价单需要最少三家做出比较，但要视货品质量、种类和货源供应而定。报价种类如下。

2.2.5.1 口头报价：口头报价只可接受于重复订购，而质量、价格与供应商最后一次订货完全相同，除每天市场采购外，其他采购业务应绝对避免。

2.2.5.2 书面报价：这是非常完善的报价方法，新置货品必须采用此种方法，其他采购业务应尽量以此种方法进行，以免临时发生变化。

2.2.5.3 投标方式：对于价值高的工程项目，最好发出投标的邀请信给有潜力的供应商，并要求于指定日期内报价，过期作废，酒店对于每一份报价都要保守秘密，以求取得公平竞争，择优选取。

2.2.6 物品评价及选择。

选择货品时，采购部需集中有关部门意见，并详细分析报价单中的资料，以确保正确选择。样本测试要求如下。

（1）当需要某种货品时，采购部可要求供应商提供样品。

（2）样品交于需求部门进行各种测试及提供意见，例如布草洗涤的测试等。

（3）为求公平，供应商的名字无须提供给需求部门。

（4）在进行测试时，采购人员需在场证明。

（5）测试需由需求部门提供书面报告给采购部。

2.2.7 议价。

通常物品的价值和数量较大时，酒店可以和供应商作议价以进一步达成对酒店较为有利的协议，而且酒店不仅可在价格方面洽谈，甚至物品的质量、交货期或一切细节，通过议价，价格可降低，这样对酒店有直接的利益。在以下情况中是没有多大作用的，但是仍应尽力尝试。

（1）小数值的购买。

（2）唯一供应的来源。

（3）法律规定的价格。

（4）已定折扣的价目表。

（5）紧俏的市场商品。

2.2.8 决定。

当一切步骤完成后，采购部便可将有关资料填写在采购申请单的适当栏目内，连同所有的报价单和推荐供应商的报告交给财务经理及总经理批准。

2.2.9 定购。

采购申请表一经财务经理及总经理审批后，交回采购部，采购部可按安排分派采购申请单给规定的部门，而采购人员应立刻准备采购单给供应商，及时进行采购物料。

2.2.9.1 采购订单。采购订单是酒店正式给予供应商的授权文件，此份订单一式六份（第一份：供应商。第二、三份：采购部。第四份：会计部。第五份：收货部。第六份：需求部门），而其中的供应商、货品内容资料、数量及价格必须与已批准的采购申请表相同。

（1）采购订单必需的资料：货品供应商名称、地址及有关资料；采购申请单的号码；订单日期；需求部门；品名、质量、种类描述、数量、单价、交货期、运输方式及验收标准；总值；付款方法。

（2）采购订单中的有效签名：采购订单中授权的有效签署处加盖酒店的合同专用章外，另需按酒店规定的分级授权加签。

① 总值在100元以下，只需财务经理签字批准。

② 总值在100元以上，需要财务部经理、总经理或授权的副经理签字批准。

2.2.9.2 合同。

有关服务性质的要求，工程项目或高总值及数量大的物品的定购，酒店可以用采购合同代替采购订单，采购合同是一份互相协定的有效法律文件，一经签署，双方便要遵守合同上的细则。

（1）合同的目的。

① 买卖双方经由合同来确认双方的责任，保障双方的利益。

② 合同经双方盖章及签署后，彼此各执一份以作为凭证，完善合同的效力。

③ 合同足以约束买卖双方的行为，减少违约事件的发生，保障合同的有效执行。

（2）工程合同细则应详细列明以下内容。

① 工作范围，包括物料供应、安装家私设备。

② 规格、质量标准及验收标准和方法。

③ 其他费用，包括杂项开支、超时、利息、工人工资、保险等的承担。

④ 完成工期和工程进度界定方法。

⑤ 延期完工的赔偿。

⑥ 保养期及维修事项的规定。

⑦ 工程进度款、保障金等的付款方法和规定。

（3）物品或服务性采购合同细则应列明以下内容。

① 详细的采购项目标的质量、规格、数量、包装的规定。

② 交货期限、运输方法及交货地点。

③ 付款细则和验收方法。

④ 维修保养方法及收费。

⑤ 保证的年限。

⑥ 接受或拒绝货品程度和处理方法。

⑦ 取消合同的情形。

⑧ 合同的权利（违约赔偿及其他权益保障）。

2.2.10 其他。

2.2.10.1 采购订单的跟踪。

当订单发出后，采购部需跟催整个过程直至满意收货。以下情况是采购部需要跟催的。

（1）货品未能依期交货。

（2）交货数量或品质与订单出入。

（3）新聘的供应商或改变供应商。

（4）唯一来源但有问题的供应商。

（5）供应商未能履行合同的责任。

2.2.10.2 采购订单的取消。

（1）酒店欲取消订单：如因某种原因欲取消已发出的订单，供应商可能提出取消的赔偿，故采购部必须预先提出有可能的问题及解决方法。

（2）供应商欲取消订单：如供应商欲取消订单，采购部必须能够找到另一个供应商，并立即通知需求部门，为保障酒店利益，供应商必须赔偿酒店人力、时间及其他经济损失。

（3）违反合同：合同上应载明详细细则，若有违反，便应依合同上所载做处理。

2.2.10.3 收货。收货是收货组的责任，但采购仍应对货品做出必要的检查，以保障酒店购入适当货品。当送到的货品有问题时，如数量不符、品质掺假，采购部便需被即时知会，以采取进一步行动。

2.2.10.4 档案储存。要有完善的采购资料，必须有完善的档案储存，这样便有快捷的资料存查。

（1）采购部需存两份采购单，一份是以顺号码方式排列，此档案资料永远保留。另一份是依据部门划分，然后才依号码排列，与之相关的文件需装在一起，此档案保存3年后经财务部经理同意方可毁灭。

（2）供应商及出品资料：为方便随时提供资料给予部门参考，采购部需将所有供应商及产品说明资料储入档案备查。

（3）价目记录：每类货品备有一份详细的采购记录，该记录中将一切曾采购的供应商、价目、采购日期、折扣、数量清楚列明，以便日后做价格走势分析或重购时的存查。

（4）存货及用量记录：此记录由仓务部提供，采购部可从报告中得知每月用量和存货，该资料对采购部协助财务部预计未来用量以配合市场价是很有帮助的。

（5）供应商记录：当选择供应商时，采购部需考虑其过去表现，如交货是否依时、服务水准、价格等，故此，此份记录便是记录供应商一切表现，方便采购部作参考及评价。

（6）其他档案：全酒店有关技术性的图纸样本、印刷品等均需集中储存妥当，待有需要时翻查。

注意：为避免资料的遗失，借出的资料必须登记及退还。

3. 食品及饮料的采购程序

3.1 采购申请及订单。

酒店中的食品和饮料每天消耗量较大，其中有些食物可以存放较长时间，但有些食物却不能，例如罐头和酒类、肉类和蔬菜，两者就不同，有些物料更是规定使用日期，所以，采购部更需与厨务部、餐饮部和成本会计部密切合作，做出适当的采购。

因为食物、饮料需要每天都有不同种类和数量的供应，其中各厨房的用料，因营业情况比较复杂，申请购买的手续也与其他方法不同。

3.1.1 蔬菜、肉类

蔬菜、肉类的采购申请需填写每日市场购货表，此表可作为订单使用。

（1）仓务部需每天把表内存货报告一栏填好交回厨师长。

（2）根据仓务部的资料，厨师长再凭自己的经验预测和菜牌的需求，填写适当的数量，签署购货表，并于指定日期前交回采购部处理。

（3）采购部收到每日市场购货表后把适当的供货商和价格填上，并由采购部经理签核。

（4）此表再经厨师长、餐厅经理和采购部经理批准后，采购部便可以电话落单或直接到市场选购。

3.1.2 杂货。

杂货的采购申请需填写每周杂货订货表（此表可作订单使用）。

（1）仓务部需每周把入存货表填好，交回厨师长。

（2）根据仓务部的资料，厨师长再把需求数量填上并交回采购部。

（3）采购部收到每周杂货订货表后，把适合的供应商和价格填上，并由采购部经理签署，如不采用杂货订货表，可用采购申请单代替。

（4）此表再经财务经理和总经理批准后，采购部便可以购货。

每日市场订货表及每周杂货表均一式四份：原稿——收货部；第一副本——采购部；第二副本——成本控制部；第三副本——厨务部。

3.1.3 酒类。

酒类按每年的预算量分期进货，补充日常的消耗量，需填写每周酒类订货表（此表并可作订单使用）。

（1）仓务部需每周把需求存货品名称和要求数量清楚填好后交成本会计部确定及签署。

（2）然后采购部把供应商价格填上并由采购部经理签署。

（3）经财务经理和总经理签名批准后，采购部便可购货。

3.2 选择供货商。

3.2.1 大数量食物和饮料的购买可采用合约形式，固定价格，并可确保货源，采购部、厨房、餐厅和成本会计部必须合作，进行价格及质量的比较，选定供应商。

3.2.2 基本上采购部应邀请供货商对酒店经常使用的餐饮用料提供每十日一次的报价，在综合市场的价格后与各供货商确定固定的十日供应价，在此确认期内供货商将按此固定价格提供酒店所需的物料。

3.2.3 采购部应与厨房、成本控制部每十日进行一次市场调查，用以检查前十日的定价和对未来十日的定价的参考，每次市场调查所得的价格资料都应编成报表，连同供应商的报价，附在每期的十日议价单的后面存档备查，经采购部经理签署后，此十日定价单应发给收货部、成本控制部和餐厅。

3.2.4 对供应商的选择，除考虑其价格是否合理外，亦可考虑到供应能力和购货水平的稳定性，必须注意比较以下几个方面：

（1）哪一家供应商的价格最低。

（2）哪一家供应商的质量最高。

（3）哪一家有提供相同水平的供货经验。

4. 小额现金购买

物品的价格低于议定的小额现金零用数量时（10000元），各部门主管可自行先购，但必须先查看货仓是否有存货或代用品。当赎回现金时必须填写零用金单，连同发票一起交回财务部，经财务经理审批后，取回现金。

5. 采购员的品行

因采购部是直接与供应商接触的部门，故其所聘用的职员必须有诚实、不偏私的作风，才可成功地处理其工作。为防止舞弊，除酒店订立的员工守则内的有关规定外，下列各项规定采购部职员亦应严格遵守。

（1）严禁职员将酒店资料或供应商资料外泄，以确保供应商的间的公平竞争。

（2）严禁职员收取供应商提供的任何利益。

（3）职员严禁与供应商除在公事联络外有任何私人（除正常社交活动外）往来。

（4）职员需以公正的态度，客观地处理每次选择。

（5）职员除获酒店批准外，不得兼任其他任何职务。

（6）职员在任职期间，禁止经营或以任何形式参与经营牟利或牟利的商业活动。

（7）职员应主动与业务部门联系，密切配合营业运作，要主动寻找货源。

（8）要确立货比三家的精神，即使是紧俏商品，除确属独家经营的情况外，亦应设法多找货源进行比较。

（9）要对本身的工作有投入感，尽量做到对各项物料的来源和价格心中有数，在工作上要注意快速、准确、节约、高质量的办事方向，以最低成本购入最高质量的物料，所以对事前的市场资料应有充分的掌握。

（10）对客商和酒店的员工要保持友善及礼貌的态度，公正廉明地完成每一项采购任务。

6. 采购部的工作流程

6.1 市场资料搜集。

采购员应尽可能在平时多做市场调查,掌握市场信息,对酒店的各种物料事先掌握最新资料和供货渠道及价格,避免在使用部门提出要求后才开始寻找货源和有关资料的被动情况。

6.2 资料管理。

所有的市场供货资料、订货文件、采购记录等都应集中由专人管理,避免造成分散、脱节、无法跟查,从而导致工作出现漏单、重复或中途搁置等情况。

6.3 采购申请单的收单记录。

所有各部门送交的采购单应统一交由专人办理登记后,再交专人具体办理询价、议价、采购等具体工作。

6.4 定价和建议供货商。

在完成询价和议价工作后,应进行比较报价,决定选择供货商,完成采购申请单内需要填写的各项物料的资料,交送财务经理和总经理批准。

6.5 订货单和合同的发出。

在采购申请单获得必需的批准签署后,将送回采购部,并按以下部门分发:首联——收货部;第二联——采购部;第三联——会计部;第四联——申请部门。其中的第三联和第四联应在完成登记后即时发给会计部和申请部门,首联及第二联则交采购部经理进行分派,按每张采购申请单的性质,制作采购订货单(一般市场和百货项目)和采购订单(进口,或大批量订货,或对方不接受订货合同单位的定购)或采购合同。在完成采购订货单、采购订单或合同后,首联和前述三种定购文件的其中一种副本应即时交到收货部,作为收货授权文件,有关订购文件的其他副联亦应交给采购部存档备查。

6.6 到货核查。

收货组在每日完成收货工作后应将收货记录和相关的采购申请单首联及有关订货文件在送成本控制组前先交到采购部进行核查。经采购部核查签字确认后的收货记录等文件应及时送给成本控制组。

6.7 订货单和合同的核查。

采购部应根据到货情况检查每张采购订单和合同的执行情况,并在该订货文件确已完成后在其上加盖"完成"字样的印章,以分辨完成及未完成的采购事项的跟进,已完成的订货文件应按供应商区分存档备查。

6.8 跟进采购。

采购部应对经办的工作养成凡事跟催跟办的习惯,不可找借口放缓、推迟、放弃,或以任何理由不予跟催,在确实有困难时应即时向上一级主管人员请示,要清楚认识到拖延任何一项采购要求都可能令酒店蒙受不可估测的损失或在运转上失灵。

6.9进口物料的采购。

按酒店规定,所有进口物料的采购必须通过正常渠道按有关的正式手续去进行。根据现行的采购政策,只有在国内确实无法购买的项目,或国内未有可接受的代用品,或在国内购买的价格高于国外时方可办理进口采购,所有进口采购的办理都由采购部经理执行,其程序如下。

6.9.1当采购项目无法在国内进行采购时,即转为国外采购,制作"采购申请单变更事项通知单",正本通知申请部门,报经上级批准以后将采购申请单转采购部办理进口采购。

6.9.2采购部在接到申请单后应填具专门送至供货单位的报价单,通知供货单位的负责人对所购物品进行报价和提供货品的有关资料。

6.9.3采购部在收到供货单位的报价后应尽快办理采购申请单的审批,并同时办理有关的进口批文。

6.9.4在采购申请单获得批准后应立即把采购订货单给供货单位,并跟催进境运输,到货报关,清关事项。

6.9.5若在办理过程中有任何变更,仍应用"采购申请变更事项通知单"通知有关申请部门。

6.9.6在办理过程中要注意供货单位提供的货品是否与申请部门提出的要求相同,如有差异应立即与申请部门确定可否使用。

7. 每月价格索引

采购部对所需采购的一切物品应建立档案,设置目录,并随时登录变化的价格,每月底做出一份价目表,供各部门参考。

8. 年度报告

每年年末采购部应写一份采购工作年度报告,就以下几方面内容予以说明。

(1) 本年采购预算执行情况。

(2) 超预算的原因。

(3) 各项物品采购结构的变化。

(4) 整体价格水平的变化。

(5) 存货周转情况。

(6) 各类合同执行情况。

(7) 如何适应目前市场的变化。

(8) 明年采购工作如何做。

【实战范本2-02】▶▶

酒店采购成本全程控制规范

事项	内容与要求	成果
酒店前期成本管理	（1）酒店总经理到位后1个月内完成HOE（酒店运营设备）产品清单编制 （2）酒店管理公司根据酒店HOE清单编制HOE预算，并上报审批 （3）酒店HOE预算批复后，酒店现场管理团队启动HOE采购计划及审批	酒店HOE类别清单 酒店HOE采购计划表 酒店HOE采购计划审批表
酒店HOE标准配置	（1）酒店HOE类别共44项，标准配置按五星级、四星级、经济型分类 （2）酒店开发中心各部门参与编制HOE标准配置表，并报公司领导审批通过后执行，每半年完善修订一次 （3）酒店HOE标准配置作为酒店开业HOE清单编制和审核的重要依据	酒店HOE类别清单 酒店HOE标准配置清单
酒店HOE招标采购	（1）酒店筹建开业HOE采购按计划应在拟开业时间前3个月启动 （2）单项预算5万元以上由酒店开发中心采购部执行采购，5万元以下由酒店现场采购团队执行采购 （3）采购按照招标前准备→入围单位选择→招标文件起草审批→发标、回标、开标→评标→澄清及洽商→定标的流程执行 （4）定标后按合同金额不同确定合同签署单位，20万元以上（含20万元）的总部签订合同；20万元以下酒店现场签订合同	邀标单位资质审批表 招标文件与招标合同审批表 定标审批表 中标通知书
酒店供方合同全程管理	（1）酒店类物品采购合同需编制标准版本，应含通用条款、专用条款、产品清单及技术标注三部分，标准版本合同经审批后执行 （2）招标文件应包含合同一并发出，定标后采购执行单位负责起草和传递合同审批 （3）合同签订后，由采购执行单位留存合同并建立合同台账，跟踪流转合同付款，并如实记录	招标文件与招标合同审批表 酒店类物品采购合同管理台账 酒店类物品采购标准合同 酒店类物品战略采购协议标准版本
酒店供方战略采购	（1）实施战略采购前，需完成各酒店物料使用情况调研，并作汇总分析 （2）采购按照招标前准备→入围单位选择→招标文件起草审批→发标、回标、开标→评标→澄清及洽商→定标的流程执行 （3）定标后总部签订战略采购协议，各酒店根据协议分别与合作单位签订合同 （4）酒店开发中心定期对各酒店战略采购事项执行情况做稽核，每年回顾战略采购协议到期情况，并完成协议更新	酒店类物品战略采购协议标准版本

续表

事项	内容与要求	成果
酒店HOE采购样品管理	（1）酒店HOE采购启动前需明确样品报送要求，连同招标文件一起发出 （2）样品接收、评价、退还均需留有书面记录，并按实清点 （3）采购定标后，酒店现场需与招标单位逐项确认供货样品，并封样，封样需留存封样记录作为合同补充文件 （4）酒店筹建HOE采购结束后，酒店方需建立HOE样品库，统一陈列，并造册登记	样品接收/退还记录表 酒店HOE采购封样记录表
酒店日常营运采购监管	（1）酒店日常营运采购监管分为采购数据监控和采购实施定期稽核两种方式 （2）酒店每月5日前填写酒店营运重点产品采购月报表，报至酒店开发中心，酒店开发中心针对异常情况出具改进意见 （3）酒店开发中心每季度对集团所属酒店做一次日常营运采购稽核检查，稽核评价报告经酒店开发中心总经理签批后反馈至被稽核酒店	酒店营运重点产品采购月报表 酒店营运采购稽核检查大纲
酒店成本计划管理	（1）酒店成本计划分为日常工作计划和专项工作计划 （2）酒店成本日常工作计划纳入酒店开发中心年度、月度工作计划范围内 （3）专项工作预计持续时间1个月以上，工作计划应在专项工作启动前1周完成编制及审批，持续时间1个月以下的，计划应在启动前3天完成	无
酒店HOE采购数据库管理	（1）酒店HOE采购数据含酒店筹建期HOE预算清单中所有类目合同签约产品及其详细数据 （2）酒店HOE采购数据由酒店开发中心采购部统一汇总归集，整理为标准化格式后，按酒店项目统一移交至公司采购数据管理部门 （3）酒店HOE采购数据库系统管理由公司成本控制中心统一控制，并分级设定查阅权限	酒店HOE采购数据入库模板 酒店HOE采购数据移交记录 酒店HOE采购数据查询申请
酒店成本垂直管理与考核	（1）酒店板块成本管理工作在业务上纳入成本垂直管理体系，管理条线为：成本控制中心→酒店开发中心采购部→酒店现场采购团队 （2）酒店开发中心采购部的采购管理和成本控制工作在业务体系上纳入公司成本控制中心的垂直管理 （3）公司所属各酒店采购管理团队工作纳入酒店开发中心采购部监管和评价范围，并通过业主代表/业主财务代表实施垂直管理	无
酒店采购后评价管理	（1）酒店HOE采购后评价在酒店HOE采购结算完成后2个月内组织开展 （2）酒店HOE采购后评价由酒店开发中心采购部组织，酒店开发中心营运部、酒店业主代表/财务代表、酒店现场管理团队共同参与 （3）酒店HOE采购后评价实地调研工作完成后编制后评价报告，并报送相关单位作为改进HOE采购工作的指导文件	酒店HOE采购后评价模板

续表

事项	内容与要求	成果
酒店类供方资源管理	（1）酒店类供方开发由酒店开发中心采购部配合成本控制中心综合部组织完成 （2）成本控制中心负责建设和完善供方库 （3）供应商资格审查应通过网站信息注册、资质预选、供应商开发、供应商资质审批等步骤完成入库程序 （4）酒店类采购所用供方必须选择供方库中的合格供方，填写"邀标单位资质审批表"，报批之后才可启动招标采购工作 （5）供方履约评价小组在所有供方合同约定的工作完成后3个月内安排一次履约评价，根据需要可在供方质保期结束前3个月安排一次履约评价	供方现场考察评估表 邀标单位资质审批表 供方履约评估表

【实战范本2-03】▶▶

酒店 HOE 类别清单

编号	类别	编号	类别
1	玻璃杯	23	保温车
2	刀叉	24	酒吧用品
3	陶瓷	25	冰箱
4	摆台制品	26	电视机
5	自助餐炉	27	电器设备
6	金银器	28	通信设备
7	宴会家具舞台	29	电话机
8	推车	30	保险箱
9	中厨器皿	31	更衣柜/货架
10	西厨器皿	32	菜单、菜牌
11	桌布餐巾	33	办公家具
12	毛巾	34	办公设备
13	床上用品	35	计算机（工作站、打印机等）
14	客房一次性用品	36	软件及服务器等
15	床（席梦思）	37	工程工具
16	制服	38	印刷品
17	咖啡机	39	户外家具
18	清洁设备	40	塑胶餐具
19	清洁工具	41	酒店车辆
20	移动音响/舞台灯光	42	钢琴演奏设备
21	客房设备	43	装饰家具
22	健身设备	44	零星物品（酒店自行采购）

【实战范本2-04】▶▶▶

酒店开业 HOE 采购计划表

序号	HOE类别	使用部门	预算金额	采购执行单位	HOE采购计划					
					确定入围单位	招标启动	开标	定标	合同签订	到货
总计										

编制:　　　　　　　　　　　　　　审核:
时间:　　　　　　　　　　　　　　时间:

【实战范本2-05】▶▶▶

酒店开业 HOE 采购计划审批表

酒店名称		
酒店开业HOE采购计划	酒店开业时间	
	HOE采购启动时间	
	HOE采购完成时间	
	采购计划说明	
酒店总经理审核		
酒店业主代表审核		
酒店开发中心营运部/采购部审核		
酒店开发中心总经理审批		

注:审批表后须附酒店HOE采购计划清单。

【实战范本 2-06】

酒店类物品采购合同管理台账

合同类别或项目	合同号	签约时间	合同金额	合同单位	合同标的物	付款记录					
						日期	金额	日期	金额	日期	金额

【实战范本 2-07】

样品接收/退还记录表

招标项目：

序号	产品	产品详细描述	包装描述	单位	接收数量	退还数量

样品接收确认	送样单位		接收单位	
	送样人		接收人	
	送样时间		接收时间	
样品退还确认	取样单位		退样单位	
	取样人		退样人	
	取样时间		退样时间	

【实战范本 2-08】

酒店 HOE 采购封样记录表

酒店：
招标项目：

序号	产品	产品详细描述	单位	封样数量	封样存放地	图片
封样确认	采购方			供货方		
	时间			时间		

【实战范本 2-09】

酒店营运重点产品采购月报表

酒店营运重点产品　　年　　月采购报表
酒店：　　　　　　　　　　　　填表时间：
产品类别：

序号	产品名称	规格描述	单位	月采购量	月采购金额/元	月平均单价/元	上月平均单价/元	涨跌幅/%	备注
1									
2									
3									
4									
5									
6									
7									
8									

填表人：　　　　　　　　　　　　审核人：

【实战范本2-10】

酒店营运采购稽核检查大纲

酒店：
填表人：　　　　　　　　　填表时间：

制度调研	
1.供应商管理	
2.价格管理	
3.采购管理	
4.收退货管理	
5.库存管理	
稽核检查	
1.定价审批	抽查事项： 调阅单据： 检查结果：
2.采购单审批	抽查事项： 调阅单据： 检查结果：
3.定价、订单、收货对比稽核	抽查事项： 调阅单据： 检查结果：
4.库存记录与实物对比稽核	抽查事项： 调阅单据： 检查结果：
5.库存消耗量稽核	抽查事项： 调阅单据： 检查结果：
6.仓库管理稽核	抽查事项： 调阅单据： 检查结果：
7.其他	抽查事项： 调阅单据： 检查结果：

【实战范本 2-11】

酒店 HOE 采购后评价模板

酒店HOE总体情况	HOE 预算总额	
	HOE 合同总额	
	HOE 结算总额	
	HOE 预算/合同/结算对比	
	HOE 合同数目	
酒店HOE后评价	HOE 配置标准评价	
	采购执行评价	
	合同履约评价	
	产品评价	
	供应商评价	

【实战范本 2-12】

供方履约评估表

评价人		评估日期		合同编号	
评估供方		合同名称/周期			
评估内容/权重	评估内容	评估标准			得分
质量状况（40%）	产品质量	□好 30 分 □较差 10 分	□较好 25 分 □很差 0 分	□一般 20 分	
	产品包装及运输	□好 5 分 □较差 2 分	□较好 4 分 □很差 0 分	□一般 3 分	
	合格证及相关检测资料	□好 5 分 □较差 2 分	□较好 4 分 □很差 0 分	□一般 3 分	
供货能力（30%）	及时供货/安装调试	□及时 30 分 □不及时 10 分	□基本及时 20 分 □严重延误 0 分		
服务质量（30%）	合同签订	□及时 10 分 □不及时 5 分	□基本及时 8 分 □严重延误 0 分		
	现场配合	□好 10 分 □较差 4 分	□较好 8 分 □很差 0 分	□一般 6 分	

续表

评估内容/权重	评估内容	评估标准			得分
服务质量 （30%）	技术对接	□好5分 □较差2分	□较好4分 □很差0分	□一般3分	
	协调沟通	□好5分 □较差2分	□较好4分 □很差0分	□一般3分	
评估意见					
评估结果					
综合得分					
供方履约评价小组					
供方资格审查小组					

【实战范本2-13】

物资采购计划

编号：　　　　　　　　　　　　　　　　　　　　　　日期：　　年　　月　　日

编号	物资名称	规格型号	单位	数量				估计单价	金额	要货日期	采购目的用途和原因
				库存	最低储备	月消耗	计划采购				

总经理：　　　　　　　　财务经理：　　　　　　　　采购人员：

注：本表一式三联，一联总经理，一联财务部经理，一联采购人员。

【实战范本2-14】▶▶▶

采购申请单

申请部门：　　　经办人：　　　部门经理：　　　日期：　　　编号：

申请单位填写此栏						采购单位填写此栏					
品名	规格	数量	用途	库存余量	单价	金额	报价对比		
^	^	^	^	^	^	^	A	B	C

总经理：　　　财务经理：　　　部门经理：　　　采购部：　　　成本控：
采购供应部　　第1联　　　成本控制部　　第2联　　　使用部门　　第3联

【实战范本2-15】▶▶▶

物资验收入库单

编号：　　　　　　　　　　　　　　　　　　　　　日期：　　年　　月　　日

物资名称	规格型号	单位	数　量		计划单价	价格金额	实际单价	价格金额
			采购数	实收数				
供应单位					运杂费			
备注								

部门经理：　　　　　验收：　　　　　保管：　　　　　采购：
注：本表一式四联，一联采购，一联仓库，一联财务报销，一联仓库转财务，每联用颜色区分。

【实战范本2-16】

物资收发存月报表

类别：　　　　　　　　　　　　　　　　　　　　　　　日期：　　年　　月　　日

编号	物资名称	规格型号	单位	单价	上月库存量	本月入库量	本月发出量	本月库存量	本月库存金额	备注

财务部经理：　　　　　　　　　　　　　仓管员：

注：本表一式三联，一联存根，一联财务部经理，一联计划。

第三章
酒店人力成本降低

引言

在酒店经营管理中，人力资源的成本是影响利润的重要因素之一。随着旅游市场的发展，商务活动的活跃，宾客品位的提高，酒店对从业人员的文化水平、业务素质等要求将越来越高，因此人力资源成本在经营成本中所占的比例也将呈现不断增长的趋势。由此可见，控制好人力资源成本，对于当前处于微利经营的酒店如何获得最大的利润回报和健康的发展具有十分重要的作用。

第一节 人力成本的构成

企业人力成本（以下简称为HR成本），是指为了获得日常经营管理所需的人力资源，并于使用过程中及人员离职后所产生的所有费用支出，具体包括招聘、录用、培训、使用、管理、医疗、保健和福利等各项费用。

根据人员从进入企业到离开企业整个过程中所发生的人力资源工作事项，可将HR成本分为取得成本、开发成本、使用成本与离职成本四个方面。对于酒店也是一样，包括这四个方面。

一、取得成本

取得成本是指酒店在招募和录取员工的过程中产生的成本，主要包括招聘、选择、录用和安置等各个环节所产生的费用，具体项目如表3-1所示。

表3-1 取得成本的构成

序号	成本项目	说明
1	招聘成本	招聘成本是指为吸引和确定企业所需内外人力资源而产生的费用，主要包括内部成本、外部成本和直接成本。内部成本为企业内招聘专员的工资、福利、差旅费支出和其他管理费用。外部成本为外聘专家参与招聘的劳务费、差旅费。直接成本为广告、招聘会支出招聘代理、职业介绍机构收费

续表

序号	成本项目	说明
2	选择成本	选择成本是指企业为选择合格的员工而产生的费用，包括在各个选拔环节（如初试、面试、心理测试、评论、体检等过程）中产生的一切与决定录取或不录取有关的费用
3	录用成本	录用成本是指企业为取得已确定聘任员工的合法使用权而产生的费用，包括录取手续费、调动补偿费、搬迁费等由录用引起的有关费用
4	安置成本	安置成本是指企业将被录取的员工安排在某一岗位上的各种行政管理费用，包括录用部门为安置人员所损失的时间成本和录用部门安排人员的劳务费、咨询费等

二、开发成本

开发成本是指为提高员工的能力、工作效率及综合素质而产生的费用或付出的代价，主要包括岗前培训成本、岗位培训成本和脱产培训成本，具体项目如表3-2所示。

表 3-2　取得成本的构成

序号	成本项目	说明
1	岗前培训成本	岗前培训成本是指企业对上岗前的新员工在思想政治、规章制度、基本知识和基本技能等方面进行培训所产生的费用，具体包括培训者与受培训者的工资、培训者与受培训者离岗的人工损失费用、培训管理费用、资料费用和培训设备折旧费用等
2	岗位培训成本	岗位培训成本是指企业为使员工达到岗位要求而对其进行培训所产生的费用，包括上岗培训成本和岗位再培训成本
3	脱产培训成本	脱产培训成本是指企业根据生产和工作的需要，允许员工脱离工作岗位接受短期（一年内）或长期（一年以上）培训而产生的成本，其目的是为企业培养高层次的管理人员或专门的技术人员

三、使用成本

使用成本是指酒店在使用员工的过程中产生的费用，主要包括工资、奖金、津贴、补贴、社会保险费用、福利费用、劳动保护费用、住房费用、工会费、存档费和残疾人保障金等，具体项目如表3-3所示。

表 3-3　使用成本的构成

序号	成本项目	说明
1	维持成本	维持成本是指企业保持人力资源的劳动力生产和再生产所需要的费用，主要指付给员工的劳动报酬，包括工资、津贴、年终分红等
2	奖励成本	奖励成本是指企业为了激励员工发挥更大的作用，而对其超额劳动或其他特别贡献所支付的奖金，包括各种超额奖励、创新奖励、建议奖励或其他表彰支出等

续表

序号	成本项目	说明
3	调剂成本	调剂成本是指企业为了调剂员工的工作和生活节奏，使其消除疲劳、稳定员工队伍所支出的费用，包括员工疗养费用、文体活动费用、员工定期休假费用、节假日开支费用、改善企业工作环境的费用等
4	劳动事故保障成本	劳动事故保障成本是指员工因工受伤和因工患职业病的时候，企业应该给予员工的经济补偿费用，包括工伤和患职业病的工资、医药费、残废补贴、丧葬费、遗属补贴、缺勤损失、最终补贴等
5	健康保障成本	健康保障成本是指企业承担的因工作以外的原因（如疾病、伤害、生育等）引起员工健康欠佳，不能坚持工作而需要给予的经济补偿费用，包括医药费、缺勤工资、产假工资和补贴等

四、离职成本

离职成本是指酒店在员工离职时可能支付给员工的离职津贴、一定时期的生活费、离职交通费等费用，主要包括解聘、辞退费用及因工作暂停而造成的损失等，具体项目如表3-4所示。

表3-4 离职成本的构成

序号	成本项目	说明
1	离职补偿成本	离职补偿成本是指企业辞退员工或员工自动辞职时，企业所应补偿给员工的费用，包括至离职时间止应付给员工的工资、一次性付给员工的离职金、必要的离职人员安置费用等支出
2	离职管理费用	离职管理费用是指在员工离职过程中，管理部门为处理该项事务而产生的费用
3	离职前效率损失	离职前效率损失是指一个员工在离开某一单位前，由于原有生产效率受到损失而产生的成本
4	空职成本	空职成本是指企业在物色和招聘到离职者的替代人员之前，由于某一职位出现空缺，可能会使某项工作或任务完成受到影响，由此而引起的一种间接成本

第二节 酒店人力成本降低的对策

一、要根据酒店特点，科学进行预算

要想取得良好的经济效益，开源节流是放之四海而皆准的道理。而节流方面的人力资源成本往往是令人头痛的事，特别是旅游饭店尤其突出。第一，由于旅游饭店是以服务为主的行业，它为宾客提供的产品是"服务"，而且主要是人对人的服务，由此决定了

对服务人员素质、数量等的高要求；第二，由于客源结构、消费习惯等的不同，决定了各岗位工作的忙闲有别；第三，旅游的淡旺季造成酒店人员忙时不够闲时多的状况。

因此人员过多造成人力资源浪费，人力资源成本高，直接影响经济效益；而盲目减少人员，又会出现服务人数不足，加班频繁，直接影响服务质量。所以合理的人力资源预算就显得相当重要。

（一）人力资源预算考虑的因素

在进行人力资源预算时，应根据酒店实际情况和各岗位的工作情况进行科学分析。

1. 要考虑旅游淡旺季

这是旅游型酒店必须充分注意的问题，应在淡旺季之间寻找一个最佳的切入点，既保证旺季员工不因无休止的加班而造成身心疲惫，降低服务质量，又防止淡季员工过"剩"而无事可做，浪费人力资源。

2. 要考虑客源结构

不同的客源结构有不同的特点，这些特点对酒店的人力资源安排具有重要的参考价值。旅游团队接待入住登记简单，白天基本不在酒店，晚上回店时间较晚，服务要求相对少。商务客人自身综合素质高，注重身份显示，在意所受到的重视程度，讲究服务的周到细致。会议客人报到登记复杂，长时间在酒店逗留，临时要求多。

3. 要考虑客源成分

亚洲地区的客人较为注重旅游景区、景点的数量，因此大部分时间都消耗在旅游项目上，实际在酒店的时间不多；欧美地区的客人则更注重旅游的质量，相对而言不愿意在旅游景点之间疲于奔波，因此晚上在酒店的时间较多。酒店应根据以上情况在排班、补休等方面进行合理的安排，本着科学利用工时、提高工作效率、充分利用人力资源的精神进行预算，避免机械地套用公式，造成人力资源浪费。

（二）人力资源成本预算的编制流程

人力资源成本预算编制流程如图3-1所示。

人力资源部在制定预算时，应考虑各项可能变化的因素，留出预备费，以备发生预算外支出。

图3-1 人力资源成本预算编制流程

(三)人力资源成本预算的执行与控制

酒店应建立全面预算管理簿,可以设计"人力资源成本预算执行表",按预算项目详细记录预算额、实际产生额、差异额、累计预算额、累计实际产生额和累计差异额。

在预算管理过程中,对预算内的项目由总经理、人力资源部经理进行控制,预算委员会、财务部进行监督,预算外支出由总经理和财务部经理直接控制。

达到预算目标是与业绩考核挂钩的硬性指标,一般来说不得超出预算。根据预算执行的情况对责任人进行奖惩。

费用预算如遇特殊情况确需突破时,必须提出申请,说明原因,经财务部经理及总经理的核准后纳入预算外支出。如支出金额超过预算费,必须由预算委员会审核批准。

如果人力资源成本的预算有剩余,可以跨月转入使用,但不能跨年度。

预算执行中由于市场变化或其他特殊原因(如已制定的预算缺乏科学性或欠准确、国家政策出现变化等)时,要及时对预算进行修正。

(四)人力资源成本预算的考核与激励

1.人力资源成本预算考核对象与作用

人力资源成本预算考核主要是对预算执行者的考核评价。预算考核是发挥预算约束与激励作用的必要措施,通过预算目标的细化分解与激励措施的付诸实施,以达到引导酒店每一位员工向酒店的战略目标方向努力的效果。

2.人力资源成本预算考核原则

预算考核是对预算执行效果的一个认可过程,具体应遵循如图3-2所示的原则。

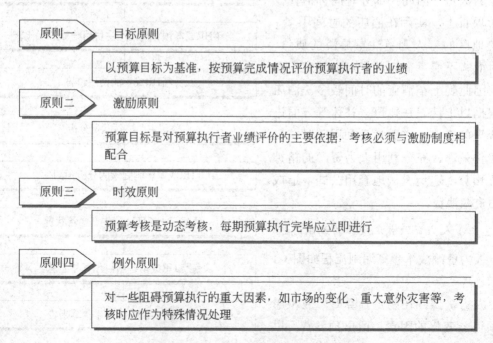

图3-2 人力资源成本预算考核原则

3.预算考核的其他要求

酒店应通过季度、年度考核保证HR成本预算得到准确执行。季度、年度预算考核是对前一季度、年度预算目标的完成情况进行考核，及时发现可能存在的潜在问题，或者在必要时修正预算，以适应外部环境的变化。

二、开发人力资源，培养复合型人才

现在许多酒店因分工过细，致使员工的工作技能单一，不利于员工的调配，造成工作忙的人"累死"、闲的人"闷死"的不合理状况。这样，工作任务重的员工容易产生思想情绪的波动，从而影响工作效率和服务质量；而那些工作任务不饱和的员工又容易"无事生非"，发生违规现象。因此，要大力开展一专多能活动，广泛进行同一部门内部和不同部门之间不同岗位的交叉培训，培养复合型、多用途的人才，从而最大限度地发挥人力资源的优势。所谓一专多能，就是要求员工除了熟练掌握一门专业技能之外，还要掌握本部门其他岗位的基本操作技能，比如前台接待员掌握商务中心或总机的服务技能，中餐服务员掌握西餐服务、酒吧服务的技能，楼层服务员掌握PA的操作技能……甚至员工能够掌握其他部门的服务技能，比如前台接待员掌握餐厅服务的技能，后勤人员掌握楼层服务技能等。这样，才能够最大限度地发挥人力资源。

对员工的一专多能培训，可以采取以下几种方法。

（一）奖励培训

鼓励员工在工作之余参加社会组织的培训。对于员工参加社会组织的各种培训，并取得本岗位之外的其他岗位的操作证、毕业证、结业证、资格证等证明的，旅游饭店根据自身标准进行考核，合格者给予奖励。奖励可以报销全部或部分学费，或一次性发给奖金，或给予津贴等。以此调动员工学习的积极性，全面提高员工的综合服务技能。而且这也是非常便捷的办法，既可以缓解旅游饭店自身培训力量的不足，充分利用社会资源，又可以利用员工的自觉性解决上班与培训在时间上的矛盾。

（二）交叉培训

交叉培训可以在部门内进行，也可以在部门之间进行。选择对旅游饭店具有忠诚度、文化水平较高、专业技能熟练、具有发展潜力的员工进行交叉培训。交叉培训的时间可以根据工作情况和员工接受能力而决定是一次进行还是多次进行。

（三）定期轮换岗位

1.定期轮换岗位的原因

对于经过以上培训并经旅游饭店考核合格的员工，应定期进行岗位的轮换，原因如下。

（1）员工虽然接受其他岗位的培训，并经过旅游饭店的标准考核，但如果长期不予以应用，久而久之就会生疏。为了保持一定的熟练程度，旅游饭店就要不断组织再培训，这在一定程度上造成培训资源的浪费。

（2）员工长期在一个岗位工作，难免会失去新鲜感，产生厌烦的情绪，从而影响工作效率和服务质量。通过定期的岗位轮换，可以充分利用培训资源，为员工提供一个发挥自身潜力的平台，调动员工的工作积极性和主动性，使旅游饭店的服务质量始终保持在高水平之上。

2. 员工轮岗的要点

（1）建立科学的轮岗制度。

科学轮岗制度是轮岗有序、合理运行的保障。根据酒店轮岗目标，酒店人力资源管理部门要设计详细的轮岗计划、编制、对象、周期、人数及考核评价等工作，同时明晰奖惩，处理好轮岗工作的协调、沟通等问题，全面推进轮岗工作顺利有序开展。

（2）做好轮岗培训是关键。

培训是为了让轮岗员工对新的工作环境和业务有所了解，补充新的知识和能力，使其对未来的岗位有一个清晰的了解。调查报告显示42%的酒店人认为轮岗培训是整个轮岗制度的关键。轮岗期间做好培训工作，不仅可以提高整体的工作效率，节约人力成本，也可以为企业发展培养保留一批优秀的人才。

（3）尊重员工意愿。

如果管理者在执行轮岗制度的时候，把人员硬性"轮换"下去，很难保证轮岗员工在新的岗位上安心工作。因此，要把轮岗落到实处，不能单靠命令，还要做更多细化工作，采用流程申请的方式是多数酒店人所希望的。

（4）避免一刀切，明确目的。

对不同层次的岗位来说，轮岗的目的与意义不同。例如在基层主管和普通员工间进行轮岗，主要目的是工作丰富化，提高周边流程熟悉度，提高部门人员与岗位之间的互相替换性与替补性。因此酒店要把轮岗作为酒店培训与职业发展的一个重要组成部分来执行，并要清楚地认识到在岗位轮换需要发展和培养员工何种技能。

（5）改进轮岗的考核体系。

员工在轮岗的过程与结束后都应该有相应的考核体系来体现轮岗所带来的效果。可由HR主持对其进行绩效评估并制定追踪考核制度，包括后续的评估。

总之轮岗是一项系统的工作，需要各种支持体系，因此酒店人力资源部不应该被动介入，而应该在轮岗之前主动制订计划、打造支撑体系，这样才能保证轮岗达到预期的目标，为酒店及员工都带来益处。

三、合理配置人才，避免人才的高消费

现在许多酒店在招聘人员时不根据各个工作岗位的实际情况，一味强调高学历。可是一些大学生到客房做楼层服务员或到餐饮部做餐厅服务员等基层员工的工作后，往往不能正确摆正自己的位置，一方面吃不了苦；另一方面自我感觉"大材小用"，结果是没

工作多久就辞职。既影响了酒店工作的正常进行，又增加了人员招聘的费用，造成人力资源成本的浪费。所以酒店在招聘人员时，要切实结合各个岗位的实际情况，选择不同文化层次的员工，避免盲目的人才高消费。

四、研究工作量与工作难度的降低

当前，人工成本已经成为企业运行成本中的最重要组成部分，并且呈现出比重逐步增大的趋势。在控制人工成本的问题上，管理者要重视，更要有正确的认识。人工成本的高低取决于员工数量的多少，而工作量、岗位设置等是员工数量的决定性因素。

（一）研究酒店产品对员工工作量的影响

1. 产品"改良"造成工作量增加

几年前，五星级酒店，清扫一间客房劳动定额为30分钟。现在清扫一客间房需要50分钟，甚至是1小时。探究这种变化的原因，可以从房间的设计角度找到答案。举例而言，为增强视觉上的空间效果，卫生间大量使用玻璃或镜面。如此一来，空间感确实改善了，但员工的工作量和工作难度也加大了。

2. 产品细节设计不到位，也增加了工作量

当前，很多设计方案，设计效果考虑得较多，实用性或使用的方便程度相对较少，酒店员工工作的难度也被忽视。如客房的卫生间，浴缸摆放到位后，与周围墙壁间会有缝隙。酒店一般会通过贴放瓷砖等方式，在浴缸与墙壁最近位置，将两者连接起来，形成整体。但这样一来，便会在浴缸与墙壁之间形成一个凹槽。从设计角度，这就是一个简单的凹槽。但在运行过程中，这个简单的凹槽，却制造了不小的"麻烦"。客人用淋浴器洗澡，会有很多水溅到这个凹槽内，水越积越多，便会流到浴缸外侧的地板上，形成积水。待员工清扫房间时，水已经挥发，污物留下，结成污迹。这样形成的污迹，面积大，清理难度大，大大增加了员工的工作量。

3. 用品选择时要考虑员工工作量

如在选择酒店的地毯时，大多经营者关注材质、色泽、视觉效果等，很少考虑铺放之后的清洁和洗涤环节。于是，就出现了清洁维护难度大，卫生质量难保持的难题。

（二）调整提供服务的方式

服务方式也与工作量密切相关。以自助餐厅为例，酒店的自助餐厅都会在每张餐桌上配调料架，放置椒盐等各种调料，客人离开后，员工不但要清理桌面，还要擦干净调料架和每个调料瓶。出于减少员工工作量的考虑，酒店可以在自助餐台上设计"调料区"，集中放置客人用到的各种调料。

（三）提供"有限"服务

酒店竞争愈发激烈，每所酒店都在使尽浑身解数，试图满足客人的所有要求。客人不舒服时，酒店为其送药；客人卫生间有衣物时，酒店为其清洗等。但其实，客人入住酒店，最看重的还是干净、安静、效率。因此，针对客人的这些要求，酒店应确定服务项目，设计服务标准，减少工作量。关键是，这才是客人真正需要的。

（四）人工资源的跨部门调配

如餐饮部，在大型婚宴时，会出现人手紧张的情况。为应对这一情况，酒店可以采取一些新的方法。如"用工预报"，即根据预订情况，提前向全酒店员工进行预报，告知大家用工的数量、技能要求等信息，大家可以根据自己的情况报名有偿劳动。虽然这样的方式会形成劳动补偿，但与增加员工数量形成的成本相比，还是能达到降低劳动力成本的目的。

（五）岗位合并，减少岗位设置

1. 工作内容相似岗位合并

岗位合并是减少用工的有效方法。如酒店一般会有电话总机、客房服务中心、宴会预订和客房预订这样几个岗位，上述岗位隶属不同部门，看似区别明显，但从工作内容角度看，有很强相似性，即都可通过电话完成服务。酒店可考虑将其合并，形成统一的电话服务机构。

2. 工作时间互补岗位合并

酒店岗位划分细致，可以增强岗位员工的专业性，但也增加了用工成本。酒店厨房一般会划分凉菜厨师、热菜厨师、粗加工厨师、面点厨师等岗位，他们有各自的岗位要求和工作标准。但研究发现，客人入座一般都先用凉菜，凉菜厨师的工作在这一阶段很紧张，此时，面点的厨师却显得相对轻松。随着客人用餐临近尾声，面点厨师的工作开始紧张，但此时，凉菜厨师便轻松了下来。所以，可以得出如下结论，凉菜和面点两个岗位的厨师工作时间互补，酒店可以尝试将两个岗位合并。

（六）加强维护，减少维修

维护是设备在正常运行状态下的一种维持性养护。维修则是设备在故障后的一种恢复性修理。显然，维护工作难度低、劳动量小。因此，加强设备的维护，对减少工作量，进而减少用工数量会起到很好的效果。

（七）精减管理人员

深入酒店运行实际观察，酒店需要很多管理人员来监控酒店工作。结合前面提到的"有限服务"，我们可以尝试，保证基本的和重要的服务项目，并研究制定可行的、有效的标准，贯彻实施。如此一来，服务项目精简了，标准明确了，便为减少管理人员提供了前提。

【实战范本3-01】

人力资源管理年度费用预算表

编号：　　　　　　　　　　　　　　　　　　　　　　　　　　　单位：元

序号	费用项目		上年度实际	本年度预测	变动量	变动率/%	备注
1	工资成本	基础成本					
		计时成本					
		计件工资					
		职务工资					
		奖金					
		津贴					
		补贴					
		加班工资					
2	福利与保险	福利 员工福利费					
		福利 住房公积金					
		福利 员工教育经费					
		福利 员工住房基金					
		保险 基本养老保险					
		保险 基本医疗保险					
		保险 失业保险					
		保险 工伤保险					
		保险 生育保险					
3	招聘费用	招聘广告费					
		招聘会会务费					
		高校奖学金					
4	培训费	培训 教材费					
		培训 讲师劳务费					
		培训 培训费					
		培训 差旅费					
		公务出国 护照费					
		公务出国 签证费					
5	行政管理费	办公用品与设备费					
		法律咨询费					

续表

序号	费用项目		上年度实际	本年度预测	变动量	变动率/%	备注
6	其他支出	调研费					
		测评费					
		专题研究会议费					
		协会会员费					
		认证费					
		辞退员工补偿费					
		残疾人就业保证金					
	合计						
	说明	本表由人力资源部根据申报预算的具体涉及内容汇总填写					

【实战范本3-02】▸▸▸

人力资源管理费用预算执行表

填报单位：　　　　　　　　填报人：　　　　　　　　填报时间：

费用分摊额		月度				本季度累计				本年累计			
		预算	实际	差异	差异率/%	预算	实际	差异	差异率/%	预算	实际	差异	差异率/%
培训费用	外派学习												
	入职培训												
	业务培训												
	……												
	小计												
薪金费用	员工工资												
	保险总额												
	福利费用												
	其他												
	小计												

续表

费用分摊额		月度				本季度累计				本年累计			
		预算	实际	差异	差异率/%	预算	实际	差异	差异率/%	预算	实际	差异	差异率/%
办公费用	办公用品												
	出差												
	小计												
……													
总计													

【实战范本3-03】

人力资源成本分析表

部门：

指标名称	单位	序号	2018年	2019年
一、在岗人数	人	1		
二、销售收入	万元	2		
三、费用总额	万元	3		
其中1.工资总额	万元	4		
2.培训费用	万元	5		
3.社保费用	万元	6		
4.劳保费用	万元	7		
5.福利费用	万元	8		
6.招聘费用	万元	9		
四、利润总额	万元	10		
五、指标				
其中1.人均销售收入	元	11		
2.人均利润	元	12		
3.人均费用	元	13		
4.人均工资	元	14		
5.费用利润率	%	15		
6.工资利润率	%	16		

续表

说明：
1.销售收入指已开票实现的无税收入。
2.费用总额指经营费用、管理费用、财务费用的合计。
3.元、万元、%单位后面保留一位小数。

填报人：　　　　　　　　单位负责人：　　　　　　　　填报时间：

【实战范本3-04】▶▶

年度招聘计划及费用预算表

一、招聘目的	通过招聘的开发与管理，为各部门提供招聘工作的流程和依据，建立良好的人才选用机制，满足公司发展对岗位人才的需要							
二、招聘方法/渠道	内部招聘：岗位晋升□　岗位轮换□　内部推荐□							
	外部招聘：网络媒体□　校园招聘□　猎头□　现场招聘会□							
三、年度招聘费用预算	一季度		二季度		三季度		四季度	
四、年度公司人员编制定额	人			目前人员配置额	人			
五、年度各部门岗位设置、人员配置规划						六、招聘实施时间计划		
部门名称	定编人数	现有人数	申报人数	核定人数	核定招聘岗位的职位概要	一季度	二季度	三季度	四季度
招聘责任人编制：		人力资源经理审核：			总经理审批：			

【实战范本3-05】▶▶

部门招聘成本预算表

所需职位	空缺职位数	拟采取的招聘方式	预算费用
基层员工			
中层员工			
高层员工			

续表

人力资源部意见	负责人签字： 　　年　　月　　日
总经理审核意见	负责人签字： 　　年　　月　　日

【实战范本3-06】▸▸▸

招聘成本登记表

招聘项目	时间及地点	参加部门	各部门招聘负责人签名
备注		招聘负责人	
		招聘费用	

【实战范本3-07】▸▸▸

招聘工作成本分析表

招聘部门	人力资源中心		招聘组成员	
招聘周期	第一季度		招聘	
第一部分　计划效益分析					
效用项目	效用科目	人数	折算金额/元	备注
计划效用	计划招聘效用			计划招聘的所有岗位的工资总额
实际效用	实际预约效用			均按该岗位原增补单申请的定薪标准乘以人数计总

续表

效用项目	效用科目	人数	折算金额/元	备注
实际效用	实际初试效用			
	实际终试效用			
	实际到岗人力效用			
	实际花费工资总额			按实际到岗后试用期谈定工资总额计算
达成率	计划招聘完成率			
	招聘薪资节约率			

第二部分　费用成本分析

成本项目	费用科目		项目/人数	折算金额/元	备注
招聘成本	宣传海报及制作费用				
	招聘场地租用费				
	广告费				
	交通费				
	食宿费				
	接待费				
	招聘资料打印费				
	其他专项费用				
面试成本	面试时间成本	电话邀约			
		简历筛选			
		面试			
	录用亏损成本				
	其他成本				
录用成本	试用期工资标准				
	社保				
	公积金				
	新员工福利				
	其他费用				
人员流失成本	面谈时间成本				
	缺岗时间成本				
	其他成本				
总计					
招聘效用成本比					

【实战范本3-08】

培训费用预算明细表

序号	项目名称	参训人数	培训费用									备注
			人员费用	场地及设施设备费用			材料费用				
			讲师津贴	场地费用	设备费用	设备折旧	资料印刷	教材购买	食宿费	文具费用	
合计											
审核	签名：		日期：								
批准	签名：		日期：								

【实战范本3-09】

各培训课程费用明细表

课程对象	允许发生费用						
	外训费用	外请费用	内部费用				
			讲师津贴	食宿费用	培训场地费	培训资料费	培训文具费
新员工			√	√	√	√	√
岗位培训			√		√	√	√
领导力与人才发展类	√	√					
学历与技术进修	√						
其他培训	√	√	√	√	√	√	√

【实战范本3-10】

加班费明细表

部门：　　　　　　　　　　　　　　　　　　　　　　　　日期：　　年　　月　　日

日期				工作内容及地点	实际加班时间/小时	加班费	午餐费
起		讫					
月	日	月	日				

总经理：　　　　会计：　　　　出纳：　　　　审核：　　　　申请人：

第三节　招聘成本的降低

招聘，是一个企业吸纳人才采用最普遍的方法。任何工作都会有成本，同样，招聘成本也是企业中必要的开支，尤其是现在流动性较大的酒店。企业经营的最大目标就是降低成本，提高利润，对于招聘成本应该采取什么手段进行降低呢？降低招聘成本应该做到下面几点。

一、制定详细的招聘方案，加强对招聘人员的培训

所谓"磨刀不误砍柴工"，在招聘实施以前酒店应该制定详细的招聘方案，对招聘的时间、招聘岗位、招聘要求、招聘流程和招聘方法做出科学规划，使招聘人员对招聘目标了如指掌，在招聘实施的过程中可以提高效率和收获较好的效果，从而可以提高招聘成功率以降低重新招聘带来的麻烦。

二、选择科学的招聘方法

不同岗位的员工要求的胜任力特征也有所差异，所以对于不同岗位，酒店在招聘方法上应有所区别，不同岗位的招聘过程，选择适宜的方法能够避免不必要的费用支出，从而降低招聘费用。有研究表明，对于技术人员（如工程部电工、维修人员等）的招聘，

招聘效果与操作成绩的得分相关系数较高;而对于客服中心文员招聘,招聘效果与笔试和面试的综合成绩相关系数较高。

三、招聘应选择合适的招聘渠道

酒店的一般招聘渠道主要分两种:直接招聘渠道和间接招聘渠道,其中直接招聘渠道主要为校园招聘和人才专场招聘;间接招聘渠道是委托招聘、猎头招聘、网络(如58同城网、赶集网等)、媒体。对于企业而言,校园招聘一般不需要支付场地费用和广告费用,而且在现在大学生就业困难的情况下,校方也是千方百计邀请企业进行校园招聘,但是校园招聘的对象主要是没有工作经验的大学毕业生,有长期人才规划的企业采用这种校园招聘的方式网罗优秀人才是比较合适的;但是对于技术人员的招聘,一般需要应聘者有一定的工作经验,采用委托招聘和在媒体发布广告的方式比较合适,总之选对了合适的招聘渠道,就能有效地降低其招聘的成本。

(一)主要招聘渠道的对比

主要招聘渠道的对比如表3-5所示。

表3-5　主要招聘渠道的对比

序号	招聘渠道分类	细分	优点	缺点	整体分析	备注
1	网络招聘	专业人才网络	信息传播范围较广;如智联招聘网、58同城网、赶集网等	花费较高	网络是最常用的招聘形式,招聘信息可以定时定向投放,发布后也可以管理,其费用相对比较低廉	与各大网站的本公司业务员建立良好的合作关系
		企业网站招聘	这是花钱最少的招聘方式	但网站的点击率是关键	适用于全国性的大企业或者行业内的知名企业,一般企业点击率不会很高	定时更新
		相关论坛、微信群、QQ群发信息等	人员多,信息传达比较快	需要一定的人力和时间发帖,诚信度不是很高	如果其他渠道效果不好可以使用此种招聘方式	一般只发布职位信息,不发布公司信息,留有简历投递方式即可
2	校园招聘	校企联合专场	人数能得到极大满足,也提高企业知名度	花费可能要相应大一点	最好在校方准备招聘会前期举行	根据自己公司特点找几家适合的学校,并和相关专业就业办负责人保持良好关系
		学校组织招聘会	花费较少,信誉度等方面都有所保障	竞争力比较大,相对的很多其他企业也在疯狂招人	时刻保持与校方就业办联系,随时准备参加	

续表

序号	招聘渠道分类	细分	优点	缺点	整体分析	备注
3	现场招聘会	大型招聘会现场/人才市场现场招聘	总体上效率比较高，可以快速淘汰不合格人员，控制应聘者的数量和质量	受到展会主办方宣传推广力度的影响，求职者的数量和质量难以有效保证	常用于招聘一般型人才	与负责招聘会的人保持良好的合作关系，在购买时可提前告知，以获得比较好的展会位置
4	猎头、外包、培训公司	猎头公司	利用储备人才库、关系网络，在短期内快速、主动、定向寻找所需人才	收费比较高，通常为"被猎"成功人员年薪的20%~30%	因为猎头主要面向的对象是企业中高层管理人员和企业需要的特殊人才	慎重审核简历的真实性及期望工资的现实性
		外包公司	利用其关系网络，在短期内快速、主动寻找企业所需要的人才	员工劳动关系属于外包公司，工作时缺乏主人翁精神，流动性大，稳定性差	主要适用大量中低端人员（有一定社会经验）的招聘，特别是在例如年底等特殊时期能保证人员的及时上岗	与相关公司保持良好的合作关系，以备在人员需求特殊时期能保证人员上岗
		培训公司	一般是比较热门的职业，毕业生经过简单培训就能上岗	虽能立刻上岗工作，但是理论基础不深，不适合培养骨干人员	适用于对技术含量要求不高，需要有人辅导才可操作熟练的职位	
5	内部招聘	企业内部招聘	企业内部竞聘大会，有利于增加员工的主观能动性	适合内部人才的选拔，人员供给的数量有限，易"近亲繁殖"，形成派系	通常这种方式用于那些对人员忠诚度比较高，重要且应熟悉企业情况的岗位	为避免"近亲繁殖"，有关系的人员应该分配到不同体系就职
		员工推荐	招聘成本低，应聘人员与现有员工之间存在一定的关联相似性	选择面较窄，难以招到能力出众、特别优异的人才	适合需求不是太大的专业人士和中小型酒店	

（二）选择渠道说明

1. 内部招聘

通过内部招聘，一方面确保酒店内部业务和文化的匹配；另一方面也是酒店为员工的职业生涯发展提供的机会。此种方式费用低，质量有保证，大部分职位可先通过发布内部信息的方式进行招聘。

2. 员工推荐

这种方法在寻找很难招到的人才时，如招聘高科技或信息专业人才时特别有效，可节省大量费用。

3. 网上招聘

专门的招聘网站按年收费，费用较低，可以发布任何数量的广告，因此可以作为一般职位招聘需求的首选方式，但对高级职位的招聘效果不理想。

4. 报纸广告

招聘渠道中，所在地区主流报纸效果较好，目前处于垄断地位。特别适用于招聘各类中高级人才职位，但费用较高。

5. 校园招聘

校园招聘适用于有长期人才培养计划、相同需求职位较多的公司。

6. 猎头公司

仅限于招聘部门经理及以上级别的职位使用。

四、招聘信息发布要讲技巧

常常逛人才市场的人，也许都会有这样一个印象：所有招聘海报的格式几乎都是一样的，而且各个招聘职位的排版也几乎没有什么差异。这其实就在某种程度上说明了招聘信息发布工作没有得到重视。那么酒店应该怎样重视信息发布工作呢？具体来讲，在选择了合适的招聘渠道后，酒店在信息发布方面要做好两点工作。

（一）要明确招聘重点

在将招聘信息对外发布时，酒店需要根据不同职位人员需求的轻重缓急来确定每次招聘活动的重点，从而为招聘活动确定一个核心。

（二）重点职位要突出显示

一般来讲，酒店发布招聘信息的第一层次目的就是吸引求职者目光，那怎样才能吸引求职者目光呢？那就是突出显示，在确定了整个招聘活动的重点和核心职位后，酒店就需要在排版上对这些职位信息进行突出显示，如放大职位需求信息、加"急聘"两字等。总之，要使这些职位信息能够达到突出、个性、差异的效果。

五、招聘评估要及时

招聘评估通常是一个很容易被遗忘的角落，因为就一般情况来讲，酒店对招聘关注更多的是原定的招聘目标是否完成，这其实就是一种结果导向式的评估。但熟知绩效管理的从业者都知道，绩效管理不仅需要评估结果，也要评估过程，所以，酒店招聘评估的焦点就需要集中在已发生的招聘活动的过程和招聘结果这两大方面。

首先，在过程评估方面，酒店要关注是否有突发事件、突发事件是否得到了合理解决、计划与实际是否有差异之处、是否存在明显的纰漏之处等几大指标。而在招聘结果方面，酒店主要是锁定三大关键指标，一是成本核算，二是实际到位人数，三是应聘总数。与此同时，在开展招聘评估工作时，酒店还需要把握的一个关键点就是及时。通常来讲，在完成每个项目或阶段性的招聘活动后的一个月内，酒店就需要开展招聘评估，因为一旦绩效评估与招聘活动的间隔时间过长，绩效评估的激励力度就会呈现出递减之势，所以招聘评估的及时性工作也是整个招聘流程需要把握的一个重点。

六、实施招聘工作团队负责制

招聘工作有较强的季节性，可以针对招聘工作成立招聘小组，小组成员可以根据招聘环节需要和招聘对象不同选择合适的人员。这样的设置可以使招聘工作成为团队工作，不需要在公司内部设置专门招聘岗位。这样可以减少招聘费用，可以有效控制招聘参与人员的工资、津贴以及差旅费支出。

降低招聘成本是一项开源节流的工作，它将越来越强烈地引起决策者们的高度重视。但客观来说控制招聘成本是件困难的事，无论企业大或小，只有根据自身的实际情况，灵活运用各种降低成本的方法，才能真正地做到花小钱办大事，完全照搬其他企业的做法，或者一味选择花费最少的渠道都会适得其反。

第四节 员工培训成本降低

一、员工培训成本的构成

培训成本可分为直接费用、间接费用，具体如表3-6所示。

表3-6 员工培训成本的构成

类别	构成	说明
直接费用	培训需求分析成本	即培训需求分析的费用。若企业借助外部的专家则要支付咨询费，包括培训需求分析人员的工资，问卷调查等需求分析方法的费用
	培训设备费用	若设备可重复使用则可按其折旧费计算
	培训人员的工资	即支付给培训人员的工资，若为外聘的则还包括交通费和食宿费
	受训人员的工资	由于员工培训需占用一定的工作时间，从企业角度来看，这段时间员工没有为企业创造价值，当培训为完全脱产培训时这部分费用更高
	培训教材和手册费用	制作或购买培训教材和手册所产生的费用
	培训的管理费用	即在培训过程中员工的食宿、场地、水电等方面的费用
间接费用	培训的机会成本	即所有用于培训的投入在其他领域可获得的收益
	其他	培训需要其他环节的支持，比如形成规范、构建程序、界定方法等所耗费的物质、时间和信息资源等

以下列举具体的费用明细,如表3-7所示。

表3-7 培训费用明细

费用项目	费用类别	费用明细
授课费	内部费用	内部兼职讲师讲课津贴
	外训费用	外部培训机构合作费用、继续教育费用等
	外聘费用	外聘培训师授课费
		网络远程学习工具费用
食宿差旅费	外训费用	内部培训师外派食宿差旅费、外派员工培训食宿差旅费
	外聘费用	外聘培训师差旅费、住宿费及餐费
	内部费用	内部培训实施期间食宿费用
培训材料费	内部费用	培训场地费,指集中培训时租赁培训场地的费用
		培训资料费,如教材编印、培训资料制作、购买培训光碟、书籍等费用
		培训文具费,如麦克风电池、证书、学员牌等

二、进行科学合理的培训需求分析

（一）培训需求分析不合理会使培训效果大打折扣

合理的培训计划,应建立在酒店对员工培训需求进行科学分析的基础之上,确保满足酒店需要的同时也能满足受训员工需要。然而,许多酒店在实际培训过程中,常出现培训内容与实际需求脱节的问题。一方面,培训前不能准确地进行培训需求分析,培训的内容、方式与酒店总目标联系不紧,与员工"短板"结合较差,盲目跟风,趋从他人。表面看,开展得轰轰烈烈,内容也响应时代,实则无的放矢,华而不实。另一方面,在实际培训过程中,结合岗位需求让员工参与实践的机会太少,员工只是单纯学习一些理论知识,难以在实际工作中灵活应用。总之,培训需求分析不合理会使培训效果大打折扣,不但造成酒店大量的资源浪费,不能解决酒店实际问题,还会在某种程度上打击员工参与培训的积极性。

（二）酒店必须进行合理的培训需求分析

只有科学、准确的培训需求分析,才可以使酒店把有限的人力、物力、财力都用在亟须解决的问题上,使培训效果达到最佳。而要做好培训需求分析,酒店必须做好培训需求调查,以了解不同岗位的差异化需求,为培训计划奠定牢固基础。将员工个人特质与酒店要求相结合,如员工的知识、技能低于工作任务要求时,表明需求已经存在,就无须再进行培训。可以通过问卷调查、职代会提案等方式定期进行培训需求调查,将酒店和员工的需求统一到培训的具体内容和途径等方面中去。

三、针对不同群体实施菜单式培训

在深入调查不同需求的基础上由酒店的培训组织部门提出一个培训项目菜单，主要分为三类。

（1）酒店规定的全体员工必选培训项目。

（2）部门规定的部门必选培训项目。

（3）员工根据酒店相关规定和自身需求的自选培训项目。

四、做好培训的转化工作

当一项培训活动结束后，即使前期培训工作做得再好，如果受训人员没有把培训中所学知识、技能应用到实际工作中，那么这个培训项目毫无疑问也是失败的。酒店的最终目标是创造高效益，这个目标能否顺利实现受员工表现影响很大。酒店如果不能采取适当措施将培训成果转化为现实生产力，员工难免得过且过，易滋生消极怠工情绪，进而导致培训风险发生，影响到培训效益和组织目标的实现。目前，很多酒店不注重建立自己的培训效果评估体系，在培训工作结束后，忽视了成果转化工作，缺乏对培训前后酒店绩效差异进行跟踪分析，对培训中的盲点认识不充分也使得培训工作难以发挥应有作用。

酒店实施员工培训，能使受训员工将所学知识运用到实际工作中去才是最终目的。但有研究表明，员工所学只有10%转移到工作中。可见，做好培训转化工作对于增强培训效果意义重大。为促进培训成果的顺利转化，可采取如下措施。

（一）采取合理的激励措施提高员工工作积极性

酒店应根据员工自身特点，在培训过后采取直接或间接的激励手段，或是让员工选择自己最满意的激励方式来保证培训效果，这样可以有效改善员工的工作态度、提高员工的忠诚度，对于培训成果的转化以及培训风险的规避起到重要作用。

（二）加强酒店的硬件设施建设。

培训后，员工的自身技能和素质得到提高，酒店原有的设施和条件可能不再满足员工需求，员工获得的新技能只有与新的硬件设备相结合，才能发挥实效，才能最大限度提高酒店的生产效益。

（三）做好培训后的评估工作

培训评估作为培训管理流程中的一个重要环节，是衡量酒店培训效果的重要途径和手段，具有信息反馈作用。通过评估，酒店可以清楚地了解培训后员工的知识是否得到了更新，员工工作表现是否得到了改善，酒店的绩效是否得到了提高，它既是对上一阶段培训效果的估量，也为下一阶段的培训工作做好准备。

五、合理设计培训协议防止员工流失

防范员工流失的一个有效办法就是与员工签订培训协议。

通常，酒店为了提高员工素质和工作技能而对员工进行的在岗培训是单位应尽的义务，不需要与员工签订培训协议。但酒店如对部分员工进行特殊培训或花高额培训费进行的培训，就可以与员工签署培训协议，将有关权利义务和离职补偿问题等作为劳动合同的附件。签署培训协议需要注意如下所示事项。

（一）关于培训服务期

如果培训服务期短于劳动合同期，则员工的劳动合同期限包含其相应的培训服务期，员工劳动合同期限以签署的劳动合同为准。如果培训服务期长于劳动合同期，则劳动合同自动延长至培训服务期截止日期，双方应另行签署补充劳动合同协议。

（二）建立培训者档案

酒店应为每一位须签署培训协议的员工建立培训者档案，包括以下内容。

（1）申请批准资料，员工本人的培训申请表、单位关于批准或指派其参加培训的文件批复。

（2）培训机构课程资料，学校或培训机构的招生简章、培训项目名称、课程体系介绍、任课教师资料、教学计划资料以及具体培训时间等。

（3）员工学习成绩资料，培训或考试成绩单、学校或培训机构对该员工的学业和品绩等评价资料、员工培训总结的书面资料。

（4）酒店与员工签署的培训服务期协议，包括学习与培训费用的计算方法、报销办法、培训服务期的起止时间、员工义务与离职补偿办法等。

（5）留好员工参加外训或内训的发票，并由员工本人签字的有关付费凭证。

（三）建立培训服务期的相应管理制度和管理办法

酒店须建立培训服务期的相应管理制度和管理办法，并在制度、办法和与员工签署的培训服务协议中明确规定有关原则、标准和奖罚办法，这样的制度或办法就可以作为员工劳动合同的有效附件。其中主要问题如下。

（1）对于酒店出资外派员工参加培训，员工因个人原因而中途退学，要制定明确的处罚标准。

（2）要明确培训费的范围，比如培训费、教材费、资料费、场地费、餐饮费、培训期间的住宿标准、交通费等是否都计算在培训费范畴，要在协议中明确，以免在员工培训纠纷中引起不必要的争议。

（3）要明确培训期间，注意较长时间的培训是否有探亲假，如有探亲假将如何规定。

（4）单位对于参加时间周期比较长、培训费用比较高的员工有权在培训期或培训结束后根据工作需要调整工作岗位和薪酬的权力。

（5）要明确培训服务期限的计算方式，是在一定期限内单次计算时间还是累计时间，是单次培训费用计算还是累加计算培训费用,如用数学公式明确标明将更清晰。

(6)明确违约责任。如员工因个人原因提前解除或终止劳动合同,要明确赔偿方法和额度,原则上培训服务期最多不超过5年,并平均分摊在相应年度内。员工的最高赔偿标准不超过培训费之和。

六、培养内部兼职培训师

内部兼职培训师是指公司内部除负责原职位工作职责外,还承担部分培训课程教学的员工。

内部兼职培训师往往能根据酒店的具体情况有针对性地进行课程设置制作,从而能吸引员工的听课热情,效果往往是很好且省去了高额的培训成本。

(一)内部培训师的形成过程

酒店对内部培训师的要求应该是既熟悉酒店的业务又在专业方面有所长,一般是酒店内部表现比较好的员工。同时也要求内部培训师需要良好的沟通能力、语言呈现能力、课程开发设计能力,能结合酒店的案例进行课程讲解。内部培训师建设流程可以分解为以下几个步骤。

1. 动员报名

这是整个培训师建设的首要环节,这个阶段的工作应由人力资源部门发起,需征得高层管理人员的同意,赢得部门领导及员工们的支持。内部培训师是一份兼职工作,如果没有很好地激励措施,一般员工是不会干的。所以要求高层管理的高度重视,最好能在公司大会上公开提出内部培训师建设和相关的奖励方案,同时在全公司上上下下形成一种争当培训师的风气。一旦能够获得培训师的称号,员工就会有一种成就感。这样愿意参加报名的员工就会大大增加,报名人数的增多必然就能争取到更多优秀的内部培训师。人力资源部门最好设有一个网上报名系统,内部员工可以在网上自由报名。同时公布选拔的资格要求,这些要求基本上是对员工业务知识、技能、EQ(包括沟通能力、表达能力等)等方面的要求。

2. 上报、筛选报名者

这个环节是整个内部培训师建设最重要的一环,直接关系到整个培训师队伍的质量。在酒店自上而下的宣传后,根据网上的报名情况和部门的推荐情况整理好所有报名者的资料。在对报名者的条件和资历要求进行对比后,对一些业务知识、技能、EQ比较高的人要作为重点考察对象。通过第一轮筛选,人力资源部门有必要同相关的职能部门共同考核第一轮通过者,考核可以采取面谈、试讲的方法进行。对面谈试讲表现突出的个人作为拟录取的对象。

3. 培训部门对培训师队伍组成人员进行培训技能方面的培训

对所有培训师队伍的组成人员进行培训,是建立内部培训师队伍的最重要的环节。

这直接关系着初步建立的培训师队伍能否有效地发挥应有的作用，直接关系着整个人力资源开发和培训的效果。由于这些组成人员以前很少或没有接触过酒店培训，因此对于培训的专业技巧方面掌握得很少；即使具备一些，也需要加以规范和强化。所以，培训的重点就是关于培训活动的策划、组织技巧方面的内容，具体包括：培训师的职责和角色，培训师的基本技能，课堂组织技巧，培训效果的评估方法等。对这些组成人员培训后，再次进行测试，以确保组成人员被培训的效果，提高培训师队伍的整体素质。拥有知识与传播知识还是有很大的差别的，因此需要对培训师给予专业的训练。

4. 对培训合格后的人员进行培训师的资格认定

培训测试后，要对这些组成人员进行正式的资格确认。这一最后环节标志着培训师队伍最终建立起来。进行资格确认可以仿照培训动员的方法，即由酒店的高层管理机构或管理者出面，以开会颁发证书的方式进行公开确认和表扬，宣布培训师队伍的最终建立。最后，人力资源部将其培训师资格归档并录入个人人力资源资料，从而成为绩效考核、晋升、薪酬评定等方面的依据。上述过程，不仅使选聘兼职培训师的工作做得扎实，而且使培训理念、公司发展、个人成长等公司文化风靡整个酒店，十分有利于酒店的健康快速发展，从而取得"一箭双雕"的效果。

（二）内部培训师的管理

1. 授予资格，并给予相应的鼓励

培训师的地位确认是以上述的资格授予为标志的。因为他们有着自己的本职工作，参与人力资源的开发和培训的主讲或主持是他们的分外工作。因此，如何激发他们对分外工作的积极性和主动性，就是一个必须解决的问题。

要激发他们对于培训工作的积极性和主动性，除了进行颁发聘书或荣誉证书以授予资格外，重点还有物质上的激励以认可、鼓励其所做的培训工作，比如提高薪酬、增加福利等。具体操作既可以按照本酒店内部的薪酬设计标准比附进行，也可以按照项目管理的市场运作标准比附进行。当然，给予提供充足的职位晋升空间也是很重要的。同时每年要对每个培训师进行评估考核，可每年设"年度培训之星"若干名并予以精神和物质奖励。经实践和理论证明，此举的激励作用非同小可。

2. 双重管理

如何正确处理好培训师的本职工作与兼职工作之间的关系呢？这就需要从管理体制上着手进行。遵照"分开管理、双重管理"的原则，对这些培训师的管理可从以下几个方面进行。

（1）对于本职工作，由其所在的部门进行管理，人力资源培训部门不必、不需、不要予以干涉，而且要负责与其所在部门及其管理者沟通协调妥当，保证其本职工作顺利圆满地完成。

（2）对所兼任的培训工作，人力资源培训部门要及时、经常地给予他们适当的指导和监督。人力资源培训部门和培训师之间是伙伴合作的关系，是业务指导与被指导的关系，而不是领导与被领导的关系。

3. 保持培训师开发实施培训的相对独立性，但需及时协作、指导和监督

按照上述的管理原则，在具体的培训和开发人力资源的过程中，围绕培训的规划和目标，人力资源培训部门和兼职的培训师要共同处理好以下几个方面。

（1）在课程开发、教材编写、培训活动的策划上，要尽量保证培训师基于本部门实际情况的相对独立的操作。人力资源培训部门支持和鼓励培训师根据实际情况所进行的培训开发，在必要时给予协作或帮助。

（2）人力资源培训部门要把各个部门的培训师的培训开发课程纳入整个培训计划中，予以统筹安排。比如，对于需要加以推广的课程，就可以扩大受训对象。

（3）在具体的培训实施过程中，人力资源培训部门要协助培训师，以便于指导和监督培训的过程和质量。

（4）对于培训的跟踪评估，由人力资源培训部门承担。无论是对于培训现场的评估还是对于培训后的跟踪评估，人力资源培训部门都最好亲自操作。这一方面是基于对培训的全局控制和监督的考虑；另一方面是由于培训师本身的专业化程度不高、本职工作的压力、工作时间限制等方面与评估工作的复杂浩繁之间的矛盾。

4. 鼓励培训师交流培训经验，鼓励以老带新

内部培训师在自己的培训过程中会积累很多独到的培训经验，这些经验可以用来被其他培训师借鉴和学习。对那些表现突出的内部培训师我们要对他们进行采访，并通过内部刊物或媒体进行宣传。一方面会让这些培训师有一种强烈的荣誉感，更能够激发他们的工作热情和奉献精神；另一方面也是对酒店文化的一种推广。

【实战范本3-11】▶▶▶

某酒店菜单式培训方案

人力资源部根据集团新员工入职培训项目的运行效果，结合用人现状，为使新员工培训标准更加规范，最终达到规范员工行为、改变思想、转变观念的目的，把新员工培养成遵守纪律、文明守礼的××人，在考虑培训项目的实用性基础上，拟对新员工入职培训项目进行调整。具体内容如下。

一、培训项目设置思路

本次新员工入职培训项目调整采用"菜单式"培训方法，根据员工年龄、文化程度、岗位设置不同将培训项目进行区分。培训方式更加人性化，使培训项目更加具有针对性。

二、培训项目设置

（一）按照培训项目划分模块

按照培训项目划分模块

模块	培训项目	主要内容
模块一	集团规章制度	开班典礼（含新员工培训期间管理规定等）；内务整理；员工手册；规章制度（7项）；职业生涯规划；仪容仪表规范
模块二	集团服务礼仪	微笑服务；酒店常用礼仪；形体礼仪训练（形体动作及礼仪动作）
模块三	集团文化教育	企业文化（发展篇和理念篇）；品质培训（诚信和责任）；拓展训练；集团VI（视觉识别系统）识别；学唱店歌；酒店服务意识；酒店职业道德；有效表达；挫折教育；酒店礼制教育
模块四	集团通用业务知识	酒店安全；个性化服务知识；快速反馈机制（不同岗位的业务知识内容有所区别）

（二）按照模块设置划分培训内容

按照模块设置划分培训内容

类别	培训内容	培训项目
一类	集团共性知识	模块一、模块二、模块三的内容
二类	集团通用业务知识	模块四的内容

（三）按照岗位不同设置培训类别

按照岗位不同设置培训类别

序号	类别	岗位
1	A类	（1）餐厅、市场部、房务类一线岗位员工，主要包括服务员、客户助理、管理人员等 （2）后勤一线面客岗位员工，主要包括收银员、名店服务员等 （3）实习生等
2	B类	（1）餐厅、市场部、房务类一线非面客岗位员工，主要包括PA员、PA技工、餐后收尾人员、洗衣房人员等 （2）后勤一线非面客岗位员工，主要包括办公室（含保安）、财务、工程、人事部等员工 （3）膳食类员工（含厨师、洗碗工、粗加工人员及××餐旅学校厨师短训班实习生）、××餐旅学校实习生等

三、培训项目明细

（一）集团共性知识

培训模块	培训项目	具体培训内容	课时	参加人员 A类	参加人员 B类
集团规章制度（16课时）	开班典礼	报到当天晚上开班典礼，内容如下 （1）观看《××欢迎你》的专辑片 （2）观看《××集团宣传片》 （3）入职培训内容介绍 （4）新员工管理规定 让新员工了解××酒店集团、入职培训期间的相应安排及需遵守的培训期间管理规定	2	√	√
	内务整理	（1）床铺整理 （2）个人物品 （3）宿舍卫生（备注：使用图片及现场讲解）	3	√	√
	《员工手册》	（1）"假期""安全守则""行为规范"略讲 （2）员工的权利和义务、劳动人事、员工福利和奖惩条例	3	√	√
	规章制度	集团制度 （1）××酒店集团假期管理规定 （2）××酒店集团工资管理规定 （3）××酒店集团考核管理体系介绍 （4）××酒店集团人员选拔及储备管理规定 （5）××酒店集团试用考评管理规定 （6）××酒店集团沟通管理规定 （7）××酒店集团计划生育管理规定 备注：宿舍管理规定融入内务整理课程中	3	√	√
	职业生涯规划	（1）对新调整的职业生涯规划进行讲解 （2）人力资源部与大学生一对一访谈指导	2	√	
	仪容仪表规范	女士：盘头、化妆。男士：面部修饰、着装要求等。授课老师为其讲解餐厅、房务、后勤人员的发型，便于上岗后直接能操作	3	√	√
集团服务礼仪（51课时）	微笑服务（理论部分）	（1）理论部分2.5课时；训练微笑表情0.5课时 （2）融入讲亲和力、友好表情等内容	3	√	
	酒店常用礼仪（理论部分）	（1）酒店常用服务语言 （2）八种酒店常用礼仪：握手、名片、介绍、乘车、目光、电话、电梯、迎送礼 备注：理论课讲解详细内容及标准，形体礼仪课中进行强化练习	3	√	
	形体礼仪训练	通过学习礼仪标准，成为懂得具有主动问好意识的××人。具体内容为礼仪动作：站姿、微笑问候、鞠躬、坐姿	9		√

续表

培训模块	培训项目	具体培训内容	课时	参加人员 A类	B类
集团服务礼仪（51课时）	形体礼仪训练	通过严格的形体训练，强化组织纪律观念，磨炼意志。具体强化练习内容如下 （1）形体动作：头部、转颈、肩部、腰部、展肩、阔胸等运动及双臂平托、头颈上引、腰部力量 （2）礼仪动作：站姿、微笑致意、微笑问候、挥手致意、鞠躬（30°、45°、90°）、握手、手势、走姿、转体礼让、指示方向、坐姿、蹲姿、为他人作介绍、电梯服务礼仪等	45	√	
集团文化教育（29课时）	拓展训练	通过活动实施，帮助学员正确认识每个人在团队中担当的角色及每个人的重要性，强化学员的团队意识，增强团队凝聚力 （1）破冰（1课时） （2）驿站传书（1课时） （3）盲人方阵（0.5课时） （4）雷阵（0.5课时）	3	√	
	集团VI识别	内容涉及集团的VI设计及认知等内容，涵盖可视性资料辅助说明，由1.5课时调整为2课时，请集团营销中心协助重新修订教案	2	√	
	企业文化（发展篇和理念篇）	通过丰富的案例及视频形象直观地引导新员工认识、理解集团企业文化，认同集团的价值观和理念	8	√	√
	品质培训	诚信：培养新员工诚实守信的良好品质	2	√	
		责任：让新员工能够在平时养成负责任的好习惯，以更加积极的态度面对自己的工作和生活	2	√	
	酒店服务意识	通过酒店服务意识培训，培养新员工良好的服务意识，从而达到能为客人提供优质服务的能力，具体内容如下 （1）酒店服务意识的概念 （2）酒店服务意识的具体体现 （3）酒店服务意识的养成	3	√	
	酒店职业道德	（1）使新员工理解道德、职业道德、酒店职业道德的含义 （2）掌握酒店从业人员应具备的职业道德	3	√	
	有效表达	开发新教案并组织试讲	3	√	
	挫折教育		3	√	
	学唱店歌	晚自习时间组织（备注：晚自习组织不计入课时数量统计）	1	√	
	礼制教育		1	√	

（二）集团通用业务知识

培训模块	培训项目	具体培训内容	课时	参加人员 A类	B类
集团业务知识（6课时）	酒店安全	（1）酒店消防基础知识（火灾、防火、灭火）；逃生技巧；灭火器使用方法；交通安全等（2.5课时） （2）分岗位列制讲解内容：餐厅安全知识、房务安全知识、厨房安全知识等（0.5课时） （3）重新修订此教案	3	√	
	个性化服务知识	开发新教案并组织试讲	2	√	
	快速反馈机制		1	√	

（三）晚自习课程内容

时间	具体课程内容	培训人	时间
第一天	开班会、选班委	班主任及值班人员	19:00～20:00
第二天	学唱店歌		
第三天	礼制教育		
第四天	复习理论知识		
第五天	班主任组织座谈		
第六天	励志演讲		
第七天	观看《为自己工作》		
第八天	观看《××月播报》等剪辑的专题片并讨论		
第九天	观看论语视频之《孝敬之道》		
第十天	复习理论知识		
第十一天	期中考试		
第十二天	诚信、责任讨论会（企业文化部人员参与）		
第十三天	人力资源管理中心与员工进行座谈		
第十四天	观看《××月播报》等剪辑的专题片并讨论		
第十五天	班主任组织座谈		
第十六天	观看××××年技能大赛视频并讨论		
第十七天	复习理论知识及礼仪标准		

四、培训周期

新员工入职培训共性知识96课时，集团通用业务知识6课时，合计102课时。

（1）A类：102课时，按照6课时/天计算累计17天，考核1天，合计18天。

（2）B类：29课时，按照6课时/天计算累计5天，利用晚自习组织考核，合计5天。

（3）具体课程安排表（见附件1）。

五、培训工作开展流程

1. 本地实体

（1）集团人力资源管理中心在每月10日、20日、30日固定开班时间范围内，需提前2天汇总完毕实体及招聘部需参加入职培训的人员名单，发送集团人力资源部。新员工满15人即可开班，统一组织5天的共性知识培训后分配到实体工作。待下一批次开班时由集团人力资源管理中心负责统一抽调A类员工参加剩余知识的培训。

（2）根据《××酒店集团新员工集中培训管理规定》要求，A类岗位中餐厅类、房务类员工入职培训结束后按照岗位要求分别参加技能培训班。

2. 异地实体

（1）异地实体员工既可参加东营地区组织的入职培训，也可参加所在实体或地区统一组织的入职培训。北京地区、上海地区、济南地区、青岛地区（每月15日）、淄博地区、临沂地区（每月25日）。员工满15人即可开班，统一组织5天的共性知识培训后分配到实体工作。待下一批次开班时由集团人力资源管理中心负责统一抽调A类员工参加剩余知识的培训。

（2）根据《××酒店集团新员工集中培训管理规定》要求，A类岗位中餐厅类、房务类员工入职培训结束后按照岗位要求分别参加技能培训班。

六、特殊情况说明

（1）若集团招聘新员工为35岁以上人员（含35岁），文化程度低于初中水平且不识字人员等不参加集团统一组织的新员工入职集中培训班。各职能中心/实体培训负责人负责为其讲解员工手册、企业文化、规章制度等内容即可。

（2）集团人力资源管理中心负责与院校实习生或联合办学等单位联系将具体新员工培训课程添加至教务、教学中，有培训需求时可单独上报请示，由培训管理部根据具体的培训内容列制针对性培训课程。

（3）人力资源中心培训管理部负责牵头组织开展后续新教案开发工作。

（4）其他未尽事宜按照集团相关培训制度执行。

附件：

1. ××酒店集团新员工入职培训项目课程安排表（略）。

2. ××酒店集团新员工入职培训项目新开发教案推进计划（略）。

【实战范本3-12】

外派培训服务协议书

甲方：××酒店管理有限公司

乙方：

甲乙双方根据平等自愿的原则，达成以下培训协议，此协议与劳动合同具有同等法律作用，任何一方违反本协议，对方均有追究赔偿损失及法律责任的权利。

一、甲方的权利与义务

（1）根据乙方自愿申请和公司有关部门的推荐，甲方同意乙方参加＿＿＿＿＿＿培训学习，具体学习内容另见所附《员工培训内容表》。

（2）本次培训由甲方为乙方提供培训学习费用预计＿＿＿＿＿元（大写＿＿＿＿＿）（具体甲方所提供的全部培训费，包括路费、食宿费及其他各类实际产生的费用等按完成培训后，乙方所报销的实际票据统计）。另包括培训合作单位＿＿＿＿＿＿公司提供的＿＿＿＿＿＿＿＿＿＿＿＿＿＿＿服务，约合人民币＿＿＿＿＿＿元。

（3）甲方负责为乙方提供办理参加培训的必要手续和条件。

（4）在乙方参加培训期间，甲方负责为乙方协调各方面与培训相关的关系，做好乙方生活安排，以便很好地完成培训任务。

（5）培训结束后，甲方组织有关培训部门对乙方的培训结果进行综合评价。

（6）对参加完培训之后的人员，甲方将其作为技术骨干在今后的后备干部提名、任职、待遇等方面，将予以优先考虑。

二、乙方的责任与义务

（1）乙方自愿参加甲方组织的＿＿＿＿＿＿＿＿＿＿＿＿＿＿＿＿培训学习，愿意接受甲方所提供的条件与费用，并遵守本协议的所有内容和甲方的《外部培训费用管理制度》。

（2）培训期间，乙方需努力掌握培训的相关知识或达到培训的目标要求，乙方在培训中务必掌握技术要点，并认真做好记录。

（3）培训期间，乙方必须服从培训组织领导的工作、学习安排，遵守公司、主办单位或委托培训单位的各项管理制度，积极维护公司形象和利益，遵守所在国家的法律法规，如果由于自己不慎或故意行为导致自身或甲方利益受损的，所有赔偿均由乙方承担。

（4）乙方参加完培训之后，必须服从甲方安排，到甲方所规定的岗位上工作，乙方为甲方服务年限为＿＿＿年，即从＿＿＿年＿＿＿月＿＿＿日至＿＿＿年＿＿＿月＿＿＿日，若因甲方公司内部变更，需缩减合同时间，则以甲方变更为准。

（5）乙方严格执行公司保密制度，未经公司许可，不得将培训中所学到的专业技术外泄或传播给第三者（具体技术内容另附），培训期间所有重要技术资料均交还公司保存。

（6）签订培训协议后再次参加公司安排的外部培训者，必须重新签订协议，按照新的服务期限执行。

三、甲乙双方其他约定

（1）乙方单次或年累计培训费超过3000元（含），中层管理单次或年累计培训费超过5000元（含），及个人自费培训结业后公司给予报销的均需与公司签订外部培训协议，并约定为公司继续服务的期限。

（2）服务期限界定将外部培训结束时间作为服务期限的起始时间。实施劳动合同后，按劳动合同的终止时间作为服务期限的起始时间。

（3）乙方在培训协议规定的服务期限届满前，非正常、合理原因，未经公司批准而辞职，或正常原因被公司辞退除名的，应按以下规定赔偿公司。

① 员工部分。

a.培训费用单次或年累计3000～5000元（含），服务期限不少于1年，未满1年的应按不足年限比例退还公司培训费用。具体计算公式：退还金额=培训金额÷（1×12）×不足年限（月）。

b.培训费用单次或年累计5001～8000元（含），服务期限不少于2年，未满2年的应按不足年限比例退还公司培训费用。具体计算公式：退还金额=培训金额÷（2×12）×不足年限（月）。

c.培训费用单次或年累计8001元以上，服务期限不少于3年，未满3年应按不足年限比例退还公司培训费用。具体计算公式：退还金额=培训金额÷（3×12）×不足年限（月）。

d.因工作需要参加外部高端理论或专业技术培训，为公司服务期限不得少于3年。具体计算公式：退还金额=培训金额÷（3×12）×不足年限（月）。

② 中层管理部分。

a.培训费用单次或年累计5000～10000元（含），服务期限不少于1年，未满1年的应按不足年限比例退还公司培训费用。具体计算公式：退还金额=培训金额÷（1×12）×不足年限（月）。

b.培训费用单次或年累计10001～15000元（含），服务期限不少于2年，未满2年的应按不足年限比例退还公司培训费用。具体计算公式：退还金额=培训金额÷（2×12）×不足年限（月）。

c.培训费用单次或年累计15001元以上，服务期限不少于3年，未满3年应按不足年限比例退还公司培训费用。具体计算公式：退还金额=培训金额÷（3×12）×不足年限（月）。

　　d.因工作需要参加外部高端理论或专业技术培训，为公司服务期限不得少于3年。具体计算公式：退还金额＝培训金额÷（3×12）×不足年限（月）。

　　（4）乙方在培训期间，如出现违反有关规定，未能通过培训考核或未达到培训要求，未能取得培训证书的，由本人负担30%的培训费用。培训过程中，如因甲方或人力资源变动，甲方有权中断培训，所产生的培训费用由甲方承担。

　　（5）乙方在培训中获得的培训证书所有权归公司所有。

　　（6）本协议一式两份，甲乙双方各执一份，协议自签字之日起生效。

甲方（签章）：××酒店管理有限公司　　　　乙方：
签字日期：　　　　　　　　　　　　　　　　签字日期：

【实战范本3-13】

酒店培训协议

甲方：　　　　　　　　　　　　　　乙方：
法人代表：　　　　　　　　　　　　身份证号：

　　为了提高员工基本素质及职业技能，我店鼓励并支持员工参加职业培训。为确保员工圆满完成培训学业，并按时返回酒店工作，酒店与受训员工订立如下协议。

第一条　培训费用

　　培训期间的各项培训费用全部由我店承担，包括课程培训费用、住宿费用、我店至培训地点的往返交通费用。

第二条　培训内容

（1）参加培训项目：_____。

（2）乙方在培训结束时，要保证达到以下水平与要求：_____
_____。

（3）培训期限：预计____年____月____日起至____年____月____日止。以实际培训时间为准。

第三条　甲方责任与义务

（1）按照规定支付培训期间工资。

（2）在培训期间，做好指导、监督、协调和服务工作。

第四条 乙方责任与义务

（1）完成培训目标和任务。

（2）在培训期间服从管理，不违反甲方的各项政策、制度与规定。

（3）在培训期间服从甲方各项安排。

（4）在培训期内定期与甲方沟通，汇报学习情况。

（5）在培训期间维护自身安全和甲方一切利益。

第五条 培训期间的薪资及福利待遇

（1）乙方通过甲方培训期考核的，甲方可依据公司规定给予乙方适当的经济补助及奖惩，补助具体金额为_____元/月。

（2）乙方不享受甲方员工根据《劳动合同》和公司制度规定享有的福利待遇，但甲方可视具体情况给予适当的福利待遇。

（3）乙方培训期间的出勤考核及休假，参照甲方相关规定执行，乙方向甲方请假期间，甲方不承担对乙方的管理义务。

第六条 服务期

（1）甲乙双方确定服务期的起始时间为：____年____月____日培训开始起。

（2）服务期的结束时间为下列第____种：

① 至____年____月____日止；

② 至劳动合同期满时止。

（3）服务期限内因培训所获证书由甲方代为保存，当培训服务期结束后甲方将证书返还乙方。

第七条 违约责任

发生下列情况之一，乙方承担的经济责任。

（1）培训期间乙方必须严格遵守甲方《考勤管理制度》，若出现迟到、早退、旷工现象，按规定给予处罚。

（2）在培训期间损坏甲方形象和利益，造成经济损失，乙方补偿甲方全部经济损失。

（3）自取证之日起，乙方为甲方服务不满一年离职，乙方须向甲方支付全额培训费用。乙方为甲方服务满一年后，如离职不扣除本协议中涉及的培训费用。

第八条 其他

此协议一式两份，自双方签字或盖章后生效，具同等法律效力。

甲方（签章）：　　　　　　　　　　乙方（签字）：

法人代表：　　　　　　　　　　　　____年____月____日

____年____月____日

第五节　利用实习生资源降低成本

目前，我国的很多旅游院校都开办了酒店管理专业，学生每年都会有几个月的酒店实习时间，既可解决酒店对员工的需求，又在一定程度上为酒店降低了人力资源成本。

一、实习生在降低酒店人力资源成本方面的作用

实习生在降低酒店人力资源成本方面起着很大的作用。

（一）实习生资源可以降低酒店流失率和用人成本

酒店管理专业的学生到酒店顶岗实习，酒店只需付给学校管理费和学生的生活费，无须办理像正式员工一样的养老、失业、工伤等保险及负连带责任，费用低于聘用正式员工，大大节省人力资源成本。实习生在实习之前都已经掌握了相应的酒店基本理论知识和技能，只要经过短时间的实践培训就能独立上岗，从而大大节省了培训费用和时间。学生的实习期通常为半年到一年，实习表现与学生的成绩挂钩。因此，大部分学生会在实习期间努力工作、坚持完成实习，这就降低了员工的流失率，从而减少了酒店因员工流失而招聘培训及管理的费用。

（二）实习生资源增加了酒店人才储备

由于高星级酒店不断增多，加大了酒店行业间的人才竞争，酒店员工流失率不断上升，甚至波及酒店中高级管理人员。一些有眼光的酒店管理者将储备管理人才的目光转到实习生上。酒店管理专业的实习生因为受到系统的专业教育，有一定的酒店管理理论知识，思想开阔，经过实习，在实践中接受锻炼，充实管理经验，能够很快成为酒店的后备人才的培养对象。

例如某酒店的实习生再次回到酒店工作时优先享受见习领班待遇，通过半年见习期的培训和考核后正式转为领班。酒店通过这样的优惠政策吸引了很多实习生前来就业，既解决了酒店旺季服务人员缺乏的问题，又增加了人才库储备的数量。

（三）实习生资源可提高员工的整体素质

通常酒店管理专业的实习生都是由院校推荐并且经过酒店面试双向挑选的，他们的外在形象、表达能力以及文化素质基本上都达到了酒店的要求，甚至有的学生的能力还远远超过了酒店的要求。他们较高的专业知识以及个人素质使这些实习生在工作当中能够认真负责，充分发挥主动性和创造性地来为客人提供服务。这样无形当中会激活周围同事的工作热情，提高整体的工作效率和服务质量。

二、合理利用实习生资源的对策和措施

（一）确定实习生的合理数量与实习时间

为了维持正常的经营，一些酒店采取旺季时进人、加班，淡季时减薪、裁员的措施，这种突然的大幅人员变动会给失业员工带来极大伤害，也会使在职员工失去安全感，影响其工作积极性。然而，面对实习生特有的短期实习的现实，酒店往往会把自身置于"培训——再培训"的恶性循环里，这样酒店将永远达不到高的服务质量和标准。

因此酒店必须制订长远的实习生使用计划，合理确定实习生数量与实习时间。学生实习的时间少则几个月，多则一年。如果实习时间较短，实习生大量进出，必然会对一线部门的人员结构产生一定的影响，这一问题协调不好会直接影响酒店经营活动的正常开展。因此，酒店对实习生资源的开发与利用不应是一种短期行为，而要有一个长远的规划与考虑。酒店要依据自身条件和需要，选取一所或几所院校作为自己较为密切的合作对象，从而做好时间、人员、费用、管理、培训、使用等方面工作的衔接和安排。

（二）加强对实习生人性化管理

酒店在不同的实习阶段对实习生进行适时的人性化管理：如实习初始阶段，学生刚进入陌生环境，关注学生思想变化，在生活上多加关心，给学生生理和心理上一个过渡时期，以利他们完成角色的转换。

1.为实习生制订职业生涯规划

酒店对实习生资源的开发与利用不应是一种短期的考虑，而应是一个长远的计划。酒店要根据自己的需求去确定实习生的合理比例，选择适合自己的合作学校并且保持密切的关系。同时做好时间、人员、培训、管理等方面的衔接和安排，包括关心学校的建设和对教学内容、方法的关注，在教学人员和内容方法上进行渗透，甚至在学校实训设施、学生助学金方面给予力所能及的支持，以保证实习生与行业要求相符。

2.酒店要想更好地利用实习生资源就必须制订长远的计划

酒店要为实习生制订好职业生涯规划。实习生在进入酒店实习起就能够了解自己未来的发展方向以及在酒店的发展空间。这样实习生能够明确自己的目标并且为了实现自己的目标而努力工作。

酒店对实习生应该有一个跟踪考核，为每个实习生建立实习档案。在实习期结束时，酒店应给实习生一份实习鉴定，并且吸引优秀的实习生留在本酒店工作，或者推荐实习生到其他酒店工作。

3.为实习生制订培训计划

酒店应该针对实习生特点量身定制培训计划，采用多种灵活的教学法引发学生对酒店工作的兴趣和向往。在实习生逐渐熟悉和掌握工作要领，开始产生浮躁和抵触心理时，应该给实习生多一些安慰和理解、鼓励和信任，杜绝简单粗暴的管理，采取以理服人、艺术化的管理。例如酒店可以每月组织一次实习生座谈会，给实习生一个宣泄情绪、反

映问题的渠道。并且酒店人力资源部门根据实习生反映的问题和部门协调，让实习生体会到酒店的关怀和重视，增强员工的归属感和集体荣誉感。

（三）酒店要加强与学校的合作力度

酒店应与合作院校签订完整规范的合同，明确酒店、学校和实习生三方的权利及义务。由于大部分实习生的工作和住宿都在酒店，因此要明确酒店为实习生提供的食宿条件以及工资待遇。作为学校要经常与酒店沟通，应避免因为不适应环境而出现的问题。

1.酒店与学校应该互相配合对实习生进行管理

为能让实习生圆满完成实习任务，酒店和学校应该共同协商制定管理实习生的制度，明确实习生的奖惩条件与措施，请销假手续以及流程，及违纪的处罚措施。

酒店只有与学校明确各自的权利和责任，相互配合，加强沟通，采取激励为主、惩罚为辅的管理办法，才能帮助实习生尽快完成角色的转换，使实习生尽快进入角色当中，开始正常工作，这样酒店会大大缩短员工培训的费用与时间，节约人力资源成本。

2.不断创新建立互补双赢的合作模式

在学生实习过程当中还是存在一些问题的。有的院校将学生安排在酒店后没有进行辅助的监督和管理，导致学生出现问题后不能及时解决。另外，一些酒店将学生作为廉价劳动力使用，随意安排加班，导致不满情绪出现，影响酒店服务质量。学校应当将实习作为学校教育的校外延伸，将酒店作为学校的重要教学基地，事业的伙伴，在实习工作中考虑到酒店的任务与发展；酒店也应该将安排学生的实习工作当成是关系到旅游酒店发展的人才工程自身的任务，而非仅仅是获取廉价劳动力。

在学生实习的过程中，学校要与酒店相辅相成，学生在酒店不仅可以将自己的理论知识运用到实践当中去，还可以为未来的就业做好铺垫，只有这样才能鼓励学生更认真地完成工作任务。而酒店在充分利用实习生资源的同时也应该尽量缩小实习生与正式员工待遇的差距，激发实习生的主动性和创造性，提高工作效率，提升服务质量，真正达到酒店节约人力资源成本的目标。

总之，一个成功的现代化酒店不仅需要拥有优质的硬件设施，还必须拥有较低的人力资源成本优势。优秀的酒店实习生是确保酒店降低人力资源成本的有效途径，同时也是增强酒店竞争优势、取得长期效益的人力资源保证。

（四）创造良好实习条件，采用有效激励机制

随着酒店对实习生的进一步了解，优秀的实习生势必会成为各酒店所争夺的对象。酒店要在这一竞争中取得优势，就必须为实习生创造一个优良的实习环境。只有这样，酒店才能持续、有效地开展实习生的开发和利用工作。酒店对实习生要多鼓励、少处罚，多指导、少埋怨。酒店管理部门应定期召开实习生座谈会，倾听实习生的意见。一方面了解部门配合实习的情况，掌握实习生的意见；另一方面鼓励实习生给酒店找缺陷，对实习生提出的有价值的建议要给予表扬、奖励。

第六节 留住人才，降低员工流失成本

管理学的经验告诉我们，员工流失率高会给企业带来非常惨重的损失。这个道理同样也适用于酒店，尤其近几年来，由于酒店待遇普遍不高，员工都没有积极性，流动性也比较大。

一、人才流失成本的表现

走马灯似的人才流失，意味着企业成本支出增加，甚至付出更大的代价。这些流失成本主要表现在以下几个方面。

（一）人才流失增加的酒店经营成本

人才流失增加的酒店经营成本，包括员工的招聘成本、培训成本、内部员工填补空缺成本、外聘人员填补空缺成本、生产率损失成本、各种薪酬福利待遇支出成本及其他不可估量的损失成本。

通常，一个岗位的流动成本大约为该岗位月薪的4倍，而对于一些关键性岗位和富有经验的员工，其无形损失更大。因为，一个员工从招聘、培训到使用，要花费很多的成本，包括招聘成本费用，培训所花费的时间、精力和费用。如果离职员工工作年限小于人才成长期，酒店基本上只是成本投入，而得不到回报。在原来的员工流失后，为了维持正常的经营活动，需要重新寻找合适的人员来顶替暂时空缺的职位，这使酒店必须支付更多的更新成本。据研究发现，一个员工离职以后，从找新人到顺利上手，光是替换成本就高达离职员工薪水的1.5倍，而如果离开的是核心管理人员则代价更高。

（二）人才流失造成酒店后备力量不足的成本

如果酒店离职员工均是到酒店工作满两年以内的大专以上的基层员工，这说明随着酒店的发展，不稳定的基层员工因不具备一定年限的工作经验，使酒店今后在选拔中层管理人员时面临后继无人的困境，进而使酒店如果从中层中选拔高级人才，会出现无法从内部填充中层岗位空缺，出现人才断层的现象，影响到酒店人才梯队建设。如果离职员工大部分是酒店中层人员，同样酒店也面临着后备力量不足的困境。

（三）人才流失造成酒店相关资源等流失的成本

如果这些离职员工带走的资料和信息流入竞争对手手里，后果将不堪设想，可能直接威胁到公司的生存，很可能会使酒店一蹶不振。

（四）人才流失造成酒店名声被破坏的成本

如果一个酒店的员工流动频繁，一方面，离开酒店的员工自然会对酒店存在的问题有些自我的评价，并且大多数是对酒店负面的评价；另一方面，酒店内外人员会对酒店

的这种现象有些猜忌和传言。这些评价、猜忌和传言会逐渐破坏酒店名声。人们在选择加入酒店时，总会打听到关于酒店的一些情况，这使酒店面临着很难再次招聘到合适人才的尴尬局面。

二、酒店人才流失的特点

酒店的人才流失特点可从以下几个方面来分析。

（一）酒店的人才流失学历分析

从学历区分，高学历员工流失率最高。一方面是因为酒店把新招聘的员工都安排在基层的岗位，大学生从"象牙塔的天之骄子"突然转型到普通服务人员，很多人无法承受心理的巨大落差，不甘心从基层做起；另一方面大学生员工的期望值较高，受社会观念的影响，认为从事酒店业是"伺候人"的工作，所以选择服务业往往不是他们的最终愿望，一旦时机成熟，他们往往会转入其他行业，因而流失率最高。中专以下学历员工流失率低于本科以上员工，主要原因是其在外部就业市场选择就业的机会较少。

（二）酒店的人才流失工种分析

从人员类别区分，酒店的实习生、临时工流失严重，他们的特点是学历低、年纪轻、思想不成熟、自我约束能力差、工作承受能力较弱、易受外界的影响；另外，实习生和临时工工资相对较低，这部分人群多为刚走出校门的学生，其工作目的是通过实习完成学业和挣钱养家，因此比较注重目前的薪酬及工作量，尤其是实习生，大多都是旅游学校毕业的中专生，在酒店的第一年都为实习期，工资只有七八百元，靠此微薄的工资，还要熬上一年，期间的工作量和工作强度也不比正式员工少多少，且目前的年轻一代基本上都是独生女，吃不了这个苦，一旦有机会他们就会中断现在的工作，很多实习生熬不到转正就离开了酒店。

（三）酒店的人才流失年龄分析

从年龄分析，酒店除了20岁左右的实习生流失严重外，25～30岁员工流失率也较高，主要是因为酒店行业特点，酒店服务员在没有晋升到中层管理层的情况下，会因为年龄的不断增长不得不放弃"吃青春饭"的行业；而且这个年龄阶段的女员工因为结婚生子，不适应酒店的作息时间而选择了离开。

（四）酒店的人才流失岗位分析

从岗位区分，酒店的服务员流失最为严重，由于传统社会观念和价值观的驱使，酒店职业常被理解成一种青春职业，人们普遍认为在酒店里的服务员到了一定年龄就自然被淘汰。与其这样不如早做打算，再加上对酒店一成不变的服务工作产生厌倦感，对服务对象的高消费产生一定心理失衡情绪，最后导致了部分优秀的年轻服务员在刚刚积攒了一些经验后选择离开。

另外，酒店拥有一定管理经验的中高层管理人员和熟悉酒店设备的工程技术人员的流动率也是比较高的，因为他们往往会被那些新开张的酒店作为紧缺的人才以更优厚的待遇挖走。

三、酒店人才流失的原因

（一）社会因素

在我国传统观念的影响下，社会对酒店职业的理解存在偏见，相对于其他行业员工来说，酒店员工取得的成绩难以得到社会的认可，使酒店员工对自己的社会价值和所取得的成绩产生怀疑。而在城市居民普遍为独生子女的背景下，这种职业偏见的影响日益加大，众多年轻人不看好酒店行业，大学生更是如此，就算是进入酒店行业，许多人也是"身在曹营，心在汉"，一旦时机成熟，这些人就毫不犹豫地辞职，进入其他公司或企业。由此看来，转行是迟早的事情。

（二）行业因素

1. 行业内竞争激烈

我国加入WTO（世界贸易组织）后，世界知名品牌的酒店集团陆续进入我国酒店业市场，中外酒店的人才竞争日趋激烈，在一定程度上造成了酒店企业员工的高速流动。另外，越来越多的酒店企业意识到人才对其生存和发展的重要性，企业之间的竞争重心从资本、技术竞争转移到人才竞争上来，于是竞争对手之间的"互挖墙脚"，也导致了一定程度的人才流失。

2. 酒店员工的工资水平普遍较低

酒店服务人员在社会劳动力中的薪酬属于较低水平，而在我国酒店业中，不同规模、档次与经济类型的酒店之间及酒店与其他行业之间的报酬差距是客观存在的。一些外资高档酒店员工的收入水平普遍要大大超过其他类型的酒店；高新技术行业的工资水平又大大高于酒店业。许多员工把酒店支付给自己的报酬的高低作为衡量自己价值的标尺。由此，导致一些员工在寻找到了能够提供更高报酬的企业后，就有可能选择跳槽。

3. 劳动强度大，工作机械化

酒店的职业特点决定了其工作的强度高，工作时间长，工作没有常规性，非常辛苦，一线员工要实行三班制。即使是管理人员也没有正常的休息时间，一切都必须以顾客为中心。尤其是餐饮部门（又以中餐最突出），上白班的员工往往从早上8点一直在酒店待到晚上10点多，酒店又不能提供适当的休息场所，为降低成本，大多数酒店为员工提供的是多人共住的集体宿舍，这样休息的员工又会受到一些倒夜班的员工的影响。另外，酒店是服务性行业，员工每天都在重复做着同样的工作，日复一日，年复一年，员工容易对长期的繁重服务工作产生厌倦。而目前社会上的就业面更为广泛，对于具有众多技能的酒店人才完全可以在其他领域发挥自己的才能，越来越少的人愿意留在酒店行业。

4. 社会保障体系不健全

我国酒店业普遍存在社会保障体系不健全的严重现象。特别是许多规模较小的酒店根本没有为员工提供必备的劳动保障。以某酒店为例，虽然能够提供基本的社会保障，但由于其经营具有季节性，为了节约成本只在旺季对员工的数量要求较大，形成酒店员工构成比例中，正式员工比例小，临时工和学校实习生比例大，如果酒店的效益不好，就会大批裁员，临时工的社保、医保等得不到保障。

5. 从业人员年龄轻、女性居多，提高了整体流动率

酒店人力资源主体一般集中在23～35岁之间，正是思维活跃、有较强进取心，不安于现状的高发期，而酒店行业没有更多技术含量，缺少相关制度约束及社会流动障碍；另外，酒店从业人员中女性员工明显多于男性员工，由于工作与家庭观念的冲突以及受生理因素的影响，使得女性员工流动率增高。

（三）公司内部因素

1. 激励机制不够完善

酒店实行固定工资制，做多做少，做得好与做得不好都是统一报酬，付出与收入的比例不恰当，员工积极性不高；另外，有部分管理者存在"用人唯亲"的观念，这种观念导致效率低下和冗员，而低下的效率和冗员又会使有才能的人对企业产生失望，从而选择离开；有些酒店对员工的物质激励心有余力不足，而对于员工精神方面的激励也不够重视，表彰奖励、劳动竞赛等也基本流于形式的状态。

2. 酒店员工自我提升的空间狭窄

酒店缺乏公平的竞争机制，比如经常通过外部招聘来弥补职位的空缺而不是内部提拔，极大挫伤了员工的积极性。对于大多数员工而言，往往是在一个岗位上不出太大的意外，是不会有换岗机会的，毕竟管理层的位置很少，对于大多数员工来说，工作只是意味着一份收入，至于说到对个人的发展就无从谈起，人才感到留在酒店晋升空间狭窄，当外界条件适合时便会选择离开。

3. 酒店内部信息沟通不畅

酒店在内部管理中，透明度不够，管理层与员工的沟通不够，造成员工目标不明确，员工普遍的感受是：尽管我们已尽很努力去工作，但是管理者依旧说"酒店经营状况不好、效益不佳"，变成员工失去了努力的反向。失去目标也就失去了工作的动力、热情、主动性，员工感到很茫然，也就会离开酒店。而员工也很难把自己的想法、意愿以及抱怨通过正常的沟通渠道传达上去。即使通过其他方式（如越级传达）传达上去，也往往会受到批评和指责。

4. 缺乏有效地培训

酒店对员工的培训只流于形式，认为培训人要花钱，增加成本，而且花代价培训员工后，员工极有可能跳槽或被挖走。因此，面对员工的流动性和不确定性，酒店对员工的培训往往只重视短期效果以及培训形式与数量,希望产生立竿见影的使用效果,而忽略了长远的效果及培训内容与质量。有些酒店所谓的培训就是在酒店找一个老员工对其进行培训,或者干脆让新员工上岗,然后让他们看老员工怎么操作。当然这也是培训中的一种,但是不够系统,不够专业。

(四)个人因素

1.寻求更好的发展机会

有的员工认为酒店发展空间狭窄,他们为了能得到更多的发展机会,宁可暂时放弃较高的报酬,而跳槽到那些能给他更广阔的发展空间的酒店或其他行业去工作。

2.寻求更好的工作环境

酒店的员工,尤其是一线员工,工作量大,工作辛苦,有时还要遭受少数客人的有意刁难甚至人格侮辱;有些管理者管理方法欠妥,导致有些员工感觉没有得到应有的关心和尊重,酒店存在着内部人员关系过于复杂,人际关系过于紧张的问题。

3.寻求更高的劳动报酬

酒店员工的工资水平普遍低于高新技术行业员工的工资水平,酒店的员工为了得到更高的报酬,只能选择跳槽。另外,外资酒店企业的工资普遍高于国企性质的酒店,具有良好英语水平的员工一旦有机会就会跳到外资企业。

4.个人价值观的影响

一部分本、专科高学历的员工认为读了三四年的大学,掌握了一定的理论知识,在酒店理所应当是做酒店管理工作的,殊不知,在酒店如果想个人得到提升,必须从底层做起,只有熟练并掌握了基层工作的程序及技巧才可能担任管理层,这种理想和现实的强烈反差,使得员工失去继续工作的信心,最后导致人才流失到其他行业。

四、酒店人才流失的对策

(一)更新人才管理理念

1.树立以人为本的管理思想

酒店的高层领导应转变观念,树立"以人为本"的现代人力资源管理理念,充分调动人才的主动性、积极性和创造性。把人作为生产力的第一要素,在以人为本的理念指导下,实行科学有效的人力资源管理,塑造以人为本的酒店文化。同时,把酒店员工和顾客的地位放到同一层次,在"顾客是上帝的"的同时,用"人才是主人"的态度来重视人才在酒店的地位;把酒店高层管理人员和人才间简单的上、下级关系变为平等的合作关系。只有把"以人为本"的管理理念贯穿到酒店人力资源管理中,酒店人才的工作积极性和主动性才能充分体现在服务过程中,才能留住酒店人才。具体做法如图3-3所示。

做法一 树立"员工第一"的思想

"没有满意的员工就没有满意的顾客!"员工是酒店经济收入的直接创造者,酒店应深入贯彻"宾客至上,员工第一"的思想,推行"以人为本"的管理模式,营造和谐工作氛围,充分尊重每一位员工,使员工满意。这样既能增强员工的自信心,激发员工的工作热情,又能提高员工对酒店的满意度和忠诚度,从而大大降低员工的流动率

做法二 建立"辞职挽留制度"

如××国际会议中心制定"人员流动表",规定一般员工辞职,由其部门经理找其谈话;核心员工辞职,由总经理找其谈话。谈话内容主要涉及员工辞职理由、未来职业发展趋向,对酒店的意见和建议。通过领导的真诚挽留,很多员工可能会收回辞职报告

做法三 从生活上关心员工

管理人员关爱员工,为员工提供真诚、优质服务,员工就会更加热爱酒店,加倍努力工作。这方面酒店主要应该做到三点:一是办好员工饭堂,保证员工有可口、卫生、优质的饭菜;二是改善员工宿舍居住条件;三是每逢传统节日,均发放物资

做法四 帮助员工减压

随着社会节奏的加快,企业内外竞争的加剧,员工在企业和社会中受到的压力也逐步增强,酒店业更是如此。酒店应该努力帮助员工减压,为员工设立图书阅览室、乒乓球室等,开辟一个职工休闲场地,为员工提供一个周末释放自我的场所

做法五 开展各种各样的文体活动,丰富员工的业余文化活动

这些活动可以包括:举办新年联欢会,开辟"职工园地"墙报,组织乒乓球等体育比赛、卡拉ok比赛、演讲比赛、有奖问答、外出旅游等

图3-3 树立以人为本的管理思想的做法

2.注重员工自我价值的实现

将员工在酒店中所处的角色从"执行者"转换为"参与者"这种角色的转变就是从某一方面淡化员工在酒店组织中的等级差异。酒店应及时公布有关经营目标、发展方向和组织计划的信息,让内部各层面员工充分分享信息;给予员工广泛参与酒店决策的机

会，增强员工的主人意识和责任感。

酒店管理者必须从如图3-4所示的几个方面，注重员工自我价值的实现。

方法一 注重个人需求

了解员工个人需求，并尽可能地加以满足，这是现代管理的重要标志之一。每个员工的需求各有侧重，管理人员应从各个不同的侧面了解并尽力满足

方法二 充分授权，让员工参与管理

这意味着赋予员工更多的灵活性。这样做，既体现了对员工的尊重和信任，同时也提高了员工的能力，从而增强其自信心，对管理层的信任感也随之增强

方法三 为人才的独立创新精神提供条件

优秀人才是酒店各个领域的优秀员工，这一群体都具有不甘落后、自尊心强和不断进取的心理特征。满足自我实现的需求还要创造条件，激发他们的创造思维，把他们的全部才能激发出来

图3-4 注重员工自我价值的实现方法

（二）健全酒店管理机制

1. 推行转岗、轮岗制度

酒店应通过实行岗位交叉培训，在酒店内部推行转岗、轮岗，可极大地提高员工的部门协调能力与沟通能力，有利于相互配合与相互理解，提高工作效率，也避免了员工对单调的岗位生活的厌倦，提高了员工的工作积极性，稳定员工队伍。

2. 营造良好的内部沟通环境，建立员工满意监控机制

如果酒店信息沟通不畅，缺乏必要的反馈，将会引起很多误解与矛盾，降低员工满意度，因此，建立员工满意监控机制是非常重要的，使员工的意见和建议及时得到反馈，形成酒店的民主化管理气氛，从客观上满足一部分员工参与管理的愿望，也使管理者掌握更多的员工动态。具体做法为：首先，酒店应建立员工申诉机制，使员工在受到不公平待遇时可以通过正常渠道反映；其次，建立员工定期交流制度。管理者以各种形式及时掌握员工的思想动态，及时解决管理中存在的问题，提高员工的工作满意度。

3. 建立有效地激励机制

首先，在实际的激励机制操作中，酒店应该因时、因人而异，采取适当的激励措施，将大大有利于酒店管理层人员的稳定以及工作效率的提高。其次，酒店应在分配上尽量

做到合理，所有员工在获得或争取奖酬资源方面，机会一定要均等。另外，物质激励要和精神激励并重。只有这样才可以融洽酒店员工之间的人际关系，营造一种酒店关心员工，员工热爱酒店双赢的环境氛围。具体做法如表3-8所示。

表 3-8 有效激励的方法

物质激励	精神激励
（1）建立科学的绩效考核制度，将员工的个人利益与企业的经济效益联系起来、将员工的工资同个人工作绩效挂钩，薪酬机制按工作绩效来拉开档次，酒店可实施"固定工资＋绩效工资＋效益工资＋奖金"的结构模式，这样有助于酒店留住优秀员工，淘汰不合格员工 （2）酒店可以让优秀的企业人才参与到利润的分享中来，使其真正与企业风险共担，利益共享，更能发挥员工的积极性	（1）要让员工有归属感，找到他们精神上的家园，从而真正树立主人翁的意识，增强对酒店的忠诚度，这就要求创造一种互相尊重、协调一致、和谐融洽的气氛 （2）及时给予适度的赞美和肯定。管理者对于员工工作中的成绩和创新要及时予以表扬及肯定，而不能一味认为做得好是应该的，做错了就要接受惩罚，这样会极大挫伤员工的积极性。因为赞美和肯定是对员工辛劳工作的最好回报，可以激发员工的热情，挖掘员工的潜力

4.建立人才数据库

根据酒店的发展战略，酒店人力资源部应建立酒店的人才需求系统，定期调查本行业的人才供求状况；通过职位分析，以确定酒店未来需求人才数量，对现有的员工进行"盘点"，建立酒店员工数据库，其具体内容包括：经历、学历、家庭背景、培训情况、技能证书、职业兴趣、特长、曾取得的荣誉与惩罚情况、主管的评价等。它是对员工竞争力的反映，可以判断哪些员工有潜质，可以成为酒店的培养对象，或调到其他合适的位置上；这样，可以保证酒店空缺的位置有相应数量的员工来填补，重要的是有合适的人才来填补。同时，依据酒店职业人的标准确立什么样的员工是酒店的人才，他们应该是具备"特殊"素质的员工，他们有"特殊"的思维方式、工作态度和心理素质，对酒店文化认同，一切为客人着想，有潜能，经过磨炼后，能迅速成长、独当一面的可塑之才。然后，分析员工的素质与数量是否与酒店的业务相匹配、人才供给的内部开发及外部招聘比例等。

（三）制定吸引人才策略

1.制定具有吸引力的薪酬制度

薪酬是一种吸引、保持并极力使员工尽力工作以达到企业目的的手段。酒店能否制定出具有竞争力的薪酬制度，对于吸引、维系和激励优秀人才为酒店服务，调动员工的积极性、主动性，提高员工的工作满意度和对企业的归属感，以及促使员工完成企业的目标都是至关重要的。

所以，建立一个完整的、具有吸引力的薪酬结构是稳定员工队伍的必要条件。酒店一个完整的薪酬结构应该同时具有三方面的作用，如图3-5所示。

保障作用

这主要是通过基本工资来体现的，员工所获薪酬数额至少能够保障员工及其家庭生活和发展的需要，否则会影响员工的基本生活。这种保障作用有助于员工获得工作的安全感，发挥工作积极性

激励作用

一个合理而又具有竞争力的薪酬结构能够吸引人才，激发他们的潜能，提高工作效率，增强员工对企业的忠诚心、责任心、义务感和归属感

调节作用

调节功能是指工资的差异可以起到员工配置的调节作用，使各部门、岗位之间实现员工合理流动，促使人力资源得到优化配置。一方面酒店可以通过调整内部工资水平来引导员工的内部流动。酒店要尽力改变现在薪酬偏低的状况，通过向员工提供较为丰厚的薪酬，也能够提高员工的跳槽成本，有效抑制员工流出本酒店。另一方面，高薪也能够吸引外部优秀人才的加盟，引导员工流向最需要的部门、企业，提高人力资源的利用率

图3-5　完整的薪酬结构的三方面作用

酒店在进行薪酬福利管理时，要遵循接受性原则、公平性原则、激励性原则和个性化原则。合理调整薪酬机构，要考虑员工工龄、岗位特殊性。增设等级，明确反映不同岗位和不同级别的区别；进一步完善绩效奖励制度，切实综合员工工作态度、工作表现和工作成绩及个人能力等多方面因素，进行科学量化，并与酒店效益挂钩。针对酒店的实际情况及岗位的要求进行合理设计，公平性的同时又能体现竞争性，这样才能激发员工的积极性，让员工通过薪酬得到一种价值的体现。

2.为员工提供丰富的培训机会

有效的培训可以提高员工的职业适应性和工作效率，增强员工对企业的忠诚度，降低流失率和流动倾向。培训带来的是酒店和个人的共同发展。

一方面，通过培训，可以改变员工的工作态度，增长知识，增强技能，提高酒店运作效率，使酒店直接受益；另一方面，丰富的培训内容、众多的培训机会，可以让员工体会到酒店对他们的关心和重视，认识到培训是酒店为他们提供的最好礼物，真切地感受到个人的发展与酒店的发展是息息相关的，离开了酒店，个人的发展将失去依托并受影响。因此，培训不仅是酒店和员工发展的重要途径，也是酒店对人才的吸引力和凝聚

力之所在,从酒店未来发展的角度看,培训跟上了,人才就具有了连续性,凝聚力也会大大加强,从而能有效地防范人才流失。

酒店应根据发展目标,结合员工个人对自身发展的期望,进行合理的培训。培训应适应企业经营环境的变化,按员工的文化程度、个性特点有针对性地选择培训方式并有计划地进行;注重培养员工的综合能力,保证培训的效果,不要只注重培训的形式和数量,忽视培训的内容和质量。

3. 为员工制订职业发展规划,提高其内部发展空间

职业生涯是指一个人一生连续担负的工作职业的发展道路。职业生涯管理是将员工个人发展和企业发展相结合,对决定员工个人职业生涯的主观因素进行测定、分析和总结,并通过设计、规划、执行、评估和反馈的过程,使每个员工的职业生涯目标与企业发展的战略目标相一致,使员工的发展与企业的发展相吻合,通过对员工职业生涯的管理,酒店能达到自身人力资源需求与员工职业生涯需求之间的平衡,创造一个高效率的工作环境和引人、育人、留人的企业氛围。

开展职业生涯管理,可以使员工看到自己在企业中的发展道路,而不至于为自己目前所处的地位和未来的发展感到迷茫,从而有助于降低员工的流失率。

酒店为员工进行职业生涯计划时,应当根据不同员工的特点来采取相应有效的职业生涯规划方法,一般可以针对新员工、中期员工和老员工三类人员进行操作。

(1)对新员工的职业规划方法。

酒店应该为新员工提供一个富有挑战性的最初工作。大多数专家都认为,企业能够做的最重要的事情之一就是争取做到为新员工提供的第一份工作是富有挑战性的。比如对待流失率最高的新入酒店的大学生,为他们提供发展机会,促进其健康成长,酒店可以采用以下制度(表3-9)。

表3-9 新员工的职业规划机制

序号	制度	说明
1	岗位自选制度	即给予新进酒店的大学生选择自己感兴趣的部门及工作岗位的权利,以便使他们乐于工作,并能干有所长
2	职业指导制	即帮助大学生员工正确择业,设置合理而可行的目标和达标途径,如提供可能的职业发展道路的准确信息、职业生涯咨询、潜力评估等。酒店通过为大学生员工指明其在酒店的发展前景和努力方向,从而增强大学生对酒店的归属感
3	项目实验制	即酒店可以某个主题,采取招标方式,由大学生员工自由组合,组成项目小组,参与该活动的设计和组织。酒店应给予充分授权和信任,并允许失败。以此建立起的参与机制,既可以满足大学生员工急于把知识转化成生产力的愿望,使他们在实践中检验自己的实际水平,磨炼他们的意志,培养他们的能力;又可以使得他们体会到酒店的重视和赏识,从而激发其工作积极性和对企业的忠诚

续表

序号	制度	说明
4	职务见习制	即酒店给予在基层工作一段时间的大学生一个见习管理职务（如见习领班或见习主管）的制度，这不仅可以锻炼大学生员工的管理能力，也可以激发他们的工作热情，使他们看到酒店寄予的希望而安心工作。同时，通过对大学生员工见习期的全面观察，可以对他们的综合素质和管理能力进行评估，为日后晋升提供依据。当然，对于见习期表现优秀的大学生员工，企业应尽早将他们提升到管理岗位。酒店只有为大学生员工提供一个良好的工作和发展的环境，才能提高大学生员工对酒店的忠诚度

（2）对中期员工的职业规划方法。

对中期员工的职业规划方法即提拔晋升。酒店对他们依然要充分信任，大胆地将富有挑战性的工作或探索性的工作安排给他们，实行工作轮换制即是内部跳槽制度，一方面可以使员工在一次次新的尝试中了解自己的职业兴趣，更准确地评价自己的优势和不足；另一方面可以使得员工经受多方面的锻炼，拓宽视野，培养多方面的技能，满足各方面和各个层次的需求，从而为将来承担更重要的工作打下基础。

（3）对老员工的职业规划方法。

到职业生涯后期阶段，员工的退休问题必然提到议事日程。为减少和避免退休对员工和企业的伤害与影响，对员工退休事宜加以细致周到的计划和管理尤为必要，包括：做好细微的思想工作；做好退休的计划安排；做好退休之际的职业规划衔接等。

【实战范本3-14】▶▶▶

员工离职成本核算表

姓名：　　　　　　岗位：　　　　　　离职总成本：

项目	成本明细	数量	单位	说明
培训开发成本	培训人员月工资		元/小时	月工资范围含薪资福利等全部支出
	培训花费工时		小时	在培训该员工时所花费的时间
	其他培训费用		元	由培训组统计的其他费用，如材料、交通、活动等培训相关费用
	每月培训成本小计		元	培训人员的时间成本+培训其他费用
管理成本	直属主管分管的人员数		人	下属总数
	直属主管分管人员时间		小时	直属主管基本用于人员管理的时间占总体时间的1/3
	直属主管的月工资		元/小时	月工资范围含薪资福利等全部支出

续表

项目	成本明细	数量	单位	说明
管理成本	人力资源离职、入职手续办理人员薪资		元/小时	人力资源离职、入职手续办理人员薪资福利全部支出
	平均每个手续办理时间		小时	具体流程办理所用时间
	每月管理成本小计		元	直属主管的管理成本+人力资源相关手续的办理成本
再招聘成本	面试一名人员所需成本		元/人	引用"面试时间成本"所得数据
	招聘一名员工需面试多少人		人	一般面试6个人才会确定1个
	招聘甄选、录用的准备成本		元/人	主要包括确定招聘策略、招聘渠道、修订岗位描述、准备招聘广告、选择、测试等
	每月其他成本小计		元	面试一名人员的时间投入成本+其他材料及渠道成本
再招聘人员试用	再招聘人员底薪（试用工资）		元/月	填补空缺岗位的再招人员薪资底薪
	再招聘人员社保及福利		元/月	薪资以外的其他人力资源成本支付
	再招聘人员各项运营费用成本		元/月	除培训和薪资福利外的其他费用支出
	再招聘人员适应岗位周期		月	新招聘员工录用至正式上岗所需周期
	每月运营成本小计		元	再招人员的各项费用支出×正式上岗所需的周期（如销售经理必须经过1个月培训才能上岗）
差异成本	离职人员原薪资福利合计		元/月	原薪资福利与再招聘员工薪资福利之差，可正可负
	再招人员薪资福利合计		元/月	
	再招聘人员绩效优于原离职员工		元/月	上岗后六个月以内的绩效
	岗位空缺后节省的薪资及福利		元/月	没有招聘或无须再招聘（原岗位由于离职而省略）
	差异成本小计		元	离职人员与再招人员的各项费用之差+再招人员的由于原岗位业绩之差+岗位省略费用
离职人员访谈人力资源成本	离职人员访谈时间		小时	离职时对其挽留、协商等商谈时间（平均____小时/人）
	部门访谈人员薪资		元/小时	部门访谈人员的人力支付成本
	人力资源访谈人员薪资		元/小时	人力资源访谈人员薪资支付成本
	每月其他成本小计		元	针对人员离职主管及人力资源所做的挽留或产生纠纷所做的沟通处理等工作费时成本

续表

项目	成本明细	数量	单位	说明
相关补偿	离职补偿金		元	员工每工作一年支付一个月工资（辞退、协商解除）
	代通金		元	提前一个月通知，一个月工资
	其他实际支付费用		元	其他在离职时实际支付的费用
	因离职产生的纠纷仲裁等费用		元	如仲裁材料准备费用或相关手续支付费用，按实际支付计算
	每月其他成本小计		元	各项实际支付费用的总计
岗位空缺损失	该岗位空缺周期		月	该岗位从离职到新员工到位的中间阶段
	该岗位空缺造成的损失		元/月	平均劳动生产率×该岗位投入成本－投入成本
	要额外加班的成本		元/月	因岗位空缺，需要其他人员完成的工作，额外支付的劳动时间成本
	主管级人员协调完成空缺岗位工作的成本		元	因岗位空缺，主管需要协调其他人员负责该岗位工作所造成的管理时间成本
	损失生产率费用小计		元	空缺损失×空缺周期＋加班成本＋主管协调成本
离职前后生产率降低	离职前后生产率降低周期		元	因员工有意离职和新人到岗适应阶段生产率降低成本（一般为一个月）
	生产率降低程度		%	员工生产率降低后可达到的产出水平，一般为70%
	损失生产率降低成本小计		元	（劳动投入－降低程度×劳动投入×劳动生产率）×周期
造成市场的损失	销售方面的损失		元	潜在市场销售额的下降，离职人员至竞争对手方造成的损失
	知识产权的流逝成本		元	重要的资料文件、知识和技能等的流失
	维护和恢复供应商和客户成本		元	有关客户、供应商因员工离职而中断产生的损失或维持和恢复关系成本
	公司历史、文化的流失成本		元	公司在员工心中建立和形成的历史及企业文化因员工流失而受到影响
	损失成本小计		元	各项损失费用的合计

注：1. 本表可根据公司情况测算出一名员工的用工成本。
2. 劳动生产率＝产出/劳动力投入。

【实战范本3-15】

员工异动分析表

1月人数	12月人数	增加人数		减少人数				实增（减）人数	流失率	离职率	劝退率
		外部增加	内部增加	离职	劝退	退休	其他				

说明：
1. 流失率，员工减少总数除以1月人数到12月人数（全年度）的平均数。
2. 离职率，离职员工总数除以1月人数到12月人数（全年度）的平均数。
3. 劝退率，劝退员工总数除以1月人数到12月人数（全年度）的平均数。

填报人：　　　　　　单位负责人：　　　　　　填报时间：

第四章
客房设备用品管控降成本

> **引言**
>
> 客房成本也是酒店经营成本的一部分。客房部的设备用品不但种类多,数量大,使用频率高,而且设备的资金占用量也居酒店前列。客房设备用品管理得好与坏,直接影响着酒店的成本控制。酒店客房的设备用品必须遵循经济、实用这一宗旨,以实现酒店效益的最大化。

第一节 客房设备用品管理概述

一、客房设备用品的管理范围

通常对于客房用品的管理范围,酒店仅限于单纯的仓库管理。但激烈的市场竞争,导致了服务产品之间的削价竞争,从而使酒店利润急剧下降。因此,控制经营成本,开源节流,越来越多地受到管理者的重视。客房用品管理在组织上的业务范围也更为扩大和系统化。一般来说,客房设备用品的管理大致包括:客房设备用品的选择与采购、使用与保养、储存与保管。

对于客房部门来说,主要是做好用品的计划、使用控制和储存保管工作。

二、客房设备用品的管理要求

为了便于管理,客房的基本设备用品可分为两大类:一类是设备部分,属于酒店的固定资产,如机器设备、家具设备等;另一类是用品部分,属于酒店的低值易耗物料用品,如玻璃器皿、各种棉织品、清洁用品、一次性消耗品等。这些设备用品的质量和配备的合理程度,装饰布置和管理得好坏,是客房商品质量的重要体现,是制定房价的重要依据。客房设备用品的管理应达到"4R"的管理要求,如图4-1所示。

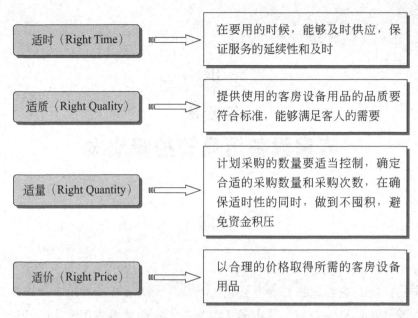

图4-1　4R的管理要求

三、客房设备用品的管理方法

酒店客房设备用品种类繁多，价值相差悬殊，必须采用科学的管理方法，做好管理工作。

（一）核定需要量

酒店设备用品的需要量是由业务部门根据经营状况和自身的特点提出计划，由酒店设备用品主管部门进行综合平衡后确定的。客房设备用品管理，首先必须科学合理地核定其需要量。

（二）设备的分类、编号及登记

为了避免各类设备之间互相混淆，便于统一管理，客房部要对每一件设备进行分类、编号和登记。客房部管理人员对采购供应部门所采购的设备必须严格审查。经过分类、编号后，需要建立设备台账和卡片，记下品种、规格、型号、数量、价值、位置，由哪个部门、班组负责等。

（三）分级归口管理

分级就是根据酒店内部管理体制，实行设备主管部门、使用部门、班组三级管理，每一级都有专人负责设备管理，都要建立设备账卡。归口是将某类设备归其使用部门管理，如客房的电器设备归楼层班组管理。几个部门、多个班组共同使用的某类设备，归到一个部门或班组，以它为主负责面上的管理，而由使用的各个部门、各个班组负责点上的使用保管、维护保养。

分级归口管理，有利于调动员工管理设备的积极性，有利于建立和完善责任制，切实把各类设备管理好。

（四）建立和完善岗位责任制

设备用品的分级管理，必须有严格明确的岗位责任做保证。岗位责任制的核心是责、权、利三者的结合。既要明确各部门、班组、个人使用设备用品的权利，更要明确他们用好、管理好各种设备用品的责任。责任定得越明确，对设备用品的使用和管理越有利，也就越能更好地发挥设备用品的作用。

（五）客房用品的消耗定额管理

客房用品价值虽然较低，但品种多，用量大，不易控制，容易造成浪费，影响客房的经济效益。实行客房用品的消耗定额管理，是指以一定时期内，为保证客房经营活动正常进行必须消耗的客房用品的数量标准为基础，将客房用品消耗数量定额落实到每个楼层，进行计划管理，用好客房用品，达到增收节支的目的。

第二节　客房设备的配备与管理

一、客房设备配备要求

（一）家具

家具是人们日常生活中必不可少的主要生活用具。客房家具从功能上划分，有实用性家具和陈设性家具两大类，经济型酒店则以实用性家具为主。客房使用的家具主要有：卧床、多功能柜、软座椅、衣柜（有的只是设置衣帽钩代替衣柜）等。客房木质家具要严防受潮暴晒，平时应经常用干布揩擦，定期喷蜡。

（二）电器设备

客房内的主要电器设备见表4-1。

表4-1　客房内的主要电器设备

序号	类别	具体说明
1	照明灯具	客房内的照明灯具主要有门灯、顶灯、台灯、吊灯、床头灯等，它们既是照明设备，又是房间的装饰品。平时要加强照明灯具的维护和保养，要定期检修，确保其正常使用和安全
2	电视机	电视机是酒店客房的高级设备之一，可以丰富客人的生活
3	空调	空调是使房间一年四季都保持适当温度和调换新鲜空气的设备。各客房的墙面上都有空调旋钮或开关，风量分"强、中、弱、停"四挡。平时要保持风口的清洁，并定期检修
4	音响	供客人收听有关节目或欣赏音乐的设备

续表

序号	类别	具体说明
5	电冰箱	为了保证客人饮料供应，在客房内放置小冰箱，在冰箱内放置酒品饮料，方便客人随意饮用
6	电话	房间内一般设两架电话机，一架放在床头柜上，另一架装在卫生间，方便客人接听电话

（三）卫生设备

酒店卫生间的设备主要有洗脸台（冷、热水两个龙头）、坐便器、冲淋设施（不设浴缸）等。洗脸台上一般装有面镜，还有手纸架、毛巾架及通风设备等。

洗脸台、坐便器要清洁消毒，保持干净。水龙头、淋浴喷头和水箱扳手等金属设备每天要用布擦净、擦亮。要定期检修上、下水道和水箱，以免发生下水道堵塞和水箱漏水的事故。

（四）安全装置

为了确保客人的生命、财产安全，预防火灾和坏人肇事，客房内一般都装有烟雾感应器，门上装有窥视孔和安全链，门后张贴安全指示图，标明客人现在的位置及安全通道的方向。

楼道装闭路电视，可以监视楼层过道的情况。

客房及楼道还装备自动灭火器，一旦发生火灾，安全阀即自动熔化，水从灭火器内自动喷出。

安全门上装有昼夜明亮的红灯照明指示灯。

二、客房设备的选择

选择客房设备，是为了选购技术上先进，经济上合理，适合酒店档次的最优设备，有利于提高工作效率和服务质量，满足客人需求。每个酒店要根据自身的特点，确定客房设备的选择标准，这是进行客房设备管理的基础。

（一）影响客房设备选择的因素

影响客房设备选择的因素如图4-2所示。

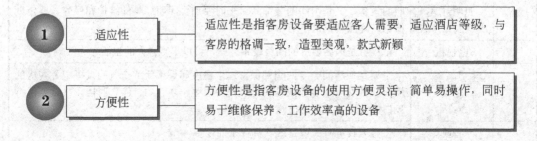

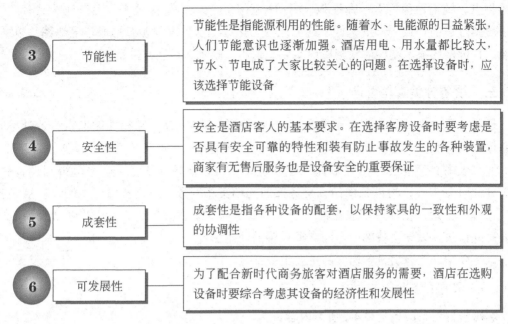

图4-2　影响客房设备选择的因素

以上是选择客房设备要考虑的主要因素，对于这些因素酒店管理者要统筹兼顾，全面权衡利弊。

（二）客房主要设备的选择

1.家具的选择

家具必须实用、美观；构架结实、耐用和易于保养；尺寸要合适。

床是酒店为客人提供休息和睡眠的主要设备，大多数的床包括弹簧、床垫和架三个部分。弹簧使床具有弹性并提供支撑；床垫覆盖弹簧并加以衬料；弹簧和床垫都安放在床架上。

2.卫生间设备的选择

客房卫生间是客人盥洗空间，它的面积一般为4～7平方米，主要设备是浴缸、马桶和洗脸盆三大件。

浴缸有铸铁搪瓷、铁板搪瓷和人造大理石等多种。以表面耐冲击、易清洁和保温性良好为最佳。浴缸按尺寸分大、中、小三种。一般酒店多采用中型的浴缸，高档酒店采用大型浴缸。浴缸底部要有凹凸或光毛面相间的防滑措施。

马桶、洗脸盆有瓷质、铸铁搪瓷、铁板搪瓷和人造大理石等多种，使用最多的是瓷质的，它具有美观且容易清洁的优点。

卫生间的三大件设备应在色泽、风格、材质、造型等方面相协调。

3.地毯的选择

地毯主要有纯毛地毯、混纺地毯、化纤地毯和塑料地毯四种。不同种类的地毯有不同的特点。纯毛地毯好看、弹性强、耐用、便于清洁，但价格较高。混纺地毯具有纯毛地毯质感舒适的特点，价格又低于纯毛地毯。化纤地毯外表与触感均像羊毛地毯，阻燃、耐磨，且价格低廉。塑料地毯则质地柔软、耐用、耐水、可用水冲洗。

三、设备分类建档管理

设备作为一个经济概念，可分为固定资产和低值易耗品。它在性能上也有各种不同的用途，因此要按一定的分类法进行分类编号，使每件设备都有分类号，以便加强管理。

建立设备档案制度，由设备部门建立设备档案、设备卡片。当客房部得到设备后，也要建立设备卡片，与设备部门、财务部门的档案相一致，以便核对、控制。以后设备发生修理、变动、损坏等都应在档案卡片及财务账册上做好登记。对于设备的使用状况也要做好记录，以便设备部门全面掌握设备的使用情况。

以下介绍一下客房设备档案的主要组成部分。

（一）客房装修资料

客房装修资料应包括表4-2所示内容。

表4-2　客房装修资料的内容

序号	内容	具体说明
1	客房装饰情况表	该表要求将家具什物、地毯织物、建筑装饰和卫生间材料等分类记录下来，并注明其规格特征、生产厂家及装修日期等
2	楼层设计图	它可表明酒店共有多少类型的客房，其确切的分布情况和功能设计等
3	织物样品	墙纸、床罩、窗帘、地毯等各种装饰织物的样品都应作为存档资料。如果由于原来选用的材料短缺而采用过其他材料作为代用品，则也应保留一份这种替代品的样品存档
4	照片资料	每一种类型的客房都应保留，诸如，床和床头柜的布置、座椅安排格局，卫生间地面、墙面和电器等，套房的起居室和餐室、厨房等资料
5	客房号码	根据客房的类别和装饰特点，分别列出客房号码的清单

以上这些资料一旦做好后，酒店还应根据新的变化而予以补充和更新，否则将逐渐失去其意义。

（二）客房历史档案

所有客房，甚至公共区域，都应该设有历史档案，包括有哪些家具什物、其装修或启用日期、规格特征和历次维修保养记录等。

（三）工作计划表

在客房部领班办公室应设有一份工作计划表，列出那些需要安排特别工作的房号或区域，如大维修或更换物件、重新装修等；待所列的工作完成后则登录到相应的档案记录中，再换上新的内容。

四、客房设备日常管理

（1）酒店应加强对客房员工的技术培训，提高他们的操作技术水平，懂得客房部设备的用途、性能、使用方法及保养方法。

（2）要培养客房服务人员爱护设备的自觉性和责任心，鼓励员工不仅要高质量、高水平地做好服务接待工作，而且要高质量、高水平地把客房设备保养好、管理好。

（3）客房服务员要按规程对客房设备进行日常的检查与维护保养，发生故障要及时和有关部门联系进行修理。如遇客人损坏设备，要分清原因，适当索赔。

（4）客房的设备是以租借形式供客人使用的。为了使在用设备件件完好，客房服务人员在引领客人进房时，须按照服务规程介绍客房设备的性能和使用方法。

五、设备保养与维护

各酒店客房保养与维护计划虽然不尽相同，但基本上可分为定期与不定期两类。而其中定期又可分为每周、每月、每季及每年的周期计划。

（一）客房保养与维护计划的安排及相关的负责人员

设备的保养分为定期保养与不定期保养。不定期保养须视情况、季节而决定。原则上执行各项保养维护的工作，最好利用住房率较低的时候进行。

（1）工作前先由客房部经理或客房部主管共同拟订"客房保养计划表"，表上须列有保养项目、保养日期、负责保养工作者及预订保养完成日期。

（2）保养工作由客房领班依"客房保养计划表"联络有关人员进行，并负责监督确实如期完成保养项目。

（3）保养完毕后领班彻底检查，检查无误后在"客房保养计划表"上填上完成日期并签名后交领班及店长助理抽检。

（二）保养工作重点

保养工作的重点如表4-3所示。

表4-3 设备保养工作的重点

序号	设备	保养重点
1	各项家具及备品	布品类、家具类、大理石类、玻璃类、窗帘、地毯、窗台板、踢脚板、不锈钢类、镀铜类、纯铜类、浴室抽风盖板、衣柜门等
2	各项工具用品	吸尘器、吹风机、工具箱、工作车、备品车、预备床等
3	其他	盆树框、电视机、各类用具保养等

（三）日常保养工作的要求

表4-4所列是酒店客房设施的维护保养重点。

表 4-4 酒店客房设施维护的保养重点

序号	设备	保养重点
1	地毯	地毯是客房设施中比较容易被损坏的物品之一,因为客人往往会在使用卫生间时把水迹带到客房,从而造成对客房地毯的损坏。因此,应格外注意对地毯的日常维护与保养 (1) 坚持每天吸尘,保持地毯清洁 (2) 对地毯进行定期清洗,尤其是地毯上出现污渍时,应及时予以清除,否则时间一长就很难除去 (3) 每年清洗一次地毯,可以采取干洗和湿洗两种不同的方式,但无论是哪一种方式,都要注意不能造成对地毯的损坏;要选用正确的清洁剂
2	空调	一般来说,客房的空调可以分为中央空调和室内小型空调两种,客房应根据其不同的结构与功能进行分别保养 (1) 大型空调要注意在使用时不能让水溅到开关上,否则会导致漏电,造成触电事故。另外,如果空调在使用过程中发出了异常的声响,应立即关闭电源,通知工程部进行检查和维修 (2) 中央空调应由专人负责管理与操作,应定期对鼓风机和导管进行清扫,每隔3个月对进风过滤网进行一次清洗,定期对电机轴承传动部分加注润滑油
3	电器设备 — 电视机	(1) 将电视机放置在光线直射不到的地方,因为暴晒会加快电视机显像管的老化速度,乃至机壳开裂 (2) 避免将电视机放置在潮湿的地方,同时要注意防止酸、碱等气体的侵蚀,以免引起电视机的金属件生锈或是元件断裂,从而导致电视机接触不良 (3) 清扫客房时,要注意用干布擦去电视机外壳上的灰尘 (4) 电视机不用时,要用布将其罩住,以免灰尘落入,并定期用软毛刷清除机内的灰尘 (5) 在天气比较潮湿的雨季,应注意将电视机每天通电一段时间,以散发的热量来驱除潮气 (6) 要尽量避免经常搬动电视机,以减少意外事故的发生
3	电器设备 — 冰箱	(1) 将冰箱放置于干燥通风、温度适中的地方,最好使其背面、侧面距墙10厘米左右,以利于电冰箱散热,并保证空气自然对流 (2) 要注意经常对冰箱进行清洗,尤其是门下面的胶边,是非常容易脏的地方,更要注意清洁 (3) 在使用一段时间之后,要注意对冰箱进行内部清理,以此来避免积留污物,生成细菌
3	电器设备 — 室内其他电器设备	对于室内的其他电器设备,如各种照明的灯具,也要注意适当的保养,经常用干布擦拭,电源要防潮,保证插座的牢固等。对于室内的电话,也要经常用干布进行擦拭,并定期用酒精消毒
4	木器家具	对于室内的木器家具,应经常进行除尘工作,保持其清洁光亮。另外,还要注意防潮、防水、防蛀和防热 (1) 防潮:木器家具受潮后容易变形、腐烂,因此客房一定要经常通风,保持干燥 (2) 防水:与防潮的道理一样,客房的木器家具也要注意防水,否则

续表

序号	设备	保养重点
4	木器家具	会使家具的漆面起包,甚至是发霉。因此,应格外小心不能让水溅到家具表面,如果不慎溅到了,应该立即予以清除 (3)防蛀:放置樟脑丸或是喷洒药剂来防止蛀虫在木器家具中繁殖 (4)防热:阳光的照射会导致木器家具颜色减退,因此,房间内的窗帘在一般情况下都要拉上
5	卫生设备	客房内的卫生设备,应勤洗勤擦,保持其清洁与光泽。在清洗时,要注意选择正确的清洁剂,一般选用中性的清洁剂,不能是强酸或是强碱等,因为后者会对浴缸、洗脸盆等设施的釉质造成损伤,破坏瓷面的光泽,另外还会腐蚀下水道
6	门窗	(1)雷雨天或是刮风时应注意关好客房的窗户,以防止摔坏玻璃或是雨水进入房内 (2)平常开关窗户时应养成轻开轻关的习惯
7	墙面	一般来说,酒店客房的墙面用的都是墙纸,要做到对墙面的保养,有以下几点需要注意 (1)为了保证墙面的清洁,应经常对墙面进行吸尘,日常清洁的次数多了,大清洁的次数就可以减少 (2)在对墙面进行大清洁时,应在清洁之前先用湿布在小块墙纸上擦一下,查看墙纸是否掉色,而后再确定是用水清洁还是用膏型的去污剂 (3)如果有天花板漏水等现象,应及时通知工程部前来维修,以防止墙面脱落或是发霉等
8	清洁设备	客房清洁设备的价格都不低,并且经常使用,其保养就显得格外必要,保养工作做得好,可以控制客房的经营费用。因此在进行客房清洁设备保养时,要注意以下几点 (1)使用清洁设备时必须严格按照有关的操作制度来进行,不能违规操作导致设备受损 (2)用完清洁设备之后,应对其进行及时的全面清洁以及必要的保养 (3)应定期检查设备的状况,确认其是否完好,发现问题应及时处理

六、客房设备更新改造

(一)与设备部门的协作

客房部应与工程设备部门一起制定固定资产定额,设备的添置、折旧、大修和更新改造计划,以及低值易耗品的摊销计划,减少盲目性。

设备无论是由于有形磨损还是无形磨损,客房部都应按计划进行更新改造。在更新改造设备时,客房部要协助设备部门进行拆装,并尽快熟悉设备的性能和使用、保养方法。

(二)制订更新计划

为了保证酒店的规格档次和格调一致,保持并扩大对客源市场的影响力,多数酒店都要对客房进行计划中的更新,并对一些设备用品实行强制性淘汰。这种更新计划往往遵循以下规律。

1. 常规修整

这项工作一般每年至少进行一次。其内容包括地毯、饰物的清洗；墙面清洗和粉饰；常规检查和保养；家具的修饰；窗帘、床罩的洗涤；油漆。

2. 部分更新

客房使用达5年时，即应实行更新计划，包括更换地毯，更换墙纸，窗帘、帷幔的更换，床罩的更换。

3. 全面更新

这种更新往往10年左右进行一次。它要求对客房陈设、布置和格调等进行全面彻底的改变。其项目包括橱柜、桌子的更新；弹簧床垫和床架的更新；座椅、床头板的更新；更换新的灯具等装饰品；地毯的更新；墙纸或油漆的更新；卫生间设备的更新，包括墙面和地面材料、灯具等。

以上所列的计划将根据各酒店的具体情况予以提前或到期进行。

第三节　客房布草管理与控制

客房的布草管理是加强成本控制的一个重要环节，每日数以千计件布草的流动、使用和保管，稍有疏忽，便会出现如交叉污染、保洁不当，运送、洗涤过程中的划伤，保存过程中出现的潮湿发霉等问题，造成经营成本的加大。

一、客房布草的选择

酒店布草泛指现代酒店里差不多一切与"布"有关的物品，包含床上用品如被褥被套、棉胎被芯、床单床罩、枕套枕芯、床笠床裙、床尾垫、保护垫，以及毛巾类制品如面巾、方巾、浴巾、地巾、浴袍等，还包含台布餐巾、椅套台裙、浴帘等。

布草的质量直接决定布草的使用寿命，布草使用寿命短，成本自然就会增加。所以，采购员必须具有纺织方面的知识，懂得区分产品的优劣，以免在购买时以高价买了劣质品。这一点非常重要。最好由多家供应商提供样品报价，这样就能在价格及质量上都有比较和选择，并让洗衣房对样品进行反复洗熨来观察它的质量及封存留样。在新的一批布草到位时应认真查验，若有问题应及时反馈，确保布草质量过硬，为以后的使用打下良好的基础。

（一）布草的质量和规格要求

对于布草的选择，主要在于其质量和规格。

1. 质量要素

布草的质量主要取决于以下因素，如表4-5所示。

表 4-5　布草的质量因素

序号	因素	具体说明
1	纤维质量	纤维的长短对布草质量有着重要的影响。如果所用的纤维长，则纺出来的纱均匀、平滑、强度高、舒适度好；而短纤维纺制出来的纱粗糙、强度差，织成的织物厚重，易摩擦起球
2	纱支数	纱支数的高低与纤维也有很大关系，纤维长，纺纱细而紧，纱支数高，使用中不易起毛，而且耐洗、耐磨
3	织物密度	这是指纺织品在同样面积内纱线排列的疏密程度。密度高而经纬分布均匀的织物，舒适度和强度俱佳。用做床单的织物密度一般为每10平方米288根×244根至400根×400根不等。用做毛巾类织物，由地经纱、纬纱和毛经纱组成。地经纱和纬纱交织成地布，毛经纱则与纬纱交织成毛圈，故纬线越密则毛圈抽丝的可能性越小。地经纱不宜用纱，用的是股线，可提高耐用性
4	毛圈数量和长度	主要用于毛巾类织物。通常毛圈多且长，则柔软性好，吸水性强，一般毛圈长度在3毫米左右，若毛圈太长则易钩坏
5	缝制工艺制作	主要针对卷边和缝线的要求。各类纺织品卷边要平整，宽窄要均匀，针脚线要等距离且有一定密度。所有的接缝，要求必须牢固，且留足接缝边料

2.规格

规格包括尺寸及质量。我国旅游行业标准《星级酒店客房客用品质量与配备要求》中对布草的规格已做出了详细的规定，一些带个性特色的酒店，因硬件本身的定式，所以无法照抄，下面仅提供床单、枕套、毛巾类织物参考尺寸及质量（表4-6）。

表 4-6　床单、枕套、毛巾类织物参考尺寸及质量

类别	参考尺寸	单位	计算方法
单人床单（床：100×190）	160×240	厘米	在床的长宽基础上各加60（不含缩水率）
双人床单（床：150×200）	210×260	厘米	
大号床单（床：165×205）	230×270	厘米	
特大号床单（床：180×210）	270×290	厘米	
普通枕套（枕：45×65）	50×85	厘米	在枕芯的宽基础上加5厘米，长基础上加20厘米（不含缩水率）
大号枕套（枕：50×75）	55×95	厘米	

类别	参考尺寸	单位	质量/克	备注
大浴巾	137×65	厘米	400	（1）质量与房间档次有关 （2）大小无绝对标准，每种规格尺寸可多达5～6种
小浴巾	100×34	厘米	125	
面巾	76×34	厘米	140	
地巾	80×50	厘米	325	
方巾	30.5×30.5	厘米	400	

（二）布草的选购技巧

酒店布草是客人直接接触和感受的物品，从视觉效果，到面料的舒适度，再到时尚个性的花型选择都很重要。

1. 要货比三家

对同一款式、同一质地的商品，采购员要从质量、价格、服务等方面综合考虑。布草成本的80%取决于面料，加工费用（做成成品的加工费）和辅料占到的比例不大于20%，如果选择主要生产布草面料的厂家采购，可使成本降低。

2. 面料和颜色方面

采购员在选择布草制品时一定要和酒店的整体风格以及客房装修风格相匹配。比如，酒店风格是古典风格，可以选择一些非常古朴的大提花面料，在床尾巾的选择上也可以选择一些古典花型。还有就是根据房间的大小来选择花型：大的客房选择稍微大点的花型，小的客房选择细腻的小花型。另外颜色也有讲究，白色一般是永恒不变的高贵色。总而言之，要根据自己酒店装修的特点来选择。

3. 面料质地方面

酒店客房布草一般选择全棉质地的，全棉布料吸汗且柔软舒适，有利于汗腺"呼吸"和人体健康，而且触感柔软，十分容易营造出睡眠气氛。关于质地方面，当前流行的主流产品是大提花和贡缎产品，此类产品也属于高支高密产品，价格适中，质地细腻，既舒适又耐洗，应该是四星、五星级酒店的首选。酒店不应该一味地追求高端产品，其价格通常昂贵，在洗涤次数方面还少于同类的产品。

二、客房布草的存放

布草的存放也应该做到科学合理，布草房和楼层工作间的原布草要采取依次轮番循环使用，不可只对其中一批长期使用而另一批却长期搁置不用。这样的结果只会造成布草色泽各异、新旧不齐的现象，同时也大大影响了客房的服务品质，还会造成一批布草非正常性提前老化。存放布草的环境也有一定的要求，一般来说存放布草的空间不能过小，并要注意卫生清洁和适当的通风，要求相对湿度不可大于50%，小于40%以下为宜，室内温度保持在20摄氏度，这样的环境存放布草就可避免潮湿而发霉的现象。

（一）存放规定要求

在用布草除客房里有一套之外，楼层布草房应存放多少、工作车上要布置多少、中心布草房要存放多少、各种布草的摆放位置和格式等，这些都要有统一的标准，这样员工就有章可循。平时，只要核对一下数量多少就可知道有没有发生差错以及用起来够不够，工作效率得到了提高，员工的责任心也会随之加强。

（二）存放应具备的条件

客房布草应存放在一个合适的环境中，不管是楼层布草房、中心布草房还是备用布草房，都应具备下列条件。

（1）具有良好的温度和湿度条件。储存布草的库房相对湿度不能大于50%，最好控制在40%以下，温度以不超过20摄氏度为宜。

（2）通风良好，以防微生物繁衍。

（3）墙面材料应经过良好的防渗漏及防霉蛀预处理，地面材料最好用PVC（聚氯乙烯）石棉地砖。

（4）在安全上，房门应常锁，限制人员出入，并要做经常的清洁工作和定期的安全检查，包括有无虫害迹象、电器线路是否安全等。

（5）布草要分类上架摆放并附货卡。布草库不应存放其他物品，特别是化学药剂以及食品等。

（6）对长期不用的布草应用布兜罩起来，以防止积尘、变色。否则，严重的污染可能导致布草领用后难以洗涤干净。

三、客房布草的收发

客房布草的收发不仅指收发的数量，还包括对质量的控制。

（一）送多少脏布草换多少干净的

楼层送来多少脏布草应填表列明，布草房收到货给予复算后签字认可，然后给予相同品种和数量的干净布草。

（二）超额领用需填单

如果使用者需要超额领用，应填写借物申请并经有关人员批准；如果布草房发放布草有短缺，也应开出"布草欠账单"以作为归还凭据。

（三）在收发处设分拣筐或桶

在布草收发处及各个布草储存点应设有一个布草分拣筐或桶。收点或叠放布草时，应将有破损或污迹的分拣出来以单独处理。这样不仅可提高下一道工序的效率，还可防止出现布草质量下降的趋势，并且利于布草的保养。

四、客房布草报废和再利用

以下情况，客房布草应予以报废，但最好能够加以再利用。

（一）使用年限已到

为了维持水准和利用残值，应及时淘汰旧的、更换新的。

（二）进行大规模统一调整而做更换

这类报废布草应该很好地给予利用。

（三）布草破损或沾上污迹后无法清除

（1）布草报废应定期并分批进行，以便分散工作量并保持布草的质量水准。

（2）布草报废应有核对审批手续，一般由中心布草房的主管核对，客房部领班审批并填写报废记录表。

（3）报废布草要洗净、打印、捆扎好之后再集中存放。

（4）根据其具体情况，报废布草可改制成小床单、抹布、枕套或盘垫等。

五、布草的使用控制

（一）严格按规定周转使用

布草的使用周转量要合理充足，一般按四套的备量严格周转，其中一套用来对布草的报废逐渐补充，这样布草运转起来就不会很紧张，对布草的使用也起着良好的缓和性保护作用。如果采购量不足就会造成布草流通不畅，往往会出现供不应求的局面，而洗衣房为了不影响正常服务，肯定会对布草进行加班、加急地洗涤熨烫。同时布草的使用频率和洗涤熨烫频率也迅速加大，这对布草的损耗是相当大的，即使有相当高超的洗涤技术，也改变不了布草迅速损耗的事实。不用多久，这种不正常的现象就形成了一种恶性循环，布草不间断地不停运转，同时也在不断破损，布草可正常使用的数量也在不断减少，洗熨的频率却又不断随之加大。最终布草不堪重负，大量破损报废。因此，充足的备量才可避免不必要的频繁洗涤造成的破损。

（二）员工使用布草控制

在使用方面有些服务员往往为了图方便或抹布不够用，就随意滥用布草，比如用毛巾抹尘做卫生等。或把需要洗涤的布草随意堆放，造成严重的二次污染，有的甚至因为太严重造成布草报废。因此，对布草的使用要建立健全相关的制度，避免不良行为的发生。

六、布草洗涤管理

布草洗涤的程序、时间、温度和洗涤剂的使用是影响布草质量的几个主要方面。此外，还要做到脏布草不过夜和湿布草优先处理，熨烫烘干也要把好关，以免布草外观和内在质量下降。

（一）洗涤用水质量与洗涤剂控制

洗涤用水质量要求较高，如果是硬水（指含有较多可溶性钙镁化合的水）或是浑浊的水，应当在洗涤之前先做处理，这一点是极为重要的。当然洗涤剂的选择和使用也是非常关键的，现在市场上的洗涤剂品种繁多，五花八门，产品的质量也是各有差异的。洗涤剂本身对布草洗涤效果和损伤也是大不相同的，在使用上要严格控制其使用剂量，这也是保证良好布草质量的重要因素之一。

（二）新布草应洗涤后再使用

这既是清洁卫生的需要，又有利于提高布草强度，并为使用后的第一次洗涤带来方便。

（三）洗净的布草管理

刚洗涤好的布草应在货架上放置一段时间以利其散热透气，这样可以延长布草的使用寿命。

> **提醒您：**
> 要消除污染或损坏布草的隐患，如将布草随便丢在地上，收送布草时动作粗鲁，布草中夹带别的东西，布草车或架等不干净以及表面粗糙或有钩刺等。

七、布草盘点

（一）盘点类别

客房盘点工作通常是三个月或半年一小盘，一年一大盘。

（二）组织部门

小盘点由客房部自行组织，大盘点往往有酒店财务部参加或由财务部统一组织。

（三）盘点要求

盘点前要计划好准确日期和具体时间，预先发出通知以便到时暂停布草的周转并清点出各处布草的准确数量；盘点过后应制作统计分析表并存档。对于盘点发现的问题要及时地给予解决，使盘点真正起到促进工作的作用而不是流于形式。

八、备用布草的管理

（一）备用布草的购买

一般来说，酒店客房备用布草由总部集中采购。但若是分店急需或小批量的，则由分店店长负责。采购时，一次不宜购买太多，存放时间太长则会使布草的质量明显下降。

（二）备用布草的使用原则

备用布草应遵循"先进先出"的原则投入使用。最好能在布草边角上做A、B、C之类的标记以表明其投入使用的批次，这样不仅有利于跟踪分析其使用状况，还方便了布草的定期更新换代工作。国外同行的研究表明，如果布草使用得当，一般洗涤寿命起码应达到这一水平：床单250～300次，枕套150次，毛巾150次。

（三）建立备用布草储量卡

总部分发下来的新布草应存放在备件库房中，建立备用布草储量卡，可供客房部随时了解现存布草的品种与数量，并可根据现有布草的使用及补充情况，提出布草申请或采购计划。

【实战范本4-01】

客房楼层布草管理制度

1. 目的

为了加强客房部楼层布草的管理,减轻布草的损耗率及杜绝布草的流失,防止布草的二次污染,特制定以下管理制度及操作程序。

2. 适用

适用于客房楼层布草的管理。

3. 管理规定

3.1 摆放标准

3.1.1 布草间摆放标准。

(1)布草必须按类型定点定位摆放。

(2)平整地摆放在布草柜中,防止产生褶皱。

(3)布草柜门平常保持关闭状态。

(4)布草间只允许放置符合"对客使用标准"的干净可用布草,严禁放置其他杂物。

3.1.2 工作车摆放标准。

(1)按照上层小尺寸、中层大尺寸、下层巾类摆放原则进行。

(2)撤下的脏布草放在工作车的回收袋中,或者X形车中。禁止直接堆放在地上。

(3)湿地巾、湿浴巾等必须单独购置塑料桶放置,不得和其他床上棉织品混放!

(4)工作车/X形车上脏布草过多堆放,会让客人感觉脏、乱且客房走道中有异味,所以工作车/X形车只是用于暂时放置脏布草,应及时把脏布草撤入回收间。

(5)撤出的脏布草放置在布草袋中(或者X形布草车中),不超过车子表面高度。

(6)严禁将撤下的脏布草直接摆放在工作车表面或接触到干净布草。

3.1.3 回收间摆放标准。

(1)脏布草使用整理箱/桶分类放置,禁止将布草直接放在地上。

(2)回收间内只允许放置脏布草,严禁放置其他杂物。

(3)破损布草分拣后需立刻剪角,完成报废流程后才能剪标。

(4)重污布草必须打结标识并单独存放!

3.1.4 客房内摆放标准。

(1)客房服务员需严格按照"做房流程"铺床,对进房布草必须进行质检,确保其符合"对客使用标准",并按要求摆放!

(2)床单:包角紧实,内角45度,外角90度,边角全部塞进床垫底下。

(3)被套:平整挺阔,被角不拖地。

(4)枕头:15度角斜靠在床头,正面朝上,底边包入内侧,上边贴在床头板上。

3.2 收送流程

3.2.1 送洗流程。

（1）对脏布草进行分拣。

（2）破损布草不得送至洗涤厂，应集中摆放在回收间指定位置，进行剪角处理，清点数量后等待报废。

（3）重污布草打结标记后单独打包，清点数量。

（4）返洗布草单独清点数量并打包。

（5）洗涤布草按品类规格清点数量并打包，浴巾不得与地巾混合。

（6）双方填单签名后对所交接的布草数量负责。

（7）累计欠数为截止到填写单据时，洗涤厂未归还分店布草的总数。

3.2.2 接收流程。

（1）对送洗回来的布草进行检验，查看是否是本店布草及核对规格、数量、送洗质量。

（2）对于欠数及时跟进并记录，双方签字确认。

3.3 布草报损

3.3.1 布草报废标准：不符合对客使用标准的破损布草和不可去除重污的布草，均需报废！

3.3.2 客房部布草必须设有领班及以上职位人员负责管理，客房部主管负责全面管理与监督。

3.3.3 客房服务员在做房和清点脏布草时发现的破损布草，不得送至洗涤厂，应集中摆放在指定位置，进行剪角处理，等待报废。

3.3.4 经洗涤厂清理后，确认污迹不可清除的布草，属于"不可去除重污布草"。对于这部分布草，分店应要求洗涤厂不得进行封包或成品打捆，应单独打包送回，并集中摆放在指定位置，进行剪角处理，等待报废。

3.3.5 所有补充的新布草必须有布草管理员根据实际情况填写领料单并有客房主管签字审核后方可至仓库领取。

3.3.6 属于自然报损范围的布草领取必须将报损布草如数交至仓库换领，领料单数字如与报损布草实物不符，仓库不得发放新布草。

3.3.7 所有达到自然报损条件的布草必须由布草管理员进行首次筛选后再由部门主管进行二次审核方可定为自然报损布草，并由布草管理员做好月报损布草统计表，由部门主管签字方可（此表统计有利于年统计报损数据，便于查核布草报损率及成本分析）。

3.3.8 属于客赔或员工赔布草也应将报损布草如数交至仓库换领，因客人带走或其他特殊原因不能上交的必须由楼层负责领班第一时间在房务中心赔偿点单上签字并注明详情后由部门主管签字审核方有效，不能上交客赔或员工赔报损布草又无有效签字注明详情的赔偿点单，仓库不得发放新布草。

3.3.9 赔偿的报损布草房务中心点单员或前台收银员必须按正常的酒水录入程序点单（便于财务月统计核查），点单上需有点单员或收银签字，如因特殊情况不能按正常的酒水录入程序点单必须由点单员或收银在单据上注明点单时间和账务属性，赔偿点单财务联每天应随其他酒水点单一并交至财务，财务每月需单独存放核对。服务员联应交由服务员作为换领布草的依据。

3.3.10 所有赔偿的报损布草换领必须由财务核对后在领料单注明已核并签字，仓库方可换发新布草，赔偿报损布草领料单必须与房务中心责任人员联系，仓库必须审核赔偿报损物品和相应的单据属实性，否则不予换发新布草。

3.3.11 报损布草由仓库统一归类收放，定期进行销毁或正规途径变卖处理，财务负责人做好监督管理工作，避免报损布草二次流入使用部门以次充好。

3.3.12 报损布草必须要二次利用的，如打扫卫生使用，必须对报损布草进行裁剪后方可使用，如使用未经裁剪的报损布草进行洗地毯吸水或铺盖杂物等处，必须使用防水记号笔标注记号（报废品字样）。凡是二次利用未经裁剪或未做标记的报损布草，一经发现由当事人按成本价赔偿，无法追究当事人的由其部门负责人负责赔偿（部门主管或经理做好监督），仓库负责做好报损布草二次利用裁剪和标记工作，禁止领取未做裁剪和无标记的报损布草二次使用。

3.3.13 禁止任何人私自将报损布草带出酒店，如确有需要带出酒店需要有当事人说出缘由并经财务负责人同意后做好登记方可，未照程序办理将按偷盗处理。

3.3.14 仓管负责每月自然报损和客赔报损的详细统计并提交给财务负责人，财务负责人在酒店月行政会进行通报。

3.3.15 以上条例各部门及相关负责人需严格遵守，如有违反或监管失职，酒店将追究赔偿和罚款责任。

【实战范本4-02】▶▶▶

布草房管理制度

一、常规范

（1）布草房无人的情况下必须上锁。非布草管理人员不得进入布草房，不得违规领用。

（2）各岗位不得私自挪用他人的布草，借用布草须报领班同意方可进行。使用后做到有借有还。

（3）布草房人员不得私自将物品带离酒店和使用，否则按酒店相关制度处罚。

(4)表格必须如实填写，不得弄虚作假，进出账目应清楚。
(5)布草员对布草房保管的布草负管理责任，如有差缺，按酒店相关制度处理。
(6)布草使用做到先进先出、后进后出的原则，保证布草的循环使用。
(7)布草房严禁烟火。

二、常分类

对布草仓进行规范，定量整齐放入布草房货架。分为：毛巾类、床单类、被套类、枕套类进行规范摆放，并贴上相应的标签。

三、常整理

(1)每日布草员对布草房进行分类，定量整理摆放并对布草进行日盘点工作，填写"布草房每日结存报表"。
(2)对借出布草，收回洗烫后按类别和规格进行整理摆放，以便使用。
(3)每月月底由主管牵头，对布草房及楼层分区域进行布草盘点。
(4)由部门主管对盘点结果进行统一，出现查缺的查找原因，并将盘点结果报部门经理。

四、常清洁

每日对地面、布草架、制服柜进行清洁，每月进行大清洁一次。

五、常维护

(1)有计划地安排新布草的补充和清洗，保证酒店的布草备用充足和在接待贵宾时能随时提供。
(2)有计划地让缝纫工进行破损布草的缝补和修改。

六、常教育

每日巡查布草房的规范管理，对员工操作不合规范的进行督导教育和整改。

【实战范本4-03】▶▶▶

布草车物品摆放标准及日常使用规范

一、布草车物品摆放标准

(1)布草车转向轮上方布草袋内放置垃圾袋，定向轮上方布草袋内放置布草。
(2)布草车由上至下分为四层，物品摆放顺序如下。
① 四层分为五格，分别摆放一次性备品，按分类要求放置为：大格放置资料类（便笺、房态表、清洁报告表、本夹），笔筒放置在左上角，茶叶桶放置在右上角。剩

余四格按照格内分类标签分别摆放：黄牙具、绿牙具、黄梳子、绿梳子、洗发液、沐浴液、香皂、拖鞋、擦鞋纸、火柴。各类物品要叠放整齐，摆放美观。

② 三层摆放顺序从左到右依次为：黄浴巾、粉浴巾、黄毛巾、粉毛巾。摆放标准为：浴巾横向三折折叠，毛巾横向一折折叠，按照对定位置和颜色依次摞起，纵向摆放整齐。

③ 二层摆放顺序从左到右依次为：大被罩、大床单、枕套。摆放标准为：大床单夹于大被罩内，齐边朝外依次摞起，横向摆放。枕套十个为一卷，依次摞起，横向折叠，开口处向左侧摆放整齐。

（3）工具栏物品摆放标准。

① 纵向格放置马桶刷，刷把朝向布草车开口一侧，挤水盒撸到刷头位置。

② 与马桶刷把平行对应的小格下面放置百洁布，百洁布上放置面盆刷，面盆刷把朝向布草车开口一侧。

③ 与马桶刷头平行对应的小格最前侧放置面台液，中间摆放洁厕剂，最后侧放置除垢剂。

④ 工具栏把手下方空格放置橡胶手套，手套开口处朝向下方。

⑤ 刀片放置在与马桶刷把平行对应的小槽内。

⑥ 工具栏放置在垃圾袋开口处向前侧倾斜。

（4）清洁工具摆放在另配置的清洁袋内。

（5）其他工具摆放标准。

① 簸箕放置在垃圾袋底部，簸箕把手向布草车内侧外漏。

② 窗帘辊放置在布草袋内靠向布草车内侧左角处。

③ 将从房间回收的牙刷、梳子放置在清洁袋内。

二、布草车、工具保养规范要求

（1）布草车放置在各楼层服务室，一楼布草车放在小餐厅。

（2）各类物品必须严格按照统一标准摆放，不得乱放、串放。

（3）布草车内严禁放置与工作无关的其他任何物品。

（4）布草车一次备车的布草量为4单3标，4巾量各按照5块为标准配备。

（5）撤换的脏布草必须放在布草袋内，脏布草堆放不得高于布草袋容纳的高度。随时将撤换的脏布草退到楼层服务室，用清空的布草袋再盛装下一批脏布草。

（6）每班次下班前将本班次布草车内的垃圾倒掉，对布草车进行清洁整理。清洁要求：车身无灰尘、无水渍、无锈渍，清洁光亮。

（7）各种使用工具清洁要求如下。

① 工具栏内外无污渍、无水渍，严禁在工具栏内存放垃圾。

② 将马桶刷上的水挤干净，刷头无毛发、无杂物，保持清洁。

③ 面盆刷无毛发、无杂物、无积水。
④ 百洁布无毛发、无杂物、无积水。
⑤ 橡胶手套保持洁净、无积水。
⑥ 各类清洁瓶表面无水渍，干净明亮，瓶口无堵塞。
⑦ 地刷无毛发、无杂物、无灰尘，保持清洁卫生。
⑧ 簸箕无杂物、无积尘，保持光洁。
⑨ 皮抽子放置在各楼层服务室，保持干净整洁。
⑩ 每次下班前必须清洗各类工具并晾晒。

三、其他规范要求

（1）客用布草车放置位置：布草车占到房间门的1/3，车与门距离20厘米。
（2）退房布草车放置位置：布草车占满房门，车与门距离20厘米。
（3）布草车在行进过程中与客人相遇必须让行。
（4）布草车行进、停放不得磕碰墙面及房间门框周围。
（5）布草车行进只能推动转向轮一侧。
（6）布草车及配置的清洁工具发生丢失或人为损坏由使用人赔偿。

【实战范本4-04】▶▶

每日布草申领（换洗）单

项目	布草尺寸	送洗布草	布草房收数	布草房发数

【实战范本4-05】▶▶▶

布草欠账单

布草换洗表编号：
部门：　　　　　　　　　　　　　日期：
发至：　　　　　　　　　　　　　发件人：
餐饮部员工：　　　　　　　　　　客房部员工：

项目	色泽	尺寸	缺数	已发

收件人：　　　　　　　　　　　　上午/下午
客房服务员：　　　　日期：　　　　时间：
注：此表必须填写一式两份。原件交客房服务员，第二份附在布草换洗控制表上。

【实战范本4-06】▶▶▶

布草报废记录表

品名：　　　　　规格：　　　　　填报人：

报废原因	数量					报废总量
年限已到						
无法缝补						
无法去迹						
……						
其他						

【实战范本 4-07】

布草盘点表

填表人：　　　　　核查人：　　　　　日期：

	布草房	布草车	房间特别情况	脏布草	送洗布草	合计
中巾（白）						
中巾（黄）						
浴巾（白）						
浴巾（黄）						
脚巾						
枕套						
小床单						
中床单						
大床单						
小被套（红）						
小被套（绿）						
小被套（白）						
中被套（红）						
中被套（绿）						
中被套（白）						
大被套（红）						
大被套（绿）						
大被套（白）						

注：月底盘点时使用。

【实战范本 4-08】

布草盘点统计分析表

部门：　　　　　盘点日期：　　　　　制表人：

品名	额定数	客房		楼层布草房		布草洗衣处		布草发放处		盘点总数	报废数	补充数	差额总数	备注
		定额	实盘	定额	实盘	定额	实盘	定额	实盘					

【实战范本4-09】▶▶

备用布草储量卡									
品名				规格					
单价			最高限量			最低限量			
日期	摘要	进	出	结存	日期	摘要	进	出	结存

第四节 客用品成本控制

一、明确客用品的储备标准

（一）客房配备标准

客房配备标准是实施客房用品控制的基础。通常每一家客房都有其配备标准，应将其列成书面材料以供日常发放、检查及培训使用。

（二）工作车配备标准

这也是客房服务员的入门基础课。工作车上的配备往往以一个班次的耗用量为基准，它同样需要制成标准书面材料。

（三）楼层小库房

这里往往需要备有1周的用品，储存条件好的客房也有备有2周储备额的。储备量应列出明确的标准并粘贴在小库房的门后或墙上，以供领料对照。

（四）中心库房与布草的管理一样

客房部应设一个客房用品中心库房。它既可供各楼层定期补充，又可满足楼层因耗量过大而造成的临时领料。通常，其存量可满足1个月以上的需求。对于那些进货条件比较好的客房来说，财务部可不必再另设客房用品库房，采购物品经验收后可直接入中心库房，其储备额应与补仓周期相适应。

二、制定客用品消费定额

酒店应按照客房总数、客房类型及年均开房率，确定各类客用品的年均消耗定额，并以此为依据,对各班组及个人的客用品控制情况进行考核。由于团体客人和散客对客用品的消耗量有所不同,所以,也可以根据酒店每年接待的团体客人和散客的比例及数量,分别计算团体客人和散客的消耗定额,然后加总,即为客房部客用品总的消耗定额。

(一)一次性消耗品的消耗定额制定

一次性消耗品消耗定额的制定方法,是以单房配备量为基础,确定每天需要量,然后根据预测的年平均出租率来制定年度消耗定额。

计算公式为

$$A = bxf \times 365$$

式中,A 为每项日用品的年度消耗定额;b 为每间客房每天配备额;x 为酒店客房总数;f 为预测的年平均出租率。

例如:某酒店有客房300间,年平均出租率为80%,牙膏、圆珠笔的单间客房每天配备额为2支、1支。求该酒店牙膏、圆珠笔的年度消耗定额。

根据上述公式计算得

牙膏的年度消耗定额 $= bxf \times 365 = 2 \times 300 \times 80\% \times 365 = 17.52$(万支)

圆珠笔的年度消耗定额 $= bxf \times 365 = 1 \times 300 \times 80\% \times 365 = 8.76$(万支)

(二)多次性消耗品的消耗定额制定

多次性消耗品定额的制定基于多次性消耗品的年度更新率的确定。其定额的确定方法,应根据酒店的星级或档次规格,确订单房配备数量,然后确定其损耗率,即可制定消耗定额。

计算公式为

$$A = Bxfr$$

式中,A 为每项日用品的年度消耗定额;B 为每间客房每天配备额;x 为酒店客房总数;f 为预测的年平均出租率;r 为用品的损耗率。

例如:某酒店有客房400间,床单单房配备3套(每套4张)。预计客房平均出租率为75%。在更新周期内,床单的年度损耗率为35%,求其年度消耗定额。

根据上述公式计算得

床单的年度消耗定额 $= Bxfr = 3 \times 400 \times 75\% \times 35\% = 315$(套)

三、客房用品的发放

客用品的发放应根据楼层小库房的配备定额明确一个周期和时间。这不仅方便中心库房的工作,也是促使楼层日常工作有条理以及减少漏洞的一项有效措施。

在发放日期之前,客房领班应将其所辖楼段的库存情况了解清楚并填明领料单。凭领料单领取货物之后,即将此单留在中心库房以便作统计用。

四、客用品的日常管理

(一)控制流失

客用品的流失主要是员工造成的,因此做好员工的思想工作很重要;同时,还要为员工创造不需要使用客房用品的必要条件。如更衣室和员工浴室应配备员工用挂衣架、手纸或香皂等。另外,要随时锁上楼层小库房门,工作车要按规定使用,控制酒店员工及外来人员上楼层,加强各种安全检查和严格执行各项管理制度。

(二)每日统计

在服务员完成每天的客房整理之后,应填写一份主要客房用品的耗用表。最好还要将整个客房部的楼层客房用品耗量作汇总备案,填写"每日房间卫生用品耗量表""每日楼层消耗汇总表"。

(三)定期分析

一般情况下,这种分析应每月进行一次,其内容如下。

(1)根据每日耗量汇总表制定出月度各楼层耗量汇总表。
(2)结合住客率及上月情况,制作每月客用品消耗分析对照表。
(3)结合年初预算情况,制作月度预算对照表。
(4)根据控制前后对照,确定每房每天平均消耗额,具体如表4-7所示。

表4-7 控制前后对照表

控制之前	客源类别	控制之后	差额比例/%

【实战范本4-10】▶▶▶

客用品收发管理制度

1. 目的

通过建立严格的客用品收发管理机制,实时掌握客用品的进、销、存情况,对酒店客房的成本控制起到良好的调节作用,最终为酒店创收。

2. 适用范围

集团下属分店客房。

3. 定义和缩写

（略）。

4. 客用品收发管理目标

成本控制——实时了解客用品的进、销、存，及时发现客用品使用异常的状况，灵活做出调整。

5. 客用品收发流程

5.1 客用品采购

5.1.1 客房部的物品申购工作由库管承担，库管负责申购客房部日常业务所需的各项物资。

5.1.2 库管随时查知楼层客用品的使用状况，为客用品的申购做准确地计算和估计。

5.2 客用品入库

5.2.1 客房部申购的客房用品均由库管统一收货并发放，各分部不得自行接收使用。

5.2.2 根据物品正常使用周期、平均消耗率以及客房每周的预测出租率，库管每月填写"仓库用品申请表"，经客房经理签字确认后，交由物资采购人员下采购单，库管在供应商送货至仓库时严格验收入库。

5.3 客用品发放

5.3.1 库管每周合理安排时间发放各楼层客用品。

5.3.2 楼层主管每周根据各楼客房出租率填写"楼层客用品统计表"，并凭该表领用客用品。

5.3.3 发放客用品时，库房管理员应将实际发货量填写在"楼层客用品统计表"相应栏目内，并与领货人分别签字确认，发货完毕后妥善保存原始单据，以备每月的客用品盘点之用。

5.3.4 被客人带走或损坏的客用品需凭前台挂账的"杂项通知单"给予补发。

5.3.5 被客人带走或损坏而客人拒赔的客用品需凭大堂经理或前厅部经理签发的减免"杂项收费单"给予补发，其减免金额必须是按照集团发文在大堂副理或是前厅经理权限内的给予签免。

5.3.6 "杂项通知单"库房有效联为黄联，其他联次视为无效联，如黄联丢失，必须凭其他联次补领物品时，应由楼层主管及客房部经理签字认可后方能补领。

5.3.7 每周客房经理需对各楼层储物柜进行全面了解。如有过多的客用品，则通知管区主管及时调整客用品的领用量。在检查中如发现有违规使用现象，客房部经理应做出相应处罚。

5.3.8 库管应严格做好客用品管理，特别是低值易耗品的使用控制，并定期统计平均消耗率，如有楼层的实际物耗指数明显高于平均消耗率，经分析无合理原因，应报告客房部经理，追究相关人员的成本管理责任。

5.3.9 库管应随时关注低值易耗品中有保质期限品种的保质期。临近保质期限前一个半月，应组织更换并与采购部联系调换事宜。确保库房保存与楼层使用的客用品均在有效使用期内。

5.4 客用品注意事项

5.4.1 不得对"杂项通知单"和库房使用的其他有效单据进行涂改、变造，一经查出将视为弄虚作假进行处罚。如因相关部门工作失误造成单据与实物不能相符时，应征得主管或部门经理同意后，由库管酌情做符合财务程序的等值处理。如仍不能解决问题，应请相关部门修正。

5.4.2 如相关部门员工将"杂项通知单"或其他用于申领物品的有效凭据遗失，从而无法按正常程序领用客用品，可复印该凭据的其他联次，由双方经办人员签名后请主管签字认可并生效。

5.4.3 凭减免"杂项通知单"补领客人损坏、污染的物品时，需交回破损、污染物品（或碎屑主体）方可补领。

5.4.4 库房的物品一律不外借。如有特殊情况，需经办人书面申请，经客房部经理审批、总经理同意后方可借用。

5.4.5 从库房领用物品时，必须由领用人亲自领取并在相应登记本上签字确认，不得由他人代签。

5.4.6 各分部领用库房物品时，库管原则上可按领用人申请的数量发放。如领用人申请的数量与客房出租率差距较大或库管对领用数量、用途及使用周期等有疑问，领用人应做出合理解释，否则库管有权延后发放或不予发放，并向客房部经理说明情况，由客房部经理做出最终决定。

5.4.7 库管应在严格遵守大厦财务、安全方面相关规定以及本细则的前提下，对客房部的物品及经营成本做出行之有效地管理与控制，并尽可能对客房部各分部的工作给予积极配合。

5.4.8 客房部全体员工均应遵守以上规定，如有违反或舞弊行为，一经查出，将受到严肃处理。

【实战范本4-11】▶▶▶

日常消耗品申领单（客用品）

楼层： 日期：

品名	申领数	实发数	发放人	领用人	备注
普通信笺					
普通信封					
便笺纸					

续表

品名	申领数	实发数	发放人	领用人	备注
客人意见书					
住客预订表					
圆珠笔					
服务指南					
香皂					
卫生纸					
面巾纸					
水杯					
烟缸					
火柴					
干洗单					
湿洗单					
垃圾袋					
浴帽					
浴液					
……					

【实战范本4-12】▶▶

每日房间卫生用品耗量表

房间 \ 项目	洗发液	沐浴液	护肤液	香皂	浴帽	牙刷	拖鞋
总数							

【实战范本4-13】▶▶▶

每日楼层消耗品汇总表

项目 楼层	卷纸	洗发液	沐浴液	圆珠笔	小铅笔	箱贴	梳子	牙具	针线包	香皂
总计										

【实战范本4-14】▶▶▶

每月客用品消耗分析对照表

单位:元

品名	单位	上月消耗	本月消耗	与上月相比/%	
				增	减
圆珠笔	支				
夹纸笔	支				
卫生袋	只				
针线包	个				
杯垫	张				
牙具	个				
服务指南	本				
洗发液	袋				
洗衣粉	袋				
洗衣单	本				
……					
总计					

上月住客率	本月住客率	与上月相比		上月	本月
		增	减	每间房消耗额	每间房消耗额
备注					

第五节　运用客房智能控制系统降成本

客房智能控制系统，是利用自动控制、计算机通信、网络信息等技术，基于客房内的RCU（客房智能控制器）构成专用的网络，对酒店客房内的灯光、电器设备、安防、服务系统、中央空调末端等进行智能化管理与控制，以达到"绿色节能、管理增效、智能时尚"的目的。

由于客控系统能够带来诸多价值，近年来在国内外众多酒店得到广泛的应用。《北京智慧饭店建设规范》中已明确提出客控系统应作为智慧酒店的必备系统，所占总分比为10%。知名酒管集团如洲际、喜达屋、卡尔森、温德姆、万豪、雅高、雅阁、金陵、锦江、首旅建国等均把该系统作为这些高端酒店的必选系统。

一、酒店客房智能控制系统与成本控制

酒店客房智能控制系统的价值主要体现在"绿色节能、管理增效、智能时尚"几个方面。

（一）绿色节能

1. 对能源进行分析与管理，支持绿色模式

系统支持"绿色模式"选项，此模式倡导入住宾客采用绿色行为模式，与传统的方式相比，在不影响宾客入住舒适度的前提下，通过从技术与管理细节入手，最大可能地降低各项能源消耗。

2. 通过对空调末端、灯光、电器等智能控制节能

能源支出是酒店正常运营中的一项较大费用，电费成本又通常是酒店除场地费用和人工成本以外的最大支出。在酒店的电能消耗中，空调是耗能大户，热水供应次之，而照明用电量居第三位。

通过对客房的空调末端进行智能控制实现节能。权威机构做过评测，夏季每升1摄氏度/冬季每降1摄氏度，可取得5%～8%的节能效果。如在已租客房中，客人实际在客房的时间往往并不长，此时如果让灯光、电器、空调处于节能模式并让客人返回客房时自动恢复以前设置，会取得极大的节能成效。

如在客房内加装电动窗帘，并受RCU智能控制，除可方便客人使用、降低服务人员工作量外，还有如下节能应用：酒店人员可以在软件端设定控制策略，例如夏天统一将待租房设置为自动关闭窗帘，避免阳光照射，降低空调运行时间，达到节能目的；冬天则设置为开启窗帘，利用自然光照射提升客房温度。如在客房窗户处安装窗磁，可以实现当客人打开窗时，自动关闭客房内空调。

同时，系统还可在不同季节根据不同朝向的客房、不同出租情况的客房灵活对空调

末端进行分类、分组控制,做到精确节能。

通过对客房内灯光、电器进行智能控制实现节能。如感应式智能取电开关进行身份识别,可以对持卡人身份做出判断,对不同身份人员的控制权限分别进行设置,杜绝非法取电。当客人拔卡离开房间时,可以延时切断热水器、部分灯光等电源,有效节能。

当客人开门、插卡取电时,系统会启动欢迎模式,自动点亮指定灯具,如果加入照度传感器,系统可先采集照度值,若光线足够,则不再点亮指定灯具,为酒店精打细算。

如在卫生间吊顶安装红外探测器,可在客人进入卫生间时,自动点亮指定灯具;而客人离开后,若忘记关灯,系统可延时自动关闭卫生间灯具及排气扇,达到精细节能的目的。

以上产品及功能的应用可为酒店节省相当可观的电能费用,以一个200套客房规模的中型酒店为例,如果对客房温控器进行智能控制,节能效果为:200(客房数)×365(每年天数)×3(每日省电3千瓦·时)×80%(年入住率)×1(电价)=175200(元)(酒店客房每年节省的电费),通常只需1~2年便可收回系统的全部投入成本。

此外,系统还可加入电动水阀,即当客人拔卡离开房间后,关闭水阀,避免因水龙头未关紧或其他情况下造成的水资源浪费。

3. 与其他系统更紧密地互联,降低综合成本

与酒店管理软件的联系:客房控制系统可以同酒店管理软件进行无缝对接,可以实现数据共享和关联,让系统与酒店管理形成一体,酒店管理更高效、更智能。

与电子门锁的联系:客房控制系统可以通过智能取电开关读取感应门锁卡信息,并上传系统服务器做出身份识别,不但方便了酒店管理,还可以对进入客房人员的不同身份进行相应的智能控制和管理,以达到节能、精细管理和个性化服务的目的。

与安防系统的联系:客房控制系统包含对门磁、窗磁、SOS(紧急呼叫)等信号的实时采集,并进行相应服务提示,无须再对酒店客房重复组建单一的安全报警系统。

与空调系统的联系:酒店内的空调系统主要分为两大类:一类为中央空调方式;另一类为多联机空调方式。系统在设计时,充分考虑了这两种形式,制定了详细的智能解决方案,并预留多种接口,可以接入市场上绝大多数不同类型的温控器面板。

与酒店网络的联系:系统通信网络全面兼容以太网技术,既可单独组网(推荐),也可共享酒店内现有局域网资源,便于设计、施工与维护。

(二)管理增效

1. 帮助服务人员、工程维护人员、管理人员提升工作及管理效率

系统软件可以全面监测客房服务状态,当客人有"清理""退房"等请求时,可以即时显示、声音报警并推送信息到服务人员手机。系统软件可以对服务人员的响应时间做出客观记录,便于酒店考核管理。工程维护人员管理及效率的提升主要体现在两个方面:一是系统主要设备远程自诊断;二是对客房内灯具及其他负载远程自动巡检。

此外,由于可以对客人身份进行智能识别,酒店可据此发挥创意,为相关客人提供

针对性的个性化服务。

2. 降低综合运营费用

通过将服务信息实时传送至软件、系统主要设备远程监测及自诊断等功能，相关人员可第一时间响应，并记入历史数据库，可大大提高相关人员的工作效率，避免了无意义的巡检等无效工作，并以真实记录为依据，为酒店提供考核数据。可以帮助酒店减少人力，科学运营。

3. 延长设备使用寿命

系统主要设备远程监测及自诊断：系统软件可以对系统主要设备进行远程自诊断，实时监测设备运行状态，对设备的故障运行及时做出提示，避免设备"带病"工作，节省人力资源，方便工程管理，同时有效延长设备使用寿命，为酒店增效增收。

（三）智能时尚

1. 增加宾客智能体验

（1）通过远程网络空调控制，让客人入住时客房内温度变得舒适。

（2）客房内灯光场景控制，如阅读场景、娱乐场景等，且酒店方可在系统软件上自由设置。

（3）客房"有/无人""请稍候"显示，于细微之处尽显人文关怀。

（4）无人时卫生间排气扇智能换气排风，时刻保持客房内空气清新。

（5）电动窗帘控制，轻点开关即可实现窗帘的开/闭，尽显科技魅力。

（6）系统可设计"开房""欢迎""睡眠""影音""退房"等多种控制模式，方便客人使用。

2. 移动互联技术应用与时代同步

（1）宾客端APP、微信，可控制客房灯光、门锁、空调等。

（2）优化酒店内部运营流程。

二、应实现的系统功能与模式

（一）应实现的系统功能

1. 客房照明及电器智能控制（支持场景模式远程设置）

系统选用弱电型开关面板，同时接入门磁、红外探测器、照度传感器等设备，对酒店客房内的照明灯具及电器（包括各种电源插座和排气扇、电动窗帘等）实现多种形式的智能控制，包括开门模式、插卡模式、红外感应模式、睡眠模式等，并可设定多种照明场景，例如"阅读模式""客厅明亮""卧室柔和"等，从而达到方便客人、提高舒适度、节能等作用。

为了满足不同酒店的需求，系统中还加入了照明场景模式远程自定义功能，即酒店人员可在系统软件端根据时间段、光线强度等参数自由设置和更改客房的照明场景模式，免去了手工更换RCU芯片的麻烦，大大提高了便捷性。

2.客房空调远程智能控制

系统可根据客房房态（可通过接口从酒店管理软件获知）及有无人情况，远程智能控制客房内的空调，从而达到节能、提高客人舒适度的目的。例如当客房处于待租时，空调省电运行；客人在前厅登记入住时，远程启动客房内空调，使客房快速达到舒适温度。当客人离房后，空调又自动进入节能模式，节约能源。当房间温度超过或低于设定的阈值时，软件上会有报警状态提示。

3.客房服务及其他状态信息显示与报警

客房内的服务功能包括请勿打扰、请即清理、请稍候、SOS、退房等信息，这些信息可以传送到门外显示器上进行状态显示，也可以通过系统网络实时传送至系统软件，系统软件上将自动弹出信息提示，记录发出请求的房间号、发生时间等，并根据需要进行报警（可选择是否关闭），以提示酒店服务人员进行响应（可以将服务请求推送到服务员的手机，使服务更加高效便捷），当服务人员到客房处理完毕后，再次按下相应开关，可取消请求状态，同时，软件上的提示将自动消失。这些数据将同时记入数据库，方便管理人员查询及考核。

除了服务信息外，客房的其他状态信息还包括房间的租用状态（默认包含待租、已租、空置、故障）、客房有无人状态、持卡人身份及姓名（需要智能身份识别型插卡取电开关）、客房门开/关状态、客房空调运行状态（实际温度、设定温度、风速、制冷/制热）、房间的光线强度等信息，这些信息将在软件上即时显示。系统还可设置门开超时报警和房间温度上下限报警，超过设定值都会有相应的报警提示。

客人进出房信息、SOS、退房、清理等服务状态时间等自动保存至数据库。可以根据需要查询任意时间、客房的相关历史记录，为酒店方对员工绩效考核提供帮助。如果需要备档，可点击"导出记录"功能键将相关信息导出。

4.客房通信设备远程监测

RCU是整个系统的核心设备，控制着客房的照明、空调、服务等，所以RCU的质量及运行可靠性非常重要。另外，智能插卡取电开关、网络型温控器同样由于功能的特殊性而对质量要求很高。系统将实时对以上重要的通信设备进行监测，如果有设备出现故障，系统软件将第一时间报警，此软件模块通常安装在工程部电脑上，以便于工程人员第一时间维修或更换设备。这样既保证了系统的正常运行，又可避免工程人员定期对设备进行无意义的巡检。

5.灯具及电器远程自诊断

客房内的灯具，客人使用较为频繁，假如灯具有故障，会影响客人的心情，甚至引起投诉。然而如果通过人力对灯具进行检测，无疑会加大服务员的工作量，而且效率很低。所以，系统中特别加入了"灯具及电器远程自诊断"功能。系统可在客人退房后，即客房无人时，自动对灯具、电动窗帘、排气扇等进行逐个巡检，当有故障时，将在软件上显示，这样，工程部人员可直接前往此客房，更换灯具，极大地提高了效率，并杜绝了由此引发的客人投诉。

6. 客房用电量统计

在酒店运营过程中，电能的消耗在酒店的成本支出中占有很大比例，因此，如果对酒店客房内的用电量进行统计并加以分析，则可有针对性地制定相关措施来节约能源。客房智能控制系统中加入了对客房用电量统计分析的功能。在软件上，可以看到整个酒店及每个客房运营以来总的用电量、每天的用电量以及一年中月度耗电分布趋势和一天中每个小时的耗电分布趋势，为酒店高效率的管理和制定节能措施提供了平台。

（二）应实现的系统运行模式

酒店可根据自己的个性化需求，定制多种运行模式，以实现对灯光、服务、安防、空调等系统智能控制的强大功能，以下举例介绍系统的运行模式及实现的功能。

1. 无人模式

（1）正常客房在无人入住时处于待租无人模式，RCU此时处于无人省电运行状态。

（2）客房内空调运行于无人模式，受网络远程控制。可在软件端设定其工作状态，如冬季设置为15摄氏度，则空调会自动开启或关闭维持室温为15摄氏度；夏季设置为28摄氏度，则空调会自动开启或关闭维持室温为28摄氏度（温度值及风挡可在软件端自由设置，设置此参数时需以系统管理员身份登录）。如果某一楼层或某些客房在淡季时长期不出租，可以将空调在软件上设置为关闭，最大限度节能。

（3）客房卫生间内排风扇定时排风，保持室内空气清新。

2. 已租（开房）模式

（1）可在酒店前台通过酒店管理软件查看客房设备运行状况，将正常客房出租给客人。

（2）客人在前台办理入住手续，发电子门锁卡，客房进入已租入住模式（从酒管软件获知）。

（3）空调将由无人模式自动切换到已租（开房）模式，在开房模式下，空调设定温度为舒适温度，如夏季调设置为24摄氏度（温度值在软件端设定），并且为高速运行，使客房在客人进入时已达到舒适温度，温度达到设定温度后，关闭电动阀，停止风机运行。

3. 欢迎模式

（1）客人利用门锁卡开启门锁，门磁开关检测房门开启，自动开启廊灯并延时30秒关闭（可根据时间段，控制是否开启廊灯）。

（2）将门锁卡插入取电开关，取电开关进行智能身份识别，只有合法卡方能取电，灯光进入欢迎模式，门外显示器及软件显示客房为有人；如果采用智能通信型取电开关，还可将持卡人身份及姓名传送到系统软件进行显示（需要与酒店管理软件做接口）。

（3）欢迎模式下，客房内的照明及电器可以在系统软件端自定义设置，用户可自由设置开启的灯光，例如可设置房灯、阅读灯自动开启，并自动打开窗帘等。系统软件可按不同的户型，设置模式下各种照明及电器的控制。

4. 普通模式

（1）客人可通过弱电开关面板或平板电脑、手机APP、微信、电视遥控器等方式对灯光、电动窗帘、排气扇等设备和勿扰、清理等服务功能以及空调进行控制。

（2）系统支持多路开关量控制及两路为调光控制（灯具为白炽灯、卤素灯等支持可控硅调光的灯具），灯光的亮度可多级均匀变化。

（3）可根据酒店方需求设置多种场景模式开关，控制灯具、电动窗帘、调光等，例如在客房内设置"影音模式""阅读模式"等开关，并可在系统软件端远程设置控制参数，灵活方便。

（4）空调进入本地操作模式，客人可操作温控器按自己的需求来控制客房温度；在软件端可实时查询客房内空调运行情况，如实际温度、设定温度、风速等。

（5）客房内"请即清理""请勿打扰""请稍候""SOS""退房"等服务信息实时传送到门外显示器和软件界面，并有声音及信息提示，同时系统软件还可将服务请求以短信形式下发到服务人员手机。

（6）当有"SOS"信息时，门外显示器上所有指示灯闪烁，以提示服务员尽快处理；当有"退房"服务时，不能实现"请勿打扰"；"请勿打扰"还和"请即清理""请稍候"实现互锁；"请勿打扰"状态下按门外显示器的"门铃"键无效。

（7）若门外有人按"门铃"键，门外画面可以传送至电视上；如需来访人员等待，客人也可在控制面板上按"请稍候"键，同时"门外显示器"上"请稍候"窗口点亮并闪烁，告之请稍等；当客人再次按下此键或开启房门时，此状态取消。

（8）客人按下"窗帘开/关"按键，可控制电动窗帘的打开与关闭。

（9）浴室内安装吸顶红外探测器，当检测到客人进入卫生间时，可自动点亮浴室灯、排气扇，如果长时间无人，可关闭卫生间所有灯具及排气扇；衣柜内安装吸顶红外探测器，当客人打开衣柜，检测到有人时，可自动点亮衣柜灯，如果客人未关闭衣柜门离开，可延时关闭衣柜灯。

（10）空调运行状态、客房温度和门磁开关状态等信息实时传送到系统软件。

5. 睡眠模式

（1）客人休息时，可按下床头"总控"键，系统进入睡眠模式。

（2）灯光全部关闭，可设置自动进入"请勿打扰"状态。

（3）窗帘自动关闭。

（4）空调可自动跳转至酒店设定节能温度。

（5）在睡眠状态下，只要按任意键，"夜灯"自动开启，并唤醒系统恢复进入普通模式。

6. 已租（无人）模式

（1）当客人外出（未退房）时，系统进入"已租（无人）"模式。

（2）空调按"已租（无人）"模式运行，如夏天设置为26摄氏度，风速设置为自动（可自由设置）。

（3）当客人再次回客房时，空调将自动恢复客人以前设定的状态。

7. 退房模式

当客人按下"退房"键时，信息传送到系统软件，通知服务人员到该客房进行查房，前台人员可以提前进行结账工作，节约退房时间。

8. 特别模式

在系统的运行过程中，会发生一些特别的情况，系统会实时进行控制和报警提示，如下所示。

（1）当客房显示无人，而房门又长时间处于打开状态，系统软件会发出声音及信息报警，提醒服务人员进行处理。

（2）当客房内温控器高于或低于设定值时，系统软件上会有报警提示，提醒服务员查看情况。

（3）当客人身体不适或有特殊情况时，可按动客房或浴室内设置的"SOS"紧急呼叫按键，门外显示器上所有指示灯闪烁，同时信息将被快速传送至软件进行信息提示及报警。

（4）如果是残疾无障碍客房，当访客在外面按门铃按键时，除门铃响起外，客房内指定灯具将闪烁。

三、客房智能控制系统开发的实施步骤

客房智能控制管理整体解决方案的实施步骤如图4-3所示。

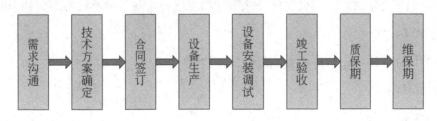

图4-3 客房智能控制管理整体解决方案的实施步骤

（一）需求沟通

1. 系统功能沟通

酒店智能控制管理方案涉及的系统比较多，酒店要结合实际需求与方案提供商沟通，要实现哪些功能。

2.设备选型沟通

酒店要结合功能需求、资金预算等因素与方案提供商沟通，选择适合本酒店的性价比最高的设备选型方案。

（二）技术方案确定

1.系统功能确定

酒店要与方案提供商进行充分的沟通，深入表达酒店的需求，对同一功能需求让方案提供商尽可能多地提出不同的解决方案供酒店选择。

2.设备选型确定

厂家应针对某种技术方案提供满足要求的性价比最高的设备供业主选择。

3.实施方案确定

酒店应针对方案提供商提供的方案，结合施工图纸等材料，对方案实施步骤与注意事项进行充分沟通，以避免因技术理解不到位、现场施工环境等因素造成的差错。

（三）合同签订

全面的技术方案确定后，进入商务谈判环节，双方达成一致则可进行合同签订，约定设备选型及数量、价格、交货期等事宜。

（四）设备生产

合同签订后，进入酒店运营内部环节。在收到设备预付款并再次确认技术参数后，设备开始生产测试，直到设备发货。

（五）设备安装调试

设备到达项目现场后，开始进行安装调试工作。酒店可与方案提供商约定具体实施形式，一般由方案提供商指导施工方进行整体安装，安装完毕后由方案提供商进行整体调试工作。调试完毕后，方案提供商还应对使用方进行设备使用及日常维护知识的培训。

（六）竣工验收

设备调试完毕后，由酒店对系统进行整体验收。

（七）质保期

验收合格后，设备进入免费质保阶段（一般为一年）。在质保期内，如果设备运行出现故障，方案提供商将免费进行处理。

（八）维保期

免费质保期过后，设备进入维保阶段，酒店方可与方案提供商签订维保合同，这样酒店方可享受方案提供商提供的有针对性的特定的服务。

第五章
酒店餐饮成本控制

> **引言**
>
> 我国酒店的餐饮利润来源于餐饮营业收入和餐饮成本这两个环节,在我国酒店的餐饮价格和其他因素不变的情况下,餐饮成本决定着酒店利润的高低,餐饮成本降低可以增加餐饮业的利润,因此减少餐饮的开支是提高餐饮经济收益最基本的方法,而加强成本控制是降低我国酒店的餐饮成本最有效的途径,也是提高我国酒店餐饮盈利水平的基本手段。

第一节 酒店餐饮经营特点及成本结构分析

一、酒店餐饮的经营特点

餐饮产品形式的多样性以及产、销的短暂性是酒店餐饮成本控制的难点,具体而言,它们主要表现在以下几个方面。

(一)餐饮收入的可变性和经营的季节性

餐饮收入在酒店营业收入占有较大的比重。在我国,一般酒店的饮食收入要占总收入的30%~40%,经营管理好的则可超过客房收入。由于餐饮部每日的就餐入数和人均消费额不固定,所以其收入的可变性很大;同时餐饮的经营具有很强的季节性,其每年的销售量会随季节的变化而变化,同样销售业务在同一天内,也具有明显的差异性。

(二)短暂的分销链

餐饮生产的特点是先有买主后生产,餐饮部门为满足顾客的需要把食品加工为产成品,可以迅速地转变为现金,由于它的产品生命周期较短,餐饮部门很少有现成的产品,有的只是现成的菜单(Menu),给顾客点菜参考。

（三）难以预测合理的库存量

由于顾客的口味很难估计，设计的菜品并不能满足所有的顾客，经常有临时点菜现象，而且点菜的随机性强，无法预计，这给成本控制带来了一定的难度，做好一定的预测和充足的原材料储存是非常必要的。

（四）劳动密集型作业

酒店餐饮业不同于制造业，制造业由于科技的发展采用自动化生产，甚至用机器人代替作业使得企业对劳动力的需求急剧减少。而酒店餐饮业刚好相反，它为及时满足顾客的需要，随时拥有一支庞大而高效的员工队伍，在快餐店，劳动力成本可能低于20%，而在俱乐部里可能高达50%以上。

上述酒店餐饮经营的特点，决定了手工密集作业的执行标准弹性大、产品销售的数量和种类不固定、合理库存量难以把握的特点。

二、餐饮成本概念

餐饮成本指制作和销售餐饮产品所产生的各项费用，包括制作和销售菜肴的各种食品原料成本，管理人员、厨师与服务人员等的工资，固定资产的折旧费、食品采购和保管费、餐具和用具等低值易耗品费、燃料和能源费及其他支出等。因此，餐饮成本的构成可以总结为三个方面：食品原料成本、人工成本和经营成本。

（一）食品成本

食品成本指制作菜肴的各种食品原料成本。它包括主料成本、配料成本和调料成本。主料成本常常是菜肴中占有主导地位原料的成本。有时，菜肴以主要原料名称而命名，如牛排里面的牛排成本，鸡丁里面的鸡肉成本。配料成本是菜肴中各种配菜的成本，如鲍鱼中的煲汤材料，鸡丁里的青菜粒、腰果等的成本。调料成本指菜肴中的各种调料成本或调味汁的成本，如油、盐、味素、调味酒等的成本。

（二）人工成本

人工成本指参与餐饮产品生产与销售（服务）的所有管理人员和职工的工资，包括餐厅经理和总厨的工资，主管、领班、厨师、服务员的工资，采购、财务、后勤人员和辅助人员的工资。

（三）经营费用

经营费用常常指在餐饮产品生产和经营中，除食品原料与人工成本以外的成本，包括房屋的租金，生产和服务设施与设备的折旧费，即固定资产的折旧费，燃料和能源费、餐具、用具和低值易耗品费，采购费、绿化费、清洁费、广告费、交际费和公关费等。

（四）固定成本

固定成本指在一定的经营范围内，成本总量不随餐饮产品生产量或销售量的增减而成正比例变动的成本。也就是说，无论菜肴的生产量和销售量高或低，这种成本都必须按计划支出。例如，菜肴生产和经营设备的折旧费，建筑物、机械设备、运输设备的折旧费、大修理费，餐厅和厨房的经营生产管理费，厨师的工资等。但是，固定成本也并不是绝对不变的，当菜肴经营的数量和水平超出餐厅及厨房的现有经营和生产能力时，餐厅和厨房就需要购置新设备，招聘新的管理人员，这时，固定成本会随菜肴生产量的增加而增加，正因为固定成本在一定的经营范围内保持不变，因此，当销量增加时，单位餐饮产品所负担的固定成本会相对减少。

（五）变动成本

变动成本指成本总量随着菜肴的生产量或销售量的变动而按比例增减的成本，当餐饮产品生产量和销售量提高时，变动成本总量就会高。如食品原料成本、临时职工的工资、能源与燃料费、餐具与餐巾和洗涤费等，这类成本总量随着菜肴的生产量和销售量的增加而增加。但是，变动成本总额增加时，单位菜肴的变动成本保持相对不变。

（六）半变动成本

许多有经验的餐饮管理人员认为，能源费和某些职工的工资应属于半变动成本。这些成本尽管随着餐饮的生产量和经营量的变化而变化，但是，这些变化不一定成正比例，例如，能源费等。对于职工的工资，在经营高峰期，可以提高职工的工作效率并给他们适当的补贴，而不是再聘请新的管理人员，从而降低人力成本。

（七）可控制成本

可控制成本指餐饮生产和经营人员在短时期内可以改变或控制的某些成本。对餐饮管理人员来说，可控制成本包括食品原料成本、燃料和能源成本、临时工作人员工资、广告与公关费等。通常，管理人员通过变换每份菜肴的份额、配料的种类和规格及它们的数量比例来改变菜肴的成本。同时，加强对食品原料的采购、保管、生产和经营的管理也会使一些经营费用产生变化。

（八）不可控制成本

不可控制成本指餐饮管理人员在短期内无法改变的成本，如房租、固定资产的折旧费、大修理费、贷款利息及正式职工的工资等费用。因此，管理人员要管理好不可控成本，就必须做好餐饮的经营管理工作，不断开发出受市场欢迎的新菜并做好营销工作，从而减少单位菜肴中的不可控制成本在总成本中的比例。

（九）标准成本

标准成本是根据餐厅过去几年生产和经营成本的历史资料，结合当年的食品原料成本、人工成本、经营管理费用等的变化，制定出每份菜肴的食品成本和总成本，作为企业的标准，这种成本通常称为标准成本。它是餐厅和厨房在一定时期内及正常的生产和经营情况下所应达到的成本目标，它也是衡量和控制餐厅及厨房实际成本的一种预计成本。

（十）实际成本

实际成本是指根据餐厅和厨房报告期内实际产生的各种食品成本、人工成本和经营费用，它是餐厅和厨房进行财务成本反映的基础。

三、餐饮成本结构及控制方法分析

餐饮业的成本结构，也可分为直接成本和间接成本两大类。餐饮成本控制的范围，也包括直接成本与间接成本的控制；凡是菜单的设计、原料的采购、制作的过程和服务的方法，每一阶段都与直接成本息息相关，自然应严加督导。而人事的管理与其他物品的使用与维护，应全面纳入控制的系统，以期达到预定的控制目标。

（一）直接成本的控制

所谓直接成本，是指餐饮成品中具体的材料费，包括食物成本和饮料成本，也是餐饮业务中最主要的支出。

有效的餐饮成本控制，并非一味地缩减开支或采购低成本的原料，企图节省支出费用，而是指以科学的方法来分析支出费用的合理性，在所有动作展开之前，规划以年或月为单位的开销预算，然后监督整个过程的花费是否合乎既定的预算，最后以评估和检讨的方式来修正预算，改善控制系统。

1. 直接成本控制的步骤

（1）成本标准的建立。

所谓建立成本的标准，就是决定各项支出的比例。若以食物成本为例，食物成本也指食物的原料或半成品购入时的价格，但不包括处理时的人工和其他费用。食物成本比例取决于三个因素：采购时的价格；每一道菜的分量；菜单售价。

（2）记录实际的操作成本。

餐饮业在操作上常会遇到一些意料之外的障碍，有时是人为的，导致浪费，有时是天灾影响原料成本，这些因素都会直接反映到操作成本上。所以真实地记录操作过程的花费，并对照着预估的支出标准，可以立即发现管理的缺失，及时改善控制系统。影响操作成本的十大因素可归纳如下：运送错误；储藏不当；制作消耗；烹调缩水；食物分量控制不均；服务不当；有意或无心的现金短收；未能充分利用剩余食物；员工偷窃；供应员工餐饮之用。

（3）对照与评估。

一般而言，实际成本经常会高于或低于标准成本，但是管理阶层该于何时采取行动来调查或修正营运状况，则全视实际成本与标准成本两者之间差距的大小。当管理者在设定差距的标准时，应先评估时间的多少与先后顺序，以免本末倒置，而达不到控制的真正目的。

2. 直接成本控制的方法

餐饮产品由采购原料至销售为止，每一过程都与成本有关，其细节如图5-1所示。

菜单的设计

每道菜制作所需的人力、时间、原料、数量及其供应情形，都会反映在标准单价上，所以设计菜单时要注意上述因素，慎选菜色的种类和数量

标准单价是指按照食谱中制作一道一人份的菜所需要的食物成本。计算方法是将食谱中所有成分的价格总和除以全部的分量

原料的采购

采购过量，可能会造成储存的困难，使食物耗损的机会增加（尤其是生鲜产品），但数量太少，又可能造成供不应求、缺货，而且单价也随之提高。所以准确地预测销售、定时盘点，且机动性改变部分菜单，以保存使用的安全量，都是采购与库存管理人员需注意的要点

餐饮的制作

制作人员一时疏忽，或温度、时间控制不当，或分量计算错误，或处理方式失当，往往会造成食物的浪费，而增加成本。因此，除了鼓励使用标准食谱和标准分量外，也可以用切割试验来严密地控制食物的充分利用

服务的方法

没有标准器具提供使用，对于剩余的食物没有适当加以处理，对于食物卖出量与厨房出货量没有详细记录，及延迟送食物给客人，都会造成食物的浪费和损害，影响成本，所以预先规划妥善的服务流程，将有助于控制成本

图 5-1　直接成本控制的细节

（二）间接成本的控制

所谓间接成本，是指操作过程中所引发的其他费用，如人事费用和一些固定的开销（又称为经常费）。人事费用包括了员工的薪资、奖金、食宿、培训和福利等；经常费则是所谓的租金、水电费、设备装潢的折旧、利息、税金、保险和其他杂费。

1. 薪资成本的控制

训练不够的员工，工作效率自然不高，生产率也难以提高；疲惫不堪的员工，服务的质量也会降低，而这些都会影响人事费用的支出。有效分配工作时间与工作量，并施以适当、适时的培训，是控制人事成本最佳法宝。

人事成本包括薪资、加班费、员工食宿费、保险金及其他福利，其中薪资成本的开

销最大，占营业总收入的两成至三成，主要依其经营风格的差异及服务品质的高低会略有浮动。

一般而言，管理者会先设定服务质量的标准，仔细考量员工的能力、态度及专业知识，然后订定出期望的生产率。如果实际的生产率无法达到预估的水准，那就是管理者要彻底分析采取行动的时候了。薪资成本的控制步骤如图5-2所示。

步骤一　决定标准生产率

标准生产率可由两种方法来制定：一是依据每小时服务客人的数量；二是依据每小时服务的食物份数（此适用于套餐服务方式）。这两种方法都可以清楚算出服务人员的平均生产率，可作为排班的根据

步骤二　人员分配

根据标准生产率，配合来客数量的不同来分配。分配时需注意每位员工的工作量及时数是否合适，以免影响工作质量

步骤三　由标准工时计算出标准工资

大概地预估出标准的薪资费用，然后与实际状况比较、分析，作为管理者监控整个作业及控制成本的参考

图5-2　薪资成本的控制步骤

餐饮业种类的不同，对员工水准的需求也不同，薪资成本的结构自然也不一致。如果管理者评估发现薪资成本过高，不符合营运效益时，除了要重新探讨服务标准的定位外，也可采取如图5-3所列方法来改善。

方法一　用机器代替人力，例如以自动洗碗机代替人工洗碗

方法二　重新安排餐厅内外场的设施和动线流程，以减少时间的浪费

方法三　工作简单化

方法四　改进分配的结构，使其更符合实际需要

方法五　加强团队合作精神培训，以提高工作效率

图5-3　薪资成本过高进行改善的方法

2.经常费的控制

员工若没有节约能源的习惯,则会造成许多物品与能源的浪费,如水、电、纸巾、事务用品。不熟悉机器设备的使用方式,则会增加修理的次数,增加公司的负担。养成员工良好的工作习惯,确实执行各部门物品的控制及严格的仓储管理,便能聚水成河,积少成多。

第二节 酒店的餐饮成本控制的必要性

一、降低酒店的餐饮成本,使得酒店获得更大的利润空间

降低酒店的餐饮成本可以从降低餐具成本、酒水成本、人力成本、仓储成本、水电燃料成本、销售成本入手。这些成本都直接影响到酒店利润的来源。降低酒店的成本能增加更多顾客到酒店消费,从而根本上提高酒店的利润,这是我国酒店经营管理中特别重要的部分之一。而餐饮部作为我国酒店最大的经营部门,其餐饮成本的控制也是我国酒店经营管理的重要环节之一。餐饮成本的高低直接影响酒店经营好坏,也对酒店餐饮的竞争力产生极大的影响,餐饮成本的高低也直接反映着我国酒店餐饮的经营管理水平,所以控制餐饮的成本对酒店来说是十分有必要的。

二、降低消费者的成本、吸引更多消费者到店消费

一个酒店的所有利润都来源于消费者,可以说到酒店消费的人越多,酒店的利润就会越高,这是无可厚非的。但影响我国酒店利润的有多个因素,价格就是其中之一。作为消费者不仅注重就餐的价格,更注重就餐的质量和数量,所以减少消费者的成本是我国酒店餐饮成本控制中不可缺少的一部分。

消费者的就餐成本降低了,顾客的数量就会不断增加,从而提高酒店餐饮的成本。在餐饮运营管理者要达到预期的销售量时,他需要厨师长辅助进行原料的储备、生产和管理,或者说,当厨师长储备了相当的原材料后,经营管理者应完成销售任务。这个过程中,管理者和厨师是相辅相成的。总之,餐饮产品销售中,降低餐饮成本是增加消费者人数的关键。在餐饮运营管理中,酒店经理要完成以下四项任务。

(1)设法不断地增加就餐的消费者的人数。

(2)设法不断地增加回头客。

(3)设法提高顾客的食品平均消。

(4)设法提高顾客饮品占食品收入的比例。

只有不断降低酒店餐饮成本才能使得酒店获得更大的利润。

三、为了适应消费者追求精神上的享受

众所周知,餐饮成本控制得当,消费者就可以花同样的钱到酒店更好地享受酒店美

食。餐饮产品的用料、选料未必是最好、最贵的，但需要有文化内涵和底蕴，要有相对比较高等级品味和较高产品附加值，这为餐饮成本控制提供了新潜力，可以用相对较低的成本提供相对比较高等级品味的产品。既可以满足消费者精神享受，又可以满足消费者的物质享受。这样一来不仅能维持很多回头客，又可以吸引更多的新消费者，从而使得酒店获得更大的利润。餐饮和消费者的娱乐综合在一起，可以丰富餐饮经营的内容，使原本只具有饮食功能的餐厅，又有了商业的功能、社交功能和娱乐功能，在满足顾客饮食需求的同时，又为顾客提供了文化娱乐的场所，同时也为餐厅带来了良好的经济效益。所以成本控制对酒店来说是非常有必要的。

四、控制成本是酒店提高竞争力的根本途径

科学的餐饮成本控制可以提高餐饮经营管理水平，减少物质和劳动消耗，可以帮助酒店获得较大的经济效益，从而提高酒店竞争力。餐饮成本控制关系到餐饮的质量和价格、营业收入和利润、消费者的利益和需求。酒店采购员在材料的采购上需要有合理采购计划，应当根据预计的使用量、订餐数、常规销货量等来确定采购的数量和种类。采购员应根据菜单中的菜肴要求、常规用量及库存备货周期进行采购，必须控制干货的质量和数量。鲜活食品一天购买一次最好，这不仅保证厨师能做出的菜品新鲜，又能保证货品不腐烂，从而杜绝酒店铺张浪费的现象。对于专业菜系（如八大菜系、十二大菜系等）使用的原材料应用少批量购买，不能因为厨师的更换或菜肴的调整而使原材料搁置不用，造成不必要的浪费。购买调味品时要考虑是否符合当地消费的口味，不能随便套用其他地方消费者的习惯进行购买，最大可能避免货品堆积在仓库，无法使用的情况出现。常规性、大众化使用的调料和原材料的采购量适当增大一些，避免经常采购，增加采购负担和成本支出。

第三节　餐饮成本造成偏差的原因

一、酒店的餐饮部门的菜单设计不够准确

菜单是用来和消费者沟通的主要桥梁，酒店用它来告诉消费者可以享用的食品，菜单的设计关系到酒店所经营食品的成本以及利润。菜单不仅决定着酒店需要购买什么样的食品和饮料，而且决定酒店应该聘用什么样的厨师。菜单关系到厨房设备的需要，也决定酒店的室内装修和设计。菜单确定成本控制程序，指挥着酒店生产的要求，以及服务人员的要求。菜单的设计是我国酒店餐饮成本的最重要因素之一，饮食服务业中有这样的一句话："餐饮的一切都从菜单开始。"菜单几乎指挥酒店任何组织和管理，以及达到经营目标的程度，作为酒店的经理应该重视和参与菜单的设计，从而防止酒店的一切铺张浪费现象。

二、酒店工作人员没有成本控制意识

（一）餐饮管理者

酒店餐饮成本管理的基础工作，是成本管理工作能否见成效的重要环节。为什么有些酒店成本管理效果不是很理想么，成本总是降不下来，其中有一个重要的原因就是酒店餐饮管理者对餐饮基础工作薄弱，管理方法比较守旧，管理手段不够合理，不能适应餐饮管理工作的要求。要做好成本管理的基础工作，餐饮的管理者责任最为重大，既要负责餐厅的整体事务，又必须要注意酒店日常经营中的细节。所以，管理者在各方面都要起着带头的作用，只有把自己的工作做到位，才能把员工管理得好，才能管理好酒店。管理者可以从以下几个方面来控制餐饮成本。

（1）指导或者监督酒店员工的工作，随时关注菜单的变化。

（2）依据酒店政策及标准，统筹制订酒店餐饮部的经营计划。

（3）与厨房人员进行协商，调整餐厅必需品购买以及验收程序。

（4）做好出入库记录，做到账目清晰，认真做好盘点工作，账面数字要准确，真实。

（5）严把食品质量关，要经常检查食品是否过期或变质，坚决抵制浪费公物现象。

（二）酒店员工

酒店员工在实际工作中缺乏节约开支、控制成本的意识，有些员工认为成本控制是酒店主管、经理们的责任的思想普遍存在，对原材料和食品的浪费现象严重，特别有的个别员工的浪费行为没有受到及时处罚时，会引起其他员工心理不平衡，从而加剧材料大量浪费，造成成本失控。在岗管理人员要建立科学合理分的配制度，根据不同岗位的工作特点，采取岗位工资、效益工资、计件计时工资或奖励提成工资等形式，使工资真正成为调动酒店员工积极性的有力措施。酒店员工要培养"股东精神"，树立"成本控制"意识的观念，强化"无私奉献"的价值观，使成本控制制度深入人心。可以说没有员工的主动参与，在健全的成本控制制度下也不能取得很好的效果，只有酒店全体员工在"人人为酒店，处处讲效益的氛围"下，才能使其在竞争中胜出。

三、酒店餐饮的原料使用容易造成浪费

我国酒店餐饮的材料消耗量相当大，浪费现象十分严重。即使有些酒店的餐饮部制定了餐饮产品标准成本卡，但由于信息收集难度大，处理、分析工作量大，手续繁杂等原因，餐饮标准成本控制制度并没有很好地实行，成本差异无法落实到责任人，成本优势没有得到体现，材料浪费、毁损现象仍然存在，并没有得到有效解决。甚至在一些酒店，管理者对于员工偷食、偷拿现象也都只是睁只眼闭只眼，觉得这种现象不关本人的事情，进而不去理会。这种仅靠员工的自觉性来约束员工行为不能使酒店得到有效管理，酒店应该继续建立并不断完善"制度管人"的机制，尽最大可能减少酒店的材料浪费问题。酒店的各种食品经过采购和验收后，还需要经过储存。酒店的餐饮部门买入的食品

品种成千上万,对于采购后需要马上进行处理加工的容易变质腐烂的食品必须存放在适当的地方,最容易腐烂的食品应进行冷冻处理,对不容易变质或腐烂的食品,即使能存储时间比较长,但有些酒店还是没有找到合适的存放方法,存储的问题没有得到很好的解决。

四、餐饮成本控制机制不够完善合理

餐饮成本控制是以餐饮成本差额分析中心展开的,在餐饮业务管理整个过程中,根据原料成本在各环节的表现形式有所不同。因此,在制定标准成本的基础上,其成本控制也要按照各个环节的成本产生情况和表现形式的不同来进行,但很多酒店餐饮成本控制机制都不够完善,其中主要表现在以下几个方面。

(一)采购不够完善

酒店餐饮能够正常营业都是从食品的采购开始的,像任何一家企业管理一样,控制采购的数量和成本。但是有些酒店根本没有重视采购的重要性,其表现如下。

(1)采购员没有关注货品是否合格。
(2)采购员没有购买有质量保证的物品。
(3)采购员没有购买合理价格的物品。
(4)采购员没有及时采购必要的物品。

采购是最基本的环节,酒店的餐饮部没有制定和实施有效的采购工作,酒店的餐饮部也没有重视采购环节对酒店餐饮利润的影响。如果一个酒店的餐饮部对采购工作没有十分慎重的话,具有商业性的餐厅是不可能获得很高利润的。换句话说,酒店的餐饮部是盈利还是亏损,关键在于采购工作制度是否完善。

.(二)原料成本制度不够完善

餐厅原料控制包括食品原料成本的控制和饮料成本的控制,但在实际工作中,酒店餐饮管理人员没有确定酒店餐饮的标准成本,酒店采购员没有根据食品和饮料的销售收入来核定标准成本,采购员也没有将实际成本和标准成本进行比较,没有对两者的差额及存在的问题加以认真分析,酒店的采购员没有找出存在问题的原因,酒店的成本控制没有按时按每月汇总一次。在餐饮管理的各种原料成本控制方法中,每种控制方法都必须实现规定标准成本的数额或变动幅度——价格差、数量差、成本差的控制幅度,库房成本控制中的平均库存,资金周转的相对误差变动幅度,酒店厨房成本控制中的份额成本,期间成本的相对变动幅度等,并以此作为判断实际成本消耗合理程度的依据,才能做好日常成本控制工作。而有些酒店只注重能不能获得利润,并没有重视原料的控制这一环节。

(三)库存成本制度不够完善

酒店的库存控制是在每日盘点的基础上进行的,重要的是控制库存的资金占用,节省费用开支。很多酒店没有制定库存的标准成本,如每月原料平均库存金额、原料资金

周转率、需要库存的原料最高存量。酒店没有检查实际库存状况，也就是每月的盘点。酒店没有计算出每个库存的期初库存，同时也没有计算实际库存与标准库存之间的差额。大部分酒店没有分析库存成本差额和原因。

（四）厨房生产成本制度不够完善

厨房生产成本控制以餐饮产品的标准成本为基础，标准成本是经过加工测试而实现制定的。因此，厨房产品生产成本控制就必须以厨师的实际操作为主，重点是按照标准成本，控制食品原料加工的损耗率，净料出成率和菜点的主料、配料和调料使用数量，然后采用抽查的方式来检查实际成本消耗，分析成本差额，找出存在问题，从而达到成本控制的目的。但是有些酒店的厨房生产成本控制不够完善，包括厨房的装修、厨房布局、厨房设备选购、厨房设备保养、厨房储存设备，这些都没有高度重视，从而导致酒店利润减少。

（五）餐饮用工成本制度不够完善

众所周知，酒店的餐饮部属于劳动密集型，用工成本占酒店餐饮营业额的比重达20%。目前，餐饮企业的组织管理还是用以往那种简单的粗线的管理模式，浪费了许多劳动力资源，也浪费了大量用工成本。但酒店餐饮部还不断扩招员工，这样不但不能提高效率，反而增加酒店的负担。一般酒店餐饮的纯利润仅占营业额的10%左右，而劳动力成本则达到营业额的6%。由此可见，采取有效的用工成本控制措施对酒店来说是很有必要的，可以在营业额一定的条件下，为酒店增加50%的利润。用工成本基本上由两部分组成，即人工成本和管理费用成本。人工成本包括酒店员工的固定工资和福利待遇，管理费用成本包括人力资源管理费、材料费、招聘费、培训费以及解聘费等。以上这些费用在部分酒店餐饮部还没有被引起高度的重视，其实，这些费用都在不断上升。同时，用工成本构成和控制都有其特殊性，有效控制用工成本不单是节省人工开支，重点应放在如何提高员工劳动生产率上。

第四节 酒店餐饮成本控制的措施

一、实施标准成本控制制度，控制材料耗量

（一）做好饮品成本控制

"饮品"一词与一般的接待业一样，是指包括酒在内的所有饮料。在经营饮料的过程中，酒店管理员应注意两点：第一，饮料是最容易被员工偷拿的东西；第二，当饮料在市场上畅销时，有可能大大提高销售量。对饮料应当加以控制，酒店管理者要采取严格控制措施，让酒店的服务员、吧台值台的服务员、收款员相互监督，酒店的服务员应对现金和酒水存货负责，上班之后检查各类酒水现存瓶数与存货结存款是否相符，下班之前检查酒水剩余数与酒水销售是否一致。另外，酒店应建立服务员行为职责标准，教育

服务员树立职业道德观念，关心顾客，全心全意为顾客服务，营业结束后，酒店的酒水存货要加锁管理。

（二）建立成本分析制度

餐饮成本分析制度是酒店餐饮成本控制中非常重要的一个部分，它的作用是在保证酒店餐饮销售的基础上，使得利润达到最高的水平。餐饮中建立成本制度的目的是为了随时掌握成本消耗的多少。降低成本开支是提高酒店经济效益的主要途径，因此，酒店管理人员应做好每日的成本分析，找出成本消耗和成本管理中发现的问题和原因，这样可以帮助酒店的管理人员降低成本开支。在认真做好餐饮成本核算的基础上，酒店管理者还应该每周、每月、每个季度对各项成本核算的结果进行分析，定期提出餐饮成本分析报告，其分析期以每周和每月一次最好，通过不断地进行成本分析，才能更好地指导餐饮业务经营活动的开展。

1. 餐饮成本分析包含的内容

餐饮成本分析包含的内容很广，一切餐饮经营管理活动都存在成本控制问题，既然存在成本控制问题，自然就要进行成本分析。因此，餐饮成本分析涵盖餐饮经营管理活动的各个方面，是对餐饮经营管理活动的全面成本分析。具体来说，餐饮成本分析主要有如下内容。

（1）餐饮原料采购成本分析。

（2）餐饮原料验收成本分析。

（3）餐饮原料存储成本分析。

（4）餐饮食品生产加工成本分析。

（5）餐饮市场营销成本分析。

（6）饮料成本分析。

（7）资产使用成本分析，重点是固定资产、低值易耗品和物料用品的成本分析。

（8）资金运营成本分析。

（9）用工成本分析。

（10）综合成本分析。

2. 餐饮成本分析的组织

餐饮成本分析是一项效益较高，但难度较大的工作，需要企业投入一定的人力、物力和财力。为了提高餐饮成本分析的效果，必须加强对餐饮成本分析的组织。具体来说，餐饮成本分析的组织应该包括如下一些内容。

（1）确定成本分析人员。

餐饮成本分析应该由酒店财务总监负责，财务部成本分析小组或成本核算人员执行。

（2）聘请成本分析专家参与成本分析。

成本分析专家往往能够站得更高，看得更远，能够帮助企业发现那些企业内部成本分析人员不易发现的，而且可能是重大的成本失控问题，可以为企业成本控制水平的迅速提高起到推动作用。因此，聘请成本分析专家进行成本分析，虽然要支付一定的费用，但总体来说还是值得的。

（3）定期召开成本分析会议。

餐饮成本分析一定要提高到酒店管理人员特别是高层管理者的重要议事日程上来。高层管理者一定要高度重视这一工作，定期（每季或半年）组织一次成本分析会议，及时发现成本问题，改善成本控制工作，不断提高成本控制水平。

（三）实施标准的餐饮产品生产成本控制制度

餐饮业的生产加工需大量的人力和物力的投入，生产加工过程的每个环节和每个人都可能成为成本的漏洞，每个环节和每个人都有可能使食材在铺张浪费中消耗掉，而且要加以控制是非常的难，所以，生产加工中食材是酒店原料成本控制的核心。生产加工过程的成本控制内容主要有环境成本控制、组织分工成本控制、标准化成本控制、能源成本控制等。

（四）建立抵御市场风险的定价制度

餐饮业的定价要按照一定的市场规律，不仅要考虑同行业同类菜品的定价，而且要考虑原材料等的价格，不能随便定价，随意变动价格等。价格是关系到酒店利润的最重要因素之一，因此，酒店的经营者在制定价格时要慎重，需全面地考虑种种因素。酒店的市场指向性决定了餐饮部要获得利润的主要方法是提高销售额，而提高销售额的关键因素之一就是要有合适的价格策略，一般有以下三种定价策略。第一是以成本为中心的定价策略，第二是以需求为中心的定价策略，第三是以竞争为中心的定价策略。不同时期餐饮市场可以根据不同的定价策略来制定价格。

二、培养酒店全员成本意识，加强成本效益观念

提高酒店人员素质和技能水平，控制原料成本。一方面，提高员工技术水平，做好原料的综合利用，比如粗加工要按规定操作程序和要求进行，保持应有的净料率，剔除部分应尽量回收再利用，如分发到员工餐厅二次使用。要保证整料整用，大料大用，小料小用，下脚料综合利用。严格按照标准配菜，力保菜品规格质量。另一方面，提高烹调技术，保证菜品质量，杜绝退菜，记录出菜率，和厨师奖金效率挂钩，奖优罚劣，形成良好竞争氛围，不断提高工作效率。充分调动广大员工管理和控制成本的积极性、创造性，树立节约成本观念，提高整体员工队伍的成本意识和素质。

酒店餐饮管理是一项持续性、细致性的工作，酒店管理者必须具备良好的管理经验和熟练的烹调技能；要有非常严格的从业道德和行为规范的约束能力；能够根据酒店餐饮的变化制定一套完整的厨房管理模式及措施；要在保证原有菜品质量的同时，由厨师长牵头，包括成本核算员在内，成立新菜品研发小组，制订翔实的推出新菜品的计划；根据酒店菜系、当地菜品口味、消费心理，不断改进现有菜品，推陈出新，迎合消费者尝新的需求。

三、建立合理的采购和验收制度

酒店餐饮原料采购不仅要符合质量要求,也要满足经营所需的数量要求。每一类原料的采购频率和采购数量都取决于原料的使用生命期和日需要量。如果采购的原料数量不足,会造成菜品断档,影响企业声誉。原料验收包括数量、质量、价格的验收,验收人员应对数量、质量、价格进行检查,原料的数量要与账上的数量相符。验收员应检查原料的质量和规格与订购单相符。验收员要检查账单上的价格与订货上的是否一致。加强食品原料采购控制。酒店必须制定和实施有效的采购程序。餐饮原料验收的程序是:先依照订购单和送货发票核实收受项目;依据采购规格书检查原料的质量和规格;采购员应对不合格的原料给予退回;采购员应受理原料签字盖章以及送库存储;采购员填写有关验收报表。

四、重视原料仓储、发放原料过程

食品生产控制和食品原料验收、仓库和领发料控制在酒店经营过程中非常重要,但常常易被忽视。酒店在经营中的食品原料控制不仅要考虑保持一定的存货数量,而且要考虑加工中的数量和已经销售出去的产品的使用量。经验表明食品存货的价值一般为每周消耗的食品原材料价格的5倍。超过了这个标准意味着可能存在着腐烂,占用过多库存而造成浪费。如果存货过少,则会引起不合理的生产或人力成本增加。厨房生产控制是一种特殊的成本控制程序,应在保证食品生产质量的前提下,避免食品原料的浪费和滥用。为了避免浪费,必须根据需求生产以避免滥用,须根据一定的标准生产。因此,生产计划和生产标准制定是生产控制的两个主要方面。发放原料是库存管理中的重要环节,采用一定的原料发放制度,是对酒店餐饮原料进行管理的一项措施。发放管理要确保能及时满足生产上的要求,同时又要尽可能杜绝原料的流失和发放过程中的失误。

【实战范本5-01】▶▶▶

餐饮采购管理制度

为规范原材料的采购程序、节约采购成本、满足经营的需求、提高经济效益,特制定本制度。采储管理流程分为采购、验收、仓管、发放四个环节,针对各餐饮企业的实际情况,切实做好采购工作。

第一条 基本原则

(1)廉洁自律,严格供应商选择、评价、甄选以保证供应商供货质量,处理好与供应商的关系,不接受供应商礼金、礼品和宴请。

(2)严格遵守采购规范流程,按流程办事,能及时按质按量地采购到所需物品,在满足公司需求的基础上最大限度降低采购成本。

（3）加强采购的事前管理，建立完善的设备价格信息档案，做好与采购相关文档的存档、备份工作，以有效地控制和降低采购成本并保证采购质量。

（4）所有采购，必须事前获得批准。未经计划并报审核和批准，除急购外不得采购，急购需按《紧急采购管理流程》要求进行。

（5）凡具有共同特性的物品，尽最大可能以集中办理采购，可以核定物品项目，通知各申购部门提出请购，然后集中办理采购。

（6）采购物品在条件相同的前提下应在正在发生业务或已确认的供应商处购买，不得随意变更供应商。

（7）科学、客观、认真地进行收货质量检查。

第二条　供货商的确定原则

（1）初选供货商：要深入细致地进行市场考察，要从所在城市找出三家以上有代表性的供货商，进行综合考察，在考察中要重点了解供货商的实力，专业化程度，货物来源，价格、质量及其目前的供货状况。

（2）试用供货商：对于同类商品找出两家同时供货，重点从质量、价格、服务三方面来进行比较尝试。

（3）确定供货商：在使用两个月的基础上，由财务人员、厨师长、采购人员提交效果报告，由公司审批确定。

（4）签订供货合同：确定供货商后，由总经理或物配经理与供货商签订供货合同，合同的期限不得超过一年。供货合同一式三联：一份供应商；一份财务部；一份仓管员。合同应确定定价时间、供货质保金、货物的质量要求等。

（5）供货商的更换与续用：在合作的过程中，如发现供货商有不履行合同的行为，在合同期满前，由审查小组集中讨论决定是否更换、续用。

第三条　市场调查原则

（1）由财务人员、采购人员、厨师长每月不少于两次进行市场调查。调查后需有调查记录，写明调查人员，调查时间、地点及调查结果，由全体人员签字后交会计存档。

（2）调查时间、地点的选择。每项15天调查一次，以批发市场早市开市期间为调查区间，不能选择雨、雪天及极端天气情况后的当日或次日调查。市场的调查以供货商所在的市场为准。

（3）调查的方法和程序。调查组应遵循先蔬菜、鲜货，后干杂调料、粮油、酒水的原则，单项货品的调查不应低于三家。调查中要坚持集中调查的原则，调查时应运用看、闻、摸等手段，必要时可进行采样。对被调查的商品要详细了解产地、规格、品种、生产日期、保质期等。在询价后要进行讨价还价，切忌只记录买方一口价。

（4）除实地调查外，当地的报纸、杂志、电视等所刊出的价格以及同行报价也是调查的手段和依据。

(5) 由调查小组结合实地调查结果和咨询结果进行综合讨论通过。

(6) 零星物品的调查由总经理或委托其他人（采购人员除外）实施。

第四条　采购的定价原则

(1) 设立寻价员：由厨师长、仓管员、质检员组成，三人每月初、月中旬分两次入市场寻价，在市场调查的基础上，每半月制定一次，零星物品的采购价格不定期进行。

(2) 定价程序：由财务人员同采购人员一起根据市场调查的结果与供货商讨价还价后予以确认，并由总经理、采购人员签字，以书面形式告知库管、财务执行。

(3) 价格管理原则：对于供货价格实行最高限价制，根据不同的货品，其最高限价范围如下。

① 干杂、调料、粮油等执行价格不得高于市场批发价格的6%。

② 低值易耗品的价格不得高于市场零售价的平均数。

③ 零星物品的价格不得高于市场零售价的3%。

④ 鱼类、肉类、鲜货价格不得高于市场批发价格的4%。

⑤ 蔬菜单位价格在1元以下者，其执行价格不得高于市场批发价格的15%。单位价格在1元以上者，其定价不得高于市场批发价的8%。

(4) 春节、国庆节等节假日期间以及灾害性天气持续时间较长的月份，由于供货价格波动太大，其定价原则可适当放宽。

第五条　审购程序

(一) 耗用物品的审购程序

(1) 对于经常性项目的采购应由所需部门每月固定时间定期报计划，申购单一式三联（采购员、仓管员、财务部各一联）。写明所需物品的品种、数量、规格等，经总经理审批后，交由采购部门办理。

(2) 需临时采购的零星低值物品由所需部门填写申购单，经部门负责人同意后方可办理。

(3) 零星物品的采购不得超过两天。需要急购的物品由总经理在申购单上写明，限时购买。

(二) 自购菜品的申购程序

(1) 需货部门根据库存和使用情况填写申购物品清单，申购单一式三联（采购员、仓管员、财务部各一联），由部门负责人签字后，交采购部门办理。

(2) 库管人员应随时检查库存，当存货降到最低存货点时，库管人员应以书面形式通知采购人员进货。

第六条　采购数量的确定原则

为提高经济效益，降低成本，减少资金占有，应根据勤进快销和按单采购的原则来确定日常的采购数量。

（一）鲜货、蔬菜、水发货的采购数量

（1）此类原料实行每日采购，一般要求供货商送货。

（2）用上述原材料的部门每日营业结束前，根据存货、生意情况、储存条件及送货时间，提出次日的采购数量。

（二）库存物品（干杂、调料、燃料、粮油、烟、酒水、低值易耗品等）的采购数量

（1）此类物品的采购数量应综合考虑经济批量、采购周期、资金周转、储存条件等因素，根据最低库存量和最高库存量而定。最高库存量不得超过15天的用量，最低不得低于1天的用量。

（2）库存量上下限的计算公式。

$$最低库存量 = 每日需用量 \times 发货天数$$
$$最高库存量 = 每日需用量 \times 15天$$

第七条　货物的验收原则

（一）验收的质量标准

根据本公司制定的《原材料鉴别标准》进行验收。

（二）验收的数量标准

根据采购人员收取的当日采购申请单上写明的数量据实进行验收，数量差异应控制在申购数量的上下10%左右。

（三）验收人员

库房人员、领用部门负责人、监督员等最少2人共同验收。

（四）验收时间

每日上午9:30～10:00，下午4:30。

（五）验收程序

（1）由库管人员填写"入库单"或"鲜货食品验收单"，注明所收商品物资的数量。入库单、验收单填写完后，由采购人员、货物领用部门负责人、库管员签字生效。

（2）对不符合《原材料鉴别标准》和数量超过"申购单"的商品物资（菜品），使用部门有权拒绝收货。

第八条　仓库管理

（一）主要工作

负责入库货物的验收、保管及发放等。

（二）货物入库

（1）认真验收，查核货物的数量、质量、保存有效期等，符合要求的方能入库。

（2）开出入库验收单。

（3）及时登记账卡，每天结出数量合计数，并录入计算机。

（三）库存保管

（1）合理利用仓库条件，分门别类保管好各类货品。

（2）做到先进先出、防止积压变质。

（3）设"慢流动表"，凡是库存超过100天，都要上"黑名单"，上报部门负责人。

（四）发放管理

（1）直入厨房：以收货验收后直接入厨房的鲜活食品、蔬菜等，凭经厨师长签字的"收货单"数量标准直拨。

（2）仓库发放：厨房各班组必须填写领货单，经厨师长签字认可后出货，店面大堂经店长签字同意后出货。

第九条 采购事项

（1）采购人员应严格按照"申购单"所列商品物资（菜品）的数量和《原材料鉴别标准》以及有关定价原则进行采购。在采购过程中，因市场行情发生变化，而影响采购数量和质量的，要及时与所购商品物资的使用部门联系，征得同意后方可购买。

（2）在采购过程中，自购鲜活食品、蔬菜时，应逐笔填写所购菜品的数量、单价和金额（预制已列明菜品的一式两联的采购清单，采购人员自留一份，财务结账一份）。菜品要分别堆放装运，以便领货。鲜活及易碎菜品要轻拿轻放，严禁挤压，以免影响菜品质量。冷藏肉品注意保鲜。

（3）对商品物资（菜品）的退货和积压商品，采购部门有积极协助处理的义务。

（4）对采购过程中发生的非正常损失（采购数量与收货数量差异过大），须单独列明并说明原因。

【实战范本5-02】▶▶▶

餐饮部物资成本控制规定

一、二级仓库的管理规定

（1）餐饮部二级仓库物资领用根据营业情况而定，并以标准储存量为依据（待试营业后，制定二级仓库各类物品标准储存量表）。

（2）申领物品必须填写领货单。领货单必须由指定领货人（每月轮流楼层领班）签字、餐饮部经理签字才生效，发货时由发货人签字，三者缺一不可。

（3）每月28号之前，提交下月物资使用预算表，部门负责人签字，提交财务部，对物资使用量要有科学的预测，月度物资领用量严格按照预算表执行。保证在规定的时间内统一领货、保管、发放和盘点工作，以增强工作的计划性。

（4）所有申领物品领用到餐厅后，需由仓库楼层领班清点记账，并根据用途分类摆放。

登记放至二级仓库，所有负责领用二级仓库物品必须有登记姓名、区域、名称及数量并签字证明。

（5）关于本部门各餐具类储物量，原则上不超过两箱/两件，每月15号和月底，各楼层各区域领班集中破损单和酒水单（客人破损）在二级仓库兑换器皿。其他时间不进行兑换。

（6）关于易耗品和清洁用品的储存不超过一个月的量，发现存量不够时，要提前做好领货工作。

（7）部门二级仓库必须有专人负责，经常查看物资的有效日期，防止虫害、霉变，发现问题及时解决。

（8）每月盘点一次楼层的易耗品、劳动用品及贵重物品的数量，并做好交接。

（9）严格按规定存放易燃物品，做好防火安全工作。

（10）保持库房的清洁和整洁。

（11）下班前检查灯具、电源等是否关闭。

（12）完成领导交办的其他工作任务。

二、物资使用的定量标准

（1）使用物资既要保证规格，还要杜绝浪费，节约成本、费用。

（2）餐饮部包厢物品定量标准为：垃圾袋1卷、牙签1小包、蜡烛1盒、打火机5个、小便签1本、笔2支，另外洗手间等清洁用品按个/把/瓶的数量标配（待试营业后，制定餐饮包厢标准物品存放量表）。

（3）有包装器皿类、文具类、清洁用品类，必须以空瓶和以旧换新的原则换取。如有丢失，责任人自行负责。管理组做好监督及派发工作。

（4）关于特殊易耗品，如打包袋、打包盒，包厢楼层一律由吧台保管派发，管理组做好监督。

（5）关于纸巾和打火机等对客使用的物品，各部吧台收银准备一盒的备货，区域包厢每天只需领用标配的数量，可回收的必须回收，杜绝浪费，不可私用，做好物资控制，管理组做好监督工作。

三、资产盘点及破损制度

（1）包厢人员每天对自己区域的物品种类、数量必须清楚（有借有还），班组交接，负责包厢交换时，认真清点物品数量，根据包厢配备器皿表来核对数目并兑换破损器皿，及时发现问题，否则盘点时间点包厢负责人承担一切损失。每天上下班锁好自己区域门锁，以防丢失，否则责任自负。

（2）固定资产盘点则根据安排，管理组人员执行盘点与财务核对。每月根据破损表并注明破损原因（客人未付破损和员工破损），做好登记后上交。

（3）降低餐具破损和丢失的方法。

① 增加备餐间的标准设置（需工程部协助，部分设备需申购）。

② 根据收餐流程，先收贵重、易丢失物品（如金器、咖啡勺等），餐具必须分类摆放，避免碰撞。

③ 对于易丢失餐具，可以考虑购买一部分质良价廉物品使用（大堂吧的咖啡勺及水果叉）。

④ 勤清点，勤整理，及时查明物资去向，及时汇报处理。

⑤ 各点增加破损箱，防止由于破损漏登而造成丢失。如登记及时，管理人员核对后方可丢弃。

⑥ 建议客用厨具和与职厨的餐具分开使用，便于管理（建议职厨申购国产餐具服务）。

（4）建立赔偿制度。

① 破损方面的赔偿：根据餐具破损实名登记制，区别破损原因（客人未付破损和员工破损）。

a. 员工人为造成破损时，必须签字，请各部门做好配合工作。

b. 如果不主动签字，交接包厢时，所缺的餐具照价赔偿。餐具原则上是依照"谁打破谁负责，无人负责的就平摊"的原则，破损餐具不登记者即损害集体利益，互相监督，坚决杜绝！拒绝签字者，直接下单至财务部，于工资中扣除物品相应单价的款项，并处以口头警告。

c. 掩藏破损者，按两倍赔偿后，处以书面警告。

d. 随意处置破损者，按三倍价格赔偿，并处以最终警告。

e. 宾客及员工造成的破损，按物资采购规定的价格进行赔偿（员工半价赔偿）。宾客造成破损，同意赔偿后输单，负责人开出手工单入单并让管理人员签字，保留底单以便作为兑换器皿的凭证。

f. 破损率为0.5%，也就是餐具破损总额占餐饮总营业额的千分之五，为正常破损，由酒店承担。超出差额，由相对应区域工作人员按合理比例承担。

g. 所有赔偿金额必须交财务部，并开具账单为证，月末抵充破损超标部分。盘点记录必须清晰可查。

② 物资丢失的赔偿。

a. 根据盘点结果（盘亏数量－破损数量＝丢失数量），相应责任人以餐具原价进行赔偿。

b. 丢失部分按照一定比例，由各岗位管理级和岗位负责人负责赔偿（单独部门），包厢中物资丢失的由包厢责任人自行赔偿。

c.各岗位借出的物品必须在盘点之前结清，调拨单及时提交财务部。

d.所有手续以手工单为准。

③ 其他处理方法。

a.盘盈部分物品属不正当来源，将追究各岗位部门经理管理不作为责任。

b.盘盈部分由各岗位部门经理负责退回仓库。

c.员工宿舍查出的物品，将按酒店相关制度处理。

（5）餐具的补充方法。

① 各岗位在每月15日与月底盘点的差数，各楼层各区域领班集中破损单和酒水单（客人破损）在二级仓库兑换器皿。

② 根据盘点结果，将差数部分填写领货单，必须明确注明差数原因，及赔偿问题的处理。

③ 由区域负责人、餐饮经理签字后方可到仓库领取，如原因不明，赔偿责任不清，谁签字谁负责，差数赔偿，财务统一审核。

④ 各岗位需在盘点结果下发后的五日内将差额部分配备齐全，保证部门的正常营运。

⑤ 各部门自定的配比数量审核通过后，确定的配比数量如需更改，必须有餐饮经理签字认可。

⑥ 每月盘点都将以上月实际盘存数量为基数。

（6）布草管理方案。

① 步骤：各岗位集中布草及分类→布草放置在手推车里→布草送至指定送洗点→布草管理人员核对送洗并记录→布草管理员清理用过的手推车→送回布草点数记录→布草分类放在储物架上→布草被领用签字记录至配餐室→布草使用。

② 检查布草是否清洗干净，有无破损，并及时注明。

③ 布草架是否定期检查。

④ 布草是否使用恰当。

⑤ 周转使用的布草平均用量是否足够。

⑥ 运载布草用的推车是否干净、有没有锋利边角并调整。

⑦ 按布草送洗记录本上的颜色、尺寸、数量进行清点、签收和发放。

⑧ 不同餐厅使用尺寸/颜色相同的布草时，请洗衣房协助增加布草标识，以便发放和管理。

⑨ 各区域负责人必须负责追回布草房的欠数。

⑩ 每月20日盘点布草的种类和数量，并列表上报。

⑪ 每位员工都要爱护酒店的布草，不能随意将布草作为私人用途使用，所有布草必须按规定方法使用。并注意尺寸、颜色配套，所有管理人员做好监督作用，主管经理级不定期检查。

（7）餐具配比制度。

① 餐饮部包厢的餐具比例原则上统一按照1∶1.5配置。

② 以每个包厢区域的餐具配比表为准，严格按照标配数量补充执行管理。

③ 大堂吧、早餐厅和传菜部管理人员做好本区域的管理工作。

④ 包厢服务员负责各自餐具的具体管理工作。

⑤ 各自不定期对餐具进行盘点、检查，每周不少于一次。

⑥ 损坏餐具的领取必须以旧换新。旧餐具由仓库保管，能够使用的设置损坏标志，报废的暂存仓库，经酒店总经理批准后仓管统一销毁。

（8）酒水的盘点管理制度。

① 酒水部每日营业结束后，根据营业情况登记每日酒水盘点日报表和核对营业报表，上交吧台，统一送交财务夜审。次日交班人员，对酒店的所有酒水盘点一次（项目、数量），检查是否与营业报表一致，有问题及时向上级反映，否则后果自负。每天上下班由吧员将钥匙统一封袋交往前台保管，并签名作实。

② 由收银管理人员根据酒店各区域的酒水出品数量，确立各种酒水的仓存量（项目、数量）。酒水员根据存货数和供应需求数，做好各类酒水的补充工作。

③ 各区域领班根据每天销售及时作领货预算，领货、保持各区域基础酒水存量，严格检查本区域展示篮/柜的酒水饮料数量，并保证符合标配数量。

④ 服务人员每天对本区域展示篮/柜的酒水饮料数量进行检查，保证符合标配数量，及时补充与反映调整。酒水员严格按照前日酒水消费日报表进行核对补充，无消费记录，不明原因的酒水损耗，严禁补充，待追清原因，明确损耗责任后，方可进行补充。

⑤ 宴会的高档酒水由管理人员安排分发给员工，并安排专人统计啤酒饮料（自带或贵重酒水）的回收，空瓶回收并做好登记。

⑥ 发现非人为酒水损耗（酒杯变形、损漏、分量不足），及时上报领导，取得同意后，服务人员/吧员开出损耗单，吧台集中此类单上交财务部。

⑦ 服务人员为客户存酒水，必须由吧台人员见酒后开出寄存单，注明客人资料并说明保质期，三方核对确认。酒水员为客户建立存酒牌，放入指定酒柜中。取酒时，服务人员核对客户资料，确认、取酒、签字。

⑧ 每月1日为上月酒水盘点日，餐饮部负责人、酒水负责人、财务部相关监察人员共同参与，结合每月酒水的销售报表及客人的存酒记录，对于酒店的所有酒水进行一次全面盘点，盘亏酒水必须追究到相关责任人，盘盈酒水必须追查到来源，计入财务其他收入。盘亏、盘盈都将对酒水管理人员进行扣分考核。

⑨ 酒水部开餐或收市都要做好卫生等准备工作，检查水电开关的正常运作和关闭工作。

（9）内部资产管理流程的加强。

各岗位资产管理人员与各岗位部门经理做好沟通,制定餐次或每日物品交接办法。
① 根据核准的基数进行每日核查,并交接。
② 非本岗位物资、积压物资以及多余物资必须上报仓库。
③ 物资数量、性状发生异常状况应立即上报仓库。
④ 财务部将不定时抽查各岗位物资状况,各岗位资产管理人员必须现场配合。
⑤ 固定各岗位资产管理人员:中餐—×××;宴会—×××;大堂吧—×××;酒水部—×××;传菜部—×××;点菜部—×××(注:各岗位第一负责人为各岗位部门经理,餐饮经理为资产总负责人)。
⑥ 财务部必须保证各点都有财务人员监盘。
⑦ 盘点时各区域负责人必须在场负责清盘并签字确认。

第六章
节能降耗减成本

引言

近年来随着煤、电、油、水能源价格的不断上涨,酒店业的能耗成本也不断上升。面对激烈的市场竞争,节能减排、降低成本负担成为酒店立足市场、提高竞争力的关键因素之一,推行节能减排对提升酒店行业整体形象具有深远的意义。

第一节 酒店节能降耗管理的内容

酒店需要采取系列措施营造一个能满足要求的人工环境。人工环境的营造需要消耗大量的能源和物资,并产生废弃物,从而对环境造成一定程度的影响,产生各种环境问题。主要表现为能耗较大、水体污染和废弃物污染。因此,节约能源、降低消耗、治理污染是酒店实施环境管理的一大主要内容。

一、酒店能源管理

酒店能耗较大,能源利用率低,不仅会加剧经济发展中能源的供需矛盾,而且会加剧环境污染,当然也提高了酒店经营的成本。所以无论从提高酒店的经济效益,还是保护环境的角度出发,都需要运用科学的方法和先进的技术手段,合理高效地利用能源,以达到节能降耗,保护环境的目的。

能源的科学管理包括从酒店的建造或改造的选址和设计开始到对客人服务全过程直至建筑报废的整个生命周期全过程的管理。从建造或改造时的选址、设计开始,充分考虑能源的合理利用和设施设备的节能经济性。接下来要做好能源的基础管理工作,加强科学管理,杜绝能源的"跑、冒、滴、漏"等最基本、最直接的日常节能管理工作。另有许多能源浪费是由于服务程序、操作规范的不合理造成的,所以要改进操作和服务方法,达到节能降耗的目的。

酒店能源管理的实施首先应通过科学管理、全员参与来挖掘节能的潜力,获得相应的资金、技术和经验，然后以此为基础对酒店进行节能技术改造，以获得长期的效益。

二、酒店用水管理

酒店用水量大，水质要求高，一方面增加经营成本；另一方面水体污染问题严重，加剧城市污水处理的负担。所以必须对用水进行管理，包括节约用水，改造用水设备，减少用水量和合理利用水，从而一方面减少水资源的消耗；另一方面减少污水的排放。

三、酒店废弃物管理

废弃物主要指酒店生产经营过程中和客人日常生活及其他活动中产生的固态、半固态的废弃物质，既包括俗称"城市垃圾"的显性形态的废弃物，如一次性卫生用品及其包装，办公废品等，也包括隐性形态的废弃物，如过量使用的洗涤剂、杀虫剂等。由此可见，酒店产生的废气物并非都是无用的垃圾，所以对废气物进行管理，将垃圾转化成资源，不仅可减少浪费、降低经营成本；而且能够减少环境污染，具有良好的环境效益。

废弃物的管理是与生产全过程相关的管理过程，它从产品和流程的设计开始，与采购决策、储存控制方式和生产计划密切相关。一项合理的废弃物管理应从减量、再利用和再生利用三个原则出发，尽量减少酒店废弃物的量。废弃物管理的效果除了取决于管理方法和措施的有效性外，还取决于消费者的消费习惯："节约型"还是"抛弃型"，所以，要做好废弃物的管理工作，一定要注意引导客人适量消费。

第二节　实施节能降耗的基础工作

节能降耗的实施不应违反国家和行业相关的法律、法规，节能降耗措施应充分考虑住客的满意度。对节能降耗技术应当进行及时有效的采集和研究，进而对可以应用的技术进行推广。在节能降耗实施过程中，管理方法很重要，成功的节能方案是80%管理方法+20%节能技术相结合。

一、掌握节能降耗的法律法规

节能降耗的法律法规见表6-1。

表6-1　节能降耗的法律法规

序号	法规名称	对节能降耗的规定
1	《中华人民共和国电力法》	第三十一条　用户应当安装用电计量装置。用户使用的电力电量，以计量检定机构依法认可的用电计量装置的记录为准 第四十三条　任何单位不得超越电价管理权限制定电价。供电企业不得擅自变更电价

续表

序号	法规名称	对节能降耗的规定
1	《中华人民共和国电力法》	第六十条　因电力运行事故给用户或者第三人造成损害的，电力企业应当依法承担赔偿责任 第七十一条　盗窃电能的，由电力管理部门责令停止违法行为，追缴电费并处应交电费五倍以下的罚款；构成犯罪的，依照刑法第一百五十一条或者第一百五十二条的规定追究刑事责任
2	《供用电合同》	无功电力应就地平衡。用电方应在提高用电自然功率因数的基础上，设计和装置无功补偿设备，并做到随其负荷和电压变动及时投入或切除，防止无功电力倒送。用电方在供电规定的电网高峰负荷时的功率因数应达到下列规定 （1）高压供电的工业用电和高压供电装有带负荷调整电压装置的用电，功率因数为0.90以上 （2）其他100千伏安（千瓦）以上用电（包括大、中型电力排灌站），功率因数为0.85以上 （3）趸售和农业用电，功率因数为0.80
3	《中华人民共和国水法》	第四十九条　用水应当计量，并按照批准的用水计划用水。用水实行计量收费和超定额累进加价制度 第七十条　拒不缴纳、拖延缴纳或者拖欠水资源费的，由县级以上人民政府水行政主管部门或者流域管理机构依据职权，责令限期缴纳；逾期不缴纳的，从滞纳之日起按日加收滞纳部分千分之二的滞纳金，并处应缴或者补缴水资源费一倍以上五倍以下的罚款
4	《中华人民共和国电力供应与使用条例》	第二十五条　禁止盗用或者转供城市公共供水 第三十二条　禁止擅自将自建的设施供水管网系统与城市公共供水管网系统连接；因特殊情况确需连接的，必须经城市自来水供水企业同意，报城市供水行政主管部门和卫生行政主管部门批准，并在管道连接处采取必要的防护措施。
5	《深圳市节约用水条例》	第三十条　用户不得有下列危害供电、用电安全，扰乱正常供电、用电秩序的行为 （一）擅自改变用电类别 （二）擅自超过合同约定的容量用电 （三）擅自超过计划分配的用电指标 （四）擅自使用已经在供电企业办理暂停使用手续的电力设备，或者擅自启用已经被供电企业查封的电力设备 （五）擅自迁移、更动或者擅自操作供电企业的用电计量装置、电力负荷控制装置、供电设施以及约定由供电企业调度的用户受电设备 （六）未经供电企业许可，擅自引入、供出电源或者将自备电源擅自并网

二、建立健全能源管理机构

为了落实节能降耗工作，必须有相对稳定的节能管理班子，管理和监督酒店能源的合理使用，制订节能计划，实施节能措施，并进行节能技术培训。酒店能源管理机构应以领导挂帅,由各级职能部门人员组成节能降耗领导小组。

三、实行节能降耗目标管理

(一)建立节能降耗标准和目标

酒店进行节能降耗首先要着手制定各项节能降耗标准。

1. 节能降耗标准和目标要解决的问题

节能降耗标准和目标要解决以下问题。

(1)使用某一项节约技术或措施到底能够节约多少水、电、气?

(2)使用什么测量仪器?

(3)用什么测量方式?

(4)用什么样的计算模型进行节能效益计算?

(5)如何测量?

(6)如何计算节能效果?

对这类问题必须建立相应的企业标准。

2. 制定节能降耗标准和目标的依据

(1)要参照《综合能耗计算通则》《企业能耗平衡通则》《评价企业合理用电技术导则》《节电措施经济效益计算方法评价方法》《风机监测标准》和《水泵监测标准》等国家和地方的标准。

(2)要横向按本行业中先进物业公司同性质的物业项目为参照,纵向按照本企业上年同期水平实际消耗水平为依据,核算合理的技术改造节约额度,确立年度节能降耗的各项定额目标。

3. 节能降耗标准和目标建立的要求

(1)对涉及能源消耗的项目要建立定额手册,按月核减定额目标。

(2)在各项目的节能降耗标准和定额目标制定后,企业还要定期动态地调整定额,使之不断适应本企业的需要。

> **提醒您:**
>
> 节能降耗目标的制定不能保守,也不能冒进。目标太高达不到,既浪费了人力、财力,又挫伤了员工的积极性,还有可能使企业错失生存发展的机遇;目标太低,起不到为企业带来经济效益和社会效益的作用,没有实施价值。

(二)节能降耗目标分解

酒店制定节能目标后,要将节能降耗定额目标按月、按专业分解落实。要层层分解到基层,与经济效益挂钩,使全体员工完成自身的节能降耗分目标,从而完成酒店的整体节能目标。

（三）节能降耗实施过程控制

为保证酒店节能降耗目标的实现，需要对节能降耗目标的实施过程进行控制，具体从如图6-1所示的三个方面来进行。

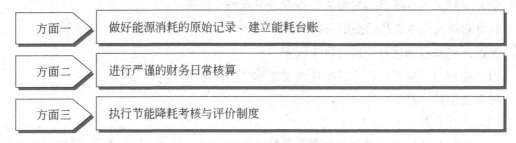

图6-1 节能降耗目标的实施过程控制的三个方面

1.做好能源消耗的原始记录、建立能耗台账

（1）酒店各个部门应认真做好能源消耗的原始记录、建立能耗台账，并按规定报送能耗定额考核情况。

（2）用能部门在考核期内发生超定额消耗能源的应认真分析超耗原因，并按规定向酒店报送定额消耗能源分析报告，制定整改措施，以利节能降耗。

2.进行严谨的财务日常核算

酒店要进行严谨的财务日常核算。采用按目标预算与实际支出情况进行对比分析的方法，对能源消耗支出进行分析，找出差异，寻求解决的办法。

3.执行节能降耗考核与评价制度

要严格执行节能降耗考核与评价制度，以便按照成本分析结果实施奖惩。通过严格的考核，必然能使各部门对节能降耗高度重视。但在具体实施过程中应注意到，酒店属于服务行业，提供给客户的产品就是住房和服务。因此，在完成节能降耗目标的过程中，不能以牺牲服务质量为代价。对于在各种不同的情况下，应怎样进行节能改造才能不降低服务质量，酒店一定要建立相应的制度和标准。

四、制订并实施节能降耗计划和方案

酒店进行节能降耗管理和服务，首先应对酒店的能源消耗情况进行调查和分析，在此基础上制订出切实可行的节能降耗计划和工作方案，完善有关规章制度和管理办法，加强日常管理和服务。

五、加大资金投入和加强技术力量

酒店的任何经营管理活动都有成本，进行节能降耗也不例外。酒店只有提供足够的资金，才能保证节能降耗管理服务工作的顺利开展。另外，在节能降耗的许多重要方面都涉及设施设备方面的技术，需要专门技术人才完成。因此，酒店也必须加强技术力量。

六、推广节能技术和产品

（一）节能降耗的有效方法

对许多酒店来说，对原有设施设备进行节能改造，推广节能技术和产品，可能是节能降耗的最有效方法，如表6-2所示。

表6-2 节能降耗的有效方法

序号	类别	说明
1	照明用电	可使用节能灯，对长明灯进行改造，使用感应式非接触型开关（声光控开关），给景观灯安装时间功率调节装置，夜深时降低照度或停止照明以节约用电
2	水泵和供水器具	水泵应选用合适的加压设备，采用变频技术，有效降低能耗。大力推广使用节水型器具，根据用水场合的不同，选用延时自动关闭式、感应式、手压式、脚踏式、停水自动关式水龙头以及陶瓷片防漏水龙头等。景观用水可安装循环水净化设施。有游泳池的小区，可安装水循环过滤系统，提高泳池水的利用率
3	电梯	可使用电源逆变回馈装置，将原消耗在制动电阻上的电能有效地收集起来回馈到电源，除了可以降低电梯的电能消耗外，还可以降低机房温度，改善机房环境，减少空调的启动时间，降低空调的电能消耗
4	建筑供暖、供冷系统	因地制宜，推广太阳能、地热能、水能、风能等再生能源和清洁能源的应用。同时采用新型冷热电联产系统，实现多能源互补，梯级利用

（二）常见节能产品和技术

1. T5节能灯

"T5"概念的由来是根据灯管的直径［16毫米，0.625英寸左右（1英寸=25.4毫米，1T=1/8英寸，5T=0.625英寸）］、灯管的形状来判断的，T8灯管直径在24毫米（1英寸左右）。

其灯管内部采用稀土作为原料，汞做固态化处理，采用中频工作频率的电子镇流器（工作频率为35千赫兹）推动灯管点亮。

目前市场上比较流行稀土三基色节能灯T5，其节电效果明显。它比普通的T8/40瓦灯管约40%的电能，照度超过T8，替换型T5产品被广泛应用于工厂、办公场所。

2. LED节能灯

LED节能灯是继紧凑型荧光灯（即普通节能灯）后的新一代照明光源。

LED即半导体发光二极管，是一种固态的半导体器件，它可以直接把电转化为光。LED节能灯是用高亮度白色发光二极管作为发光源，光效高、耗电少、寿命长、易控制、免维护、安全环保，是新一代固体冷光源，光色柔和、艳丽、丰富多彩，低损耗、低能耗、绿色环保，适用家庭、商场、银行、医院、宾馆、饭店等各种公共场所长时间照明。无闪直流电，对眼睛起到很好的保护作用，是台灯、手电的最佳选择。

LED节能灯具有以下特点。

（1）更节能——采用半导体发光原理，直流驱动，超低能耗（单管最低0.03瓦），电光功率转换接近100%，磊晶光效超过120流明/瓦，且每年还以30%的速度在提升。比白炽灯省电90%，比传统电子节能灯省电80%，LED堪称是照明技术的伟大革命。

（2）更长寿——LED光源使用寿命可达5万～10万小时，比传统光源寿命长10倍以上，大大减少了光源的更换和维护成本，被誉为"永不熄灭的灯"。

（3）更环保——LED是一种绿色环保光源，光谱中没有紫外线和红外线，热量低、无辐射；无频闪，可视保护力；不含汞元素，且可杀灭空气中的有害物质，除去各种有毒化学物，除去生活中的各种异味，迅速消除空气中的烟雾。

3. 零耗能人体感应开关

楼层公共区域的照明方式，大多采用普通声光控开关控制25瓦白炽灯，按天平均使用2小时计算，每年将用电46.25千瓦·时。改为零耗能人体感应开关（图6-2）控制5瓦节能灯以后，每年将用电3.65千瓦·时，一组开关和灯源每年将节电42.6千瓦·时。每个小区都有很多的公共照明，每年的耗电量是很惊人的，若改为节能型开关和节能灯以后将会大大减少用电量。

图6-2 零耗能人体感应开关

4. 太阳能照明

太阳能是地球上最直接、最普遍也是最清洁的能源，太阳能作为一种巨量可再生能源，每天达到地球表面的辐射能大约等于2.5亿万桶石油，可以说是取之不尽、用之不竭。

太阳能灯采用高效照明光源设计，以太阳光为能源白天充电，晚上自动照明，安全、节能、无污染，充电及开/关灯过程由微电脑智能控制，并有工作状态显示，无须人工操作，属于当今社会大力提倡利用的绿色能源产品。主要应用于城市道路、小区道路、工业园区、景观亮化、旅游风景区、公园、庭院、绿化带、广场、步行街、健身休闲广场等场所不同的照明及亮化装饰（图6-3）。

图6-3 太阳能照明灯

5.电梯节能技术

将电梯运动中负载上的机械能（位能、动能）通过能量回馈器变换成电能（再生电能）并回送给交流电网，供附近其他用电设备使用，使电动机拖动系统在单位时间消耗电网电能下降，从而达到节约电能的目的。

能量回馈器（图6-4）的作用就是能有效地将电容中储存的电能回送给交流电网供周边其他用电设备使用，节电效果十分明显，一般节电率可达21%～46%。此外，由于无电阻发热元件，机房温度下降，可减少风机用电。

图6-4 能量回馈器

6.无负压水泵（深井泵）（图6-5）

该装置采用"密封加压和防负压技术"。

（1）可与城市管网直接连通加压供水。有可靠的防负压、防缺水、防低压取水功能，绝对不会从管网抽水（不负压吸水）。

（2）不用水池、水箱，密封加压，全用不锈钢，避免了水质二次污染，有利于居民健康。

（3）特别节省建筑空间，不需专用泵房。

（4）特别节省电力。充分利用自来水压串联加压，设备效率高、特殊的变频调速、不用水时可保压停机等，可比多数设备省电80%。

（5）改善居民住宅环境。进口名牌设备、功率小、全封闭在水里，噪声低、几乎无振动、不漏水。

图6-5　无负压水泵（深井泵）装置

7.中央空调水（冰）蓄冷节能技术（图6-6）

中央空调水蓄冷项目其实是利用了峰谷用电的电价差别政策。

在深夜用电低谷时，用电将水降温至4摄氏度左右，再在白天用电高峰时，通过板式换热器，将其冷能释放出来，降低室内温度，减小此时的电量消耗。由于低谷时段的电价比高峰时段的电价低，就能省下电费。

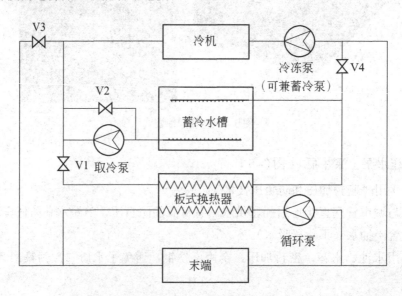

图6-6　中央空调水（冰）蓄冷节能技术原理

七、采取有效的设备保养和使用措施

从日常酒店的工程设施设备管理上说,采取有效的设备保养和使用措施,有以下几点工作建议。

(一)把握好各种用能设备的有效运行时间和参数

酒店工程部人员应研究各用能设备何时必须使用,何时可以降低负荷使用或者关闭。用能设备的运行时间和参数,要根据季节或其他条件的变化及时进行调整。比如户外公共道路照明随季节变化及时调整开关时间,夏季热水温度可以调低,电梯在人流小的时段可以少开几台等。

(二)用能设备数量和配置区域的合理搭配

不同区域对环境条件的要求不同,所需配置的设备要求也要跟着改变。理想的配置是在设备负荷发生变化时它始终在高效区运行,这就要求设备运行产生的能源容量应大小搭配合理。一些酒店的通风设备在低效区长期运行,要尽量合理搭配负荷,适当提高作为调节负荷用的较低负荷制冷机的负荷,避免其在低效区运行。在供热系统中,长期背着日照,位置隐蔽,湿气重的建筑和房间配置的暖气应采用多管暖气,使热量散发面积更大,而在温度高的建筑区域则可以适当减少暖气设备的管道数。排风机的数量应视场地配套,根据地理位置的通风情况合理增加或拆减。还可降低不必要的照明照度,许多酒店的室内照明强度过高,这种做法可能会导致照明浪费。

(三)能量回收和适当节能装置的利用

(1)在通风方面,高温和寒冷季节新风及排风的温差高,可采用能量回收装置,从排风中直接回收能量加以利用,降低新风负荷。

(2)在供热方面,锅炉水的热气也可以通过紧密设备和合理通道不断循环,以便为新水加热。

(3)在供水管网方面,要结合该区域水流供需的容量和速度选用效率最大化、成本最低耗的装置,管网中的配套设备都应在符合建筑设计要求和日常管理要求的前提下采用系统、完善、节能的配置方案。

(4)在发动机方面,鼓励使用省油环保和风冷的汽油机。

(5)在光照方面,根据酒店的地域、场所的不同要使用什么样的灯具也应考虑,户外路灯可以采用碘钨灯,大堂照明可采用节能灯,地下室等需要长期照明的可以采用日光灯和节能灯等。

(四)感应设备的利用

多利用感应设备,既减少了人工运作,节约人力,又能提高智能化管理,最重要的一点是防止能源浪费,节约资源和成本。户外公共道路照明多采用时控和光控方式。走廊、公共卫生间、陈列展馆的橱窗等区域可以采用感应灯具。现在很多公共场所的水龙头出水口用的也是感应器具,这种方法也很值得推广。消防设备应提倡采用火、光、烟雾感应器及时报警,不但保障业户安全,也节省了人力和物力。

(五)用能设备要及时定期清洗和保洁

有些酒店的设备长期置于室外,表面会堆积灰尘,尘埃和脏污也容易通过大小孔进入设备内部,造成设备运行功率低下甚至阻碍其正常工作。设备的长期运行也容易使其沾上油污和化学物质,这样也加速设备的"折寿"。所以要及时定期地清洁用能设备,如空调通风系统的表冷器和过滤器,空调水系统等空调设备需要加强保洁;供热管网、日常照明设备、监控系统、电梯设备等也要做到及时清洗,保持干净。

八、严格高效的管理制度

(一)以合同模式制定能耗目标考核制度和计量收费

酒店应制定节能目标,管理中可以对各部门甚至各人员提出节能目标要求,配以奖惩措施,激励大家主动节能。酒店对其中的承租者的能源消耗尽量采用计量收费,当然,双方要共同制定并达成一致意见。这种方法可以以合同的模式制约酒店和承租者双方,运用市场激励机制,明确约定承租者和酒店的节能权利、义务和责任,把降低能源的指标与酒店的经济利益挂钩,在合同中明确规定能源节约指标等。

(二)通过能耗数据的收集和分析来挖潜节能潜力

要尽量弄清楚酒店的楼宇中能源最终消耗在哪些终端设备上,消耗多少,什么时候消耗的。用电量的使用情况分析是影响能源消耗的主要因素,列举可能原因并在管辖范围内适当调查。在不断深入的过程中,可以发现许多节能节的方法。根据分析结果,完善节能管理制度;对不同部门、不同区域能耗数据进行展示,使员工和各承包者知晓用能情况,激励员工在日常工作中处处注意节能,动员各承包者参与节能工作,将科学节能作为企业文化的一部分。

九、开发酒店能源管理系统

众所周知,我国酒店一直是能源消耗大户,由于酒店建筑面积较大、客房多、能耗无法集中管理,导致能耗计量不全面、管理不到位、能耗高等现象。为了全面提高能源管理水平,节约用能,建立覆盖面广、功能完善的酒店能源管理系统就显得十分必要。

(一)酒店能源管理存在的问题

(1)仍采用人工巡查能源管理模式,通过人工方式巡视检查设备的运行状况,会导致管理不到位,费时费力,无法杜绝能源浪费。

(2)仍采用人工抄表,易错抄、漏抄,费时费力。

(3)酒店建筑面积较大、客房多,导致能源消耗无法集中管理。

(4)缺乏历史能耗数据记录,节能改造工作全凭借经验。

(5)没有合理的能耗考核标准和监督方法。

（二）酒店能源管理解决方案

为了解决酒店高能耗问题，市面上出现了各种能源管理系统，该系统结合酒店内用能计量设备（电表、水表、气表），进行能源数据自动采集、集中监测、大数据分析，帮助酒店各级管理人员和服务人员对酒店运行过程中产生的大量动态的、复杂的数据和信息进行及时准确的分析处理，从而使酒店管理真正由经验管理进入科学管理。

随着我国人工智能化发展趋势，相信未来的酒店将成为一个具有对数据的采集、信息处理以及集中控制能力的智慧中心，通过采用远程监测、远程控制等方式，酒店将实现在无人值守状态下的安全运行，真正将酒店的员工从简单重复性操作中解放出来，提供更人性化的服务，降低酒店的经营成本。

（三）能源管理系统的功能

能源管理系统应具备表6-3所示功能。

表6-3 能源管理系统的功能

序号	功能模块	功能
1	档案管理	档案管理包括区域编辑、组网模式、表计档案、集中器管理、计量点管理、电价方案、开户配表、表计档案下发
2	定额管理	定额管理包括目标定额、定额明细、考核单据打印、销户销表、操作日志查询、结算明细表；通过目标定额功能，可以设定用能目标，考核责任人能耗，根据统计数据，可以对超出约束值的进行处罚与改进，对耗能少的进行奖励与推行
3	抄控管理	抄控管理包括日冻结电量、月冻结电量、随抄管理、实时抄读、电表一日冻结、电表一月冻结
4	曲线分析	曲线分析包括日用电曲线、月用电曲线、日收费报表、月收费报表、年收费报表
5	统计查询	统计查询包括终端查询、剩余用能、超额用能、电量核对、小时电量统计、时段电量统计
6	能耗监测	能耗监测包括小时电量数据、小时实时数据、小时有功功率、小时功率因数、每日电量数据、每月电量数据、综合数据
7	系统管理	系统管理包括操作员管理、系统设置、服务管理
8	挖掘节能数据	如根据分时用能数据比例，合理用电，避峰用谷，节约用能成本；根据用能分类及历史用能数据，设置用能定额，并实行奖罚，促使各部门节约用电，降低电能消耗

【实战范本6-01】

酒店节能降耗管理制度

为进一步加强节能管理，抓好节能增效工作，根据酒店能源使用实际情况，特制定本制度。

一、节能降耗管理机构

1. 负责部门

酒店节能降耗管理工作由机电部具体负责。

2. 组建节能降耗管理小组

组长：总经理。

副组长：机电部经理。

组员：财务部、餐饮部、客房部、康乐部、经营部、供应部、安保部、办公室负责人。

3. 节能降耗管理小组职责

（1）贯彻执行酒店确定的方针政策、规章制度，指导修订节能管理降耗管理制度及实施细则。

（2）每周一次分析会议，听取机电部有关节能降耗管理的工作汇报，分析能耗，制定重大节能技改方案。

（3）提出对节能有重大奖励和处罚的意见，报请酒店领导审批。

（4）负责节能降耗管理的全面工作。

4. 机电部节能降耗管理职责

（1）负责对节能降耗管理实施细则的修订。

（2）在节能降耗小组管理领导下，具体执行节能降耗管理小组明确的节能管理举措。

（3）负责节能降耗管理的日常工作。

（4）指定专人巡视检查，发现"跑、冒、滴、漏"及时处理。

（5）坚持每天对各场所计量表的抄表制度，每周汇总编制能耗对比表，随时掌握能耗情况，发现异常情况，查找原因，提出整改意见。

（6）监督、检查各部门节能情况，对违反规则的部门或个人，有权依据节能降耗管理制度予以处罚。

（7）按周统计、对比能耗情况，每月公布一次能耗数量，并进行有效的能耗分析，指导各部门对节能降耗的管理。

（8）负责审查热、水、电费收费计量是否准确，若发现有误及时与供气、供水、供电部门协调处理。负责与供气、供水、供电部门的日常联系，取得他们的指导和帮助。

（9）每月负责落实节能降耗管理的奖罚处理意见并报节能管理小组审核。

二、节能降耗管理细则

1. 用电规则

（1）非机电部电工不得擅自接拉电线和装修任何用电设备，外来人员需临时用电时，应向所在部门办理手续，由所在部门向机电部报批，同意后由机电部派员工接拉线。

（2）各部门不得随意增添、变更、加大用电设备和设施，包括电扇、电灯泡、取暖设备等，如确需要，应征得节能管理小组认可后由机电部接拉安装。

（3）严格控制中央空调、霓虹灯、公共区域灯光的开关时间，不得早开迟关，具体开关时间按时令由机电部掌握调整（各公共区域灯光开关时间按节能小贴士实施），特殊情况需经总经理批准后方可执行。

（4）大堂的灯光控制严格按照制度执行，具体实施由大堂副理负责。

（5）严禁"大马拉小车"现象。

（6）全体员工做到人离工作场所随手关灯、关电扇、关空调。

（7）客源较少的时候，总台应集中、合理安排客人用房，实行分区供电。

（8）大型会议、用餐，尽量不用电梯，安排工作人员引导从楼梯进入场地。

（9）各区域开水箱必须按照程序及规定操作，严禁无水空烧，如有故障，及时报修。

（10）在开启冷、热空调期间，必须做到关闭门窗，严禁无人空调开着、门窗打开的现象出现。

（11）长住房、员工宿舍禁止使用大功率的电器设备。

2. 用水规则

（1）严禁用热水冲洗厨房设备和地面，不得用开水化冰箱的积霜。

（2）严禁用热水做房间卫生。

（3）洗蔬菜要一水多用，不得用长流水冲洗茶具、酒具等物品，冰冻食品应开小龙头化冻。

（4）各种管道、设备上的龙头开关经常维护保养，严禁出现"跑、冒、滴、漏"现象。加强员工厕所用水管理，杜绝长流水现象。

（5）打扫室内地面卫生时，应尽量做到扫、拖，不用水冲刷。打扫室外广场、通道，不应用水冲洗，特殊情况通报批准后才准冲洗。

（6）严禁任何人员在酒店内洗涤私人衣物。

（7）生活热水温度必须控制在40～50摄氏度之间。

（8）热空调出水温度为30～60摄氏度（根据室外温度的变化进行调整）。

（9）施工队及外来人员应遵守用水规则，服从管理。

（10）节约能源人人有责，全体员工要养成节水习惯，用后随手关闭。发现"滴、漏"随时报告机电部部。

3.液化气使用规则

（1）严禁液化气炉灶空烧，使用时专人看管。

（2）定期清洁液化气炉灶，确保正常燃烧。

（3）每天检查液化气有无泄漏情况，如发现有泄漏，须立即报修。

（4）液化气灶指定专人负责，并落实检查制度。

三、节能降耗控制区域划分及考核标准

1.客房部前厅

区域	责任部门	考核标准（100分）
前厅至鱼缸区照明	客房前厅	按规定时间开灯（6分）、关灯（7分）
前厅至鱼缸空调	客房前厅	按规定时间开空调（6分）、关空调（6分），按规定控制温度（6分）
前厅LED屏幕	客房前厅	按规定时间开（6分）、关（6分）
商务中心照明	客房前厅	控制亮度（6分）、控制时间（7分）
商务中心空调	客房前厅	控制温度（6分），夏天控制时间（7分）、温度（7分）
商务中心计算机	客房前厅	人走关机（6分）
商务中心打印机	客房前厅	人走关机（6分）
商务中心二楼	客房前厅	控制空调温度（6分），人走灯灭（6分）

2.客房部客房

区域	责任部门	控制项目
楼层过道（3～9层、辅3层、辅5层）	客房部	照明
3层、5层会议室	客房部	照明、空调
各楼层工作间	客房部	照明
房务中心	客房部	照明、空调
客梯前灯光	客房部	照明
客房	客房部	照明、节水、空调
PA工作间	客房部	照明
2层、3层公共洗手间	客房部	照明、节水

3. 餐饮部

区域	责任部门	控制项目
大厅客梯前吊灯	餐饮部	照明
大厅迎宾上方筒灯	餐饮部	照明
自助餐厅	餐饮部	照明、空调、节水
商场前旋转梯灯光（1～4层）	餐饮部	照明
2层吧台收银灯光	餐饮部	照明
零点厅	餐饮部	照明、空调
多功能厅	餐饮部	照明、空调
多功能厅工作间	餐饮部	照明、开水器
多功能厅门口灯光	餐饮部	照明
2层客梯前灯光	餐饮部	照明
2层包厢通道灯光	餐饮部	照明
2层零点厅跑菜通道灯光	餐饮部	照明
206包厢工作间	餐饮部	照明、节水
4层迎宾处灯光	餐饮部	照明
4层包厢过道	餐饮部	照明、空调
4层包厢工作间	餐饮部	照明、开水器
西楼梯跑菜通道灯光（2～4层）	餐饮部	照明
各包厢	餐饮部	照明、空调

4. 厨房部

区域	责任部门	控制项目
各灶台	厨房部	照明、煤气、节水
糕点、刺身、冷菜	厨房部	照明、空调、节水
点菜厅	厨房部	照明、空调、节水
洗碗间	厨房部	照明、节水
洗杀间	厨房部	照明、节水
面点房、粤菜间、大厨房	厨房部	照明、节水、蒸汽
员工食堂	厨房部	照明、节水、蒸汽、空调

5. 工程部

区域	责任部门	控制项目
十层霓虹灯	工程部	照明
中央空调机组	工程部	节水、节气、空调
工程部值班室	工程部	照明、节水、空调

6. 保安部

区域	责任部门	控制项目
酒店后院围栏景观灯	保安部	照明
员工食堂门口路灯	保安部	照明
东小门路灯	保安部	照明
行政楼楼梯口路灯	保安部	照明
一楼雨棚霓虹灯	保安部	照明

7. 人力资源部

区域	责任部门	控制项目
行政楼走道、洗手间	人力资源部	照明、节水
员工宿舍	人力资源部	照明、节水、空调
员工食堂	人力资源部	照明、节水、空调

8. 各办公室

区域	责任部门	控制项目
各办公室	各部门	照明、空调、计算机

四、奖罚规则

1. 奖励

做到下列情况之一者，奖励200元以上。

（1）提出节能措施和建议，经采纳使用有节能效果的。
（2）举报违反节能管理规则行为的。
（3）对节约能源做出突出贡献的。
（4）节省额定能源费用的。
（5）节能管理成效明显的。

2.罚款

出现下列行为之一者，罚款50～200元，如造成重大损失，要追究经济责任和纪律处分。

（1）擅自接拉电线。

（2）私自增大、增加灯泡。

（3）私自增添取暖设备，如开水壶、电炉、电扇等。

（4）未经允许早开、晚关中央空调、立柜与分体空调器、霓虹灯。

（5）工作场所无人办公情况下，开灯、开空调、开电扇。使用冷、热空调时打开门窗。

（6）无特殊情况下，未做到排房集中安排客人。

（7）客房清扫时，房间内灯光未有效控制。

（8）对所管辖范围内违反节能管理规定的人或事不报，隐瞒袒护。

（9）长流水洗茶具、酒具、碗具等其他物品。

（10）用热水冲洗厨房设备、化霜、地面。

（11）用热水做房间卫生。

（12）发现管道上、设备上的水龙头有"跑、冒、滴、漏"现象，未及时报修。

（13）接到维修单未及时维修，造成浪费的。

（14）人走未随手关闭水龙头。

（15）水龙头开得较大冲化冷冻食品。

（16）大堂、二楼场地、包厢、自助餐厅、走廊灯等公共区域未按规定时间开关。

（17）施工队及外来人员不服从节能管理。

（18）各炉灶、蒸箱营业时间未关闭，发现泄漏不报维修。

（19）部门内员工有月累计罚款单五张以上的部门负责人。

（20）不服从检查者。

（21）洗涤私人衣物。

（22）使用客用电梯。

（23）炉灶空烧，蒸箱蒸品不集中或不合理使用。

（24）电开水箱未按规定时间使用。

（25）节能管理不力，违规现象较多，能源超标。

3.其他

未包括事宜，另行奖罚。

五、监督检查员的职责

（1）工作严肃认真，办事大公无私，奖罚公道。

（2）全面检查每周不少于一次，平时不定期检查。

（3）处罚人员及事件，每月公布一次。

(4)建立健全台账,按月统计分析,公布各部门能耗情况,提出改进意见。

(5)指导帮助各部门的节能工作。

(6)服从节能管理小组的管理,当好节能工作宣传员。

六、附则

(1)本规则解释权为节能管理小组。

(2)本规则自发布之日起生效并实施。

【实战范本6-02】

酒店倡导节能减排实施活动方案

一、活动目的

为加强酒店节能减排运行管理,节约资源能源,倡导低碳运营,通过强化经营管理、倡导绿色消费等方式,提高酒店经济效益和市场竞争能力,深化酒店节能减排标准,并提高全员低碳环保和节能降耗意识,降低各项成本费用,特制定本方案。

二、组织领导

成立AAA酒店节能减排管理委员会,指导深化节能减排工作的开展及落实。

主任:总经理。

执行主任:副总经理、行政人力资源主任、工程部经理、保安部经理。

成员:各部门主管级以上管理人员。

三、宣传口号

节能减排,低碳环保。

增收节支,降本增效。

增收全员参与,节约从我做起。

低碳环保,节能降耗,人人有责。

四、实施内容

(1)提出酒店绿色环保的理念和主题口号,加强宣传教育和培训工作,树立员工绿色环保服务理念,强化各部门之间的团队合作,倡导绿色消费。

(2)建立系统完整的能耗比较分析制度,实施科学合理的节能减排行动。

(3)做好节能减排宣传工作,营造节能减排氛围。

(4)引导客人积极参与和支持,实施客人绿色消费奖励计划。

五、工作要求

(1)各部门根据酒店总体方案,结合部门的实际情况,制定详细的实施方案,方案要求分工明确，责任到人，奖罚分明。

（2）定期组织员工培训绿色酒店知识、节能减排知识、能源及设备管理制度，要求达到操作人员正确掌握操作规范。

（3）考察交流节能减排相关设施设备，制订节能减排设备改造计划，对节能产品进行应用。

（4）根据实际工作需要，各部门制定设备的开关时间表，各区域要责任到人，严格进行控制。设备明确操作及保养责任人，部门管理人员进行定期检查，节能减排管理办公室进行检查。

（5）各部门做好设备台账建立及管理工作。每周配合节能降耗管理办公室做好设备能源检查，对检查出的问题要认真落实整改。

（6）各部门每周配合节能降耗管理办公室对本部门的能源消耗进行统计，分析本部门物耗及能源消耗量增减的原因，发现问题及时整改，并与管理办公室做好沟通。将每周能源统计分析情况在下周一例会上进行通报，每月召开专项会议进行分析总结。

（7）节能减排管理检查及运行，严格执行酒店体系文件《酒店节能降耗实施细则》。

（8）引导宣传客人消费理念，倡导绿色、健康、环保消费。制定绿色消费奖励方案，激励客人绿色消费。

六、实施进度

（1）召开节能减排动员会，推进节能减排各项工作。

（2）收集节能减排"金点子"，加大节能减排力度。

（3）考察节能设备，制订改造计划并实施改造。

七、考核指标

依据节能管理制定方案，对各部门指标内容进行考核，数据汇总由工程提供，财务统计。

八、奖惩办法

（1）要求各部门组织员工认真落实节能减排工作方案，鼓励员工在节能降耗中献计献策，凡被采纳者，根据节能情况给予一定的奖励。

（2）根据各部门与酒店签订的管理考核目，对每月由计划财务部统计审核后，根据考核结果给予兑现。

（3）年底根据全年方案落实实际情况，评出节能减排管理先进部室和先进个人进行奖励。

九、节能降耗控制操作流程

（1）酒店在3月1号前对所有公共区域的水、电表分别进行调试，并在小厨房安装水表，以后将此部分费用分摊到餐饮部，责任到人。

（2）月初由工程汇报各部门电、水费用量，给财务及酒店总经理各一份，财务核查准确数据后汇总给考核领导小组，作为考核的依据。

（3）客房每月将易耗品用量和节约数量统计报表交财务和考核小组，财务进行汇总，对节约有贡献的员工予以嘉奖。

（4）节能降耗管理办公室每周对查出的问题在周会上进行通报，对存在的问题及时纠正。

（5）每月底30号前财务将所有的数据汇总给节能降耗管理小组，小组将在月初的专题会上对所有的数据进行分析并调整。

十、相关支持文件

（1）能源费用与计划对比表。

（2）各部门用品损耗对比表（每月数据提供进行对比）。

（3）客人绿色消费奖励方案。

（4）酒店各区域开关灯时间。

（5）酒店节能降耗实施细则。

（6）酒店各区域开关灯时间表。

（7）酒店各楼层空调保持温度。

附1：绿色消费奖励方案

例如：客房制定客人一天不使用六小件可奖励签字笔一个，5天不使用六小件可奖励玩具或装饰物一个，3天不洗床上用品可免费洗衣一次等奖励方案。

附2：酒店节能降耗实施细则

为了做好酒店节能降耗工作，希望各部门做好以下工作。

一、各部门

（1）树立成本经济观念，健全并遵照能源、物料、修旧利废管理制度和办法，控制降低物耗能耗成本，加强修旧利废，争取进一步降低电费、水费比例。

（2）合理调控设备经济运行，杜绝"跑、冒、滴、漏"现象。

（3）对本部门进行纸张等耗材的严格控制，如不是酒店正式发文必须双面打印，杜绝单面打印，废纸裁剪作为草稿纸。

（4）对于各部门需要通报的事宜和晨会纪要等，一般情况通过邮件或开启群传阅，尽量避免打印，杜绝浪费纸张。

二、工程

（1）加强对各点电源使用检查，将每月水电表进行对比。水电表计量的使用量，每月通报总经理，以便成本控制。

（2）加强材料设备配置量，建立并管理好设备件台账，详细记录各个材料的价格，便于控制，做好每一笔物料及配件的用途记录。

（3）适时对酒店热水系统（加热机组）进行调控与维修。

（4）对各公共区域的水龙头开关采取海绵垫压，减小出水排放量。

（5）对客房的面盆水龙头阀门做适当调整，减小出水排放量。

三、客房

（1）客房服务员在打扫房间时随手关闭不需要开启的灯，如床前射灯、卫生间淋浴间过道灯等以及关闭换气扇（有窗户的房间）。

（2）服务员打扫房间时不得打开空调、电视机及有关的电器设备。

（3）为节约能源，服务员打扫房间时应对空调过滤网进行及时清洗。

（4）为节约用水，服务员不要使用热水清洗拖布和抹布以及长时间打开水龙头，做到清洗拖布、抹布后立即关闭水源。

（5）对各楼层公共通道在白天有光线的地方关闭过道灯。

（6）客房服务员推工作车时注意保护墙面和护角条，减少不必要的维修费用。

四、餐饮部

（一）厨房

（1）厨房工作人员在工作时间尽量节约能源，如水、电、煤气。对于餐厅以及厨房灯，把开灯时间用标签贴在开关上。6:30～10:30只开一个筒灯，10:30～12:00跳开两排（打菜用餐时间），做卫生时跳开两排；13:00关闭厨房炉灶灯。

（2）清洗原料时不要长时间开水冲洗。午餐结束清理完后即关闭空调、电灯、排风、抽油烟机、煤气等。在小厨房洗碗时不要长时间冲洗，应该集中过洗，电磁炉及时关闭。

（3）餐厅设备：在没有宴请时关闭空调电源，如小厨房冰箱内东西不多可以，把东西移至大厨房并将冰箱关闭。在烧菜时应注意煤气的节约，停顿时可以关闭火苗。

（4）用水节能：监督员工在操作过程中减少不必要的浪费（洗碗、洗菜、洗拖把），让工程协助改进水阀，让水流减慢。

（5）原材料：监督在操作过程中不必要的浪费，对于每天用餐人数要有预测，做到有多少人烧多少菜。在给员工打菜时，第一次可以少打，不够可以再加，减少不必要的浪费。

（二）餐厅前台

（1）禁止酒店员工用一次性餐具及客用器皿用餐，减少不必要的浪费及破损。

（2）员工用餐实行每天时时报餐，避免浪费。

五、销售部及行政办公室

下班后关闭所有电灯、计算机及用电设备，避免引起安全隐患。

六、前台及大堂区域

（1）前台以及大堂的灯：夜间前台开外环灯，顶灯开背景灯，过了23:00则关闭，大堂灯夜间一般情况下只开半边。

（2）前台设备节能：夜间发票机关机；计算机保留一台开机；液晶电视关机。小办公室开半边灯，没人可以考虑关闭。

（3）在房间充裕的情况下，尽量把客人安排在同一个楼层，关闭某一楼层的走道灯！

（4）密切注意一楼公共卫生间，养成随手关灯、关排气扇的习惯，节省卫生纸的使用。

（5）前台A4纸张要进行节省使用，避免无谓浪费。纸张进行正反面循环使用。

（6）对适宜天气来说，尽量不要开启大堂空调，避免无谓浪费。哪怕开启也进行循环开关使用，做到节省费用。

（7）作为前台员工，对于餐厅的食物也要进行节省，多吃多打，少吃少打，避免浪费。

（8）空调根据气候变化开关，根据需要由工程人员视气温高低打开大堂空调，并且注意及时关闭。

七、其他

酒店员工在没有特殊情况下不得使用电梯，步行消防通道。

【实战范本6-03】▶▶▶

关于酒店冬季灯控及节能管理的建议

为了加强酒店能耗管理，降低能耗费用，提高员工节能降耗意识，结合酒店目前实际经营情况，工程部配合各部门对酒店水、电、气几方面能源使用情况做了细致的调查，建议按以下方案进行运行管理。

一、照明方面

1.前厅部灯控时间表

前厅部灯控时间表（11月1日~4月30日）

区域	灯具	开关时间	开关位置	备注
前厅办公室	顶灯	人走灯灭	进门右手边	
贵重物品保管室	顶上大灯两组	24小时（开一组）	进门右手边	
商务中心	顶灯	未正式营业（人走灯灭）	进门右手边	
前台大厅内	大厅吊灯	24小时	前厅电视下面	

续表

区域	灯具	开关时间	开关位置	备注
前台大厅内	木顶筒灯	8:00～10:00/18:00～24:00	前厅电视下面	根据天气情况适开关
	大厅左右两排筒灯	8:00～24:00		遇阳光充足的情况关闭一排
	总台的顶上筒灯	24小时		
	大堂副经理办公区域顶上筒灯	24小时（开一组）		
	大堂副经理办公区域木墙背景灯	8:00～24:00		
	总台背景射灯	8:00～24:00		
	水上休息区射灯	8:00～10:00/18:00～24:00		
	电视机及壁画背景灯	8:00～24:00		
前台大厅外	外圈筒灯	18:00～24:00	大厅大理石柱	遇阳光充足的情况全部关闭
	内圈灯带	18:00～24:00		
	吊灯	18:00～24:00		
	鸟笼灯	18:00～24:00		
	内圈小射灯	18:00～24:00		尽量不开
行李房	顶上射灯	人走灯灭	进门右手边	
大厅区域内	石柱顶灯	18:30～24:00	大堂吧	留前面一排到天亮
	石柱地灯	18:30～8:00		
	根雕射灯	18:30～24:00		
	招牌灯	18:30～8:00	中餐厅门口	
	水池顶灯	18:30～24:00		
	水池地灯	18:30～24:00		

2.客房部灯控时间表

客房部灯控时间表（11月1日～4月30日）

区域		灯具	开关时间	开关位置	备注
楼梯	2～3层客用楼梯	楼梯上方槽灯	19:30～7:30	2～3层中间楼梯处	
		筒灯	19:30～7:30		
		日光灯	19:30～7:30		
		装饰台射灯	19:30～7:30		

续表

区域		灯具	开关时间	开关位置	备注
楼梯	3～4层客用楼梯	筒灯	19:30～7:30	3层楼梯处，4层楼梯处无灯	
		日光灯	19:30～7:30		
		装饰台射灯	19:30～7:30		
	员工楼梯	筒灯	24小时开启		
通道	2层（封闭）通道	走廊上方筒灯	24小时开启	行李房门口、209房门口	
		房号灯	24小时开启	商务中心门口	
		装饰台射灯	24小时开启	商务中心门口	
	3层（封闭）通道	走廊上方筒灯	24小时开启	305房门右侧	
		房号灯	24小时开启	305房门右侧	
		装饰台射灯	24小时开启	307房门右侧	
	4层（封闭）通道	走廊上方筒灯	24小时开启	419房门左侧	
		房号灯	24小时开启	403房间对面	
		装饰台射灯	24小时开启	403房间右侧	
	2层（开放）通道	所有灯光	7:00～19:30关闭	223房间右侧	
		房门上方射灯	19:30～7:00	223房间右侧	
		房号灯	19:30～7:00	房号牌里面	
		装饰台射灯	19:30～7:00	商务中心门口	
	3层（开放）通道	所有灯光	7:00～19:30关闭	331房间右侧	
		房门上方射灯	19:30～7:00	331房间右侧	
		房号灯	19:30～7:00	331房间右侧	
		装饰台射灯	19；30～7:00	331房间右侧	
	4层（开放）通道	所有灯光	7:00～19:30关闭	露台柱子处	
		露台灯	19:30～7:00		
楼梯口	2层楼梯口	日光灯	19:30～7:00	2层工作间门口	
		装饰台射灯	19:30～7:00		
	3层楼梯口	日光灯	19:30～7:00	3层楼梯处	
		装饰台射灯	19:30～7:00		
	4层楼梯口	日光灯	19:30～7:00	3～4层楼梯处	
		装饰台射灯	19:30～7:00		
电梯口	2层电梯口	日光灯	19:30～7:00	前厅部门口	
		装饰台射灯	19:30～7:00		
	3层电梯口	日光灯	19:30～7:00	303房间对面墙上	
		装饰台射灯	19:30～7:00		

续表

区域		灯具	开关时间	开关位置	备注
电梯口	4层电梯口	日光灯	19:30～7:00	无灯	
		装饰台射灯	19:30～7:00		
客房内	退房	空调	关闭	房间内	做清洁时需开启检查
		卫生间槽灯	做房时开启	卫生间门口	
		房间床头吊灯	做房时开启	两个床头柜处	
	住客房	卫生间槽灯	做房时开启	卫生间门口	
		房间床头吊灯	做房时开启	两个床头柜处	
	工作间	所有灯光	人走关灯	工作间门口	
	所有靠马路的空房	阳台壁灯	19:30～23:00	房间落地灯后面	开启70%
	所有靠园区的空房	阳台壁灯	19:30～23:00		开启30%

3. 公共区域卫生间灯光调控表

公共区域卫生间灯光调控表

区域	灯具	开关时间	开关位置	备注
大堂吧卫生间	卫生间所有灯具	8:30	大堂吧台处	阴雨天光线不好开灯，平常关灯
		18:30～8:30		可通知保安开灯
3层KTV卫生间	镜面灯和蹲位灯	11:00～2:00		特殊情况根据KTV营业时间而定，有客人和领导用餐时开所有灯
会议室卫生间	所有灯具	有会议时开灯		
食街卫生间	所有灯具	8:30		
2层、4层棋牌室卫生间	所有灯具	根据其营业时间而定		有客人就开灯
其他卫生间				由相应部门负责开关事宜

4. 餐饮部灯控时间表

餐饮部灯控时间表（11月1日～4月30日）

区域	灯具	开关时间	开关位置	备注
中餐大厅	大厅A1A2/B1B2/C1C2	吊灯	11:30～14:00	转玻间	
		槽灯	17:30～收市		
		筒灯			

续表

区域		灯具	开关时间	开关位置	备注
中餐大厅	A3A4/B3B4/C3C4	射灯		转玻间	根据客人订餐情况开关
		槽灯			
		筒灯	9:30～14:00		
			17:00～收市		
	A/B/C区	顶上筒灯	9:30～11:30	转玻间	
			17:00～17:30		
	迎宾区厅内	筒灯	11:30～14:00	迎宾区	
		吊灯	17:30～21:00		
		射灯			
	迎宾区厅外	筒灯、射灯、吊灯	11:30～14:00 17:30～21:00		根据天气情况
	迎宾区厅内	筒灯	9:00～11:30		
			14:00～17:30		
	厕所外	过道筒灯一组	11:30～14:00	厕所门口	
	厕所内	筒灯、射灯、槽灯	17:30～21:00		
注：午市11:30～14:00，晚市17:30～收市					
中餐厅卫生间	镜面灯		11:30～14:00	中餐厅外过道	关灯根据餐饮部收餐时间而定，有客人用餐开所有灯
			17:30～21:00		
	蹲位顶灯		11:30～14:00		
			17:30～21:00		
三楼包房	过道	过道灯	9:30～14:00	包房内过道处	
			17:00～收市		
	楼梯主通道灯	筒灯	11:30～14:00	客用通道转角处	
			17:30～收市		
	迎宾区	豪华吊灯	11:30～14:00	中餐包房大门后	
			17:30～收市		
	各包房	吊灯	11:30～14:00	各包房进门处	天骄、天香、天宴根据天气情况
			17:30～收市		
注：各包房灯根据客人预订情况而定，预订后便按以上时间开关					
	外廊区	外廊筒灯	19:00～收市	员工通道内大门处	

续表

区域		灯具	开关时间	开关位置	备注
传菜部	备餐间		17:00～收市	备餐间进门处	
	传菜通道	筒灯	17:00～收市	二楼传菜通道门口	
酒吧	大堂吧	鸟笼灯	19:00～23:00（夏季）	大堂吧电梯墙壁	
			18:00～22:00（冬季）		
	注：根据天气情况而掌握				
	中餐吧	筒灯	9:30～14:00	中餐吧右面墙壁	
			17:00～收市		
KTV		舞台灯	14:00～2:00	吧台内	
	注：舞台灯光根据客人入座率开启				
背景音乐			11:30～14:00	转玻间	
			17:30～21:00		
员工通道	二、三楼	筒灯	9:30～14:00	二至四楼通道	
	四楼	筒灯	17:00～收市		
四楼会议室	所有照明灯光根据经营所需由会议室员工掌握				
中厨房	洗碗间		9:30～14:00开1组		
			18:00～21:00开2组		
	刺身水果间过道		9:30～14:00不开		
			18:00～21:00开起		
	热菜、墩子区		9:30～14:00		
			17:00～20:30开一部分		
	凉菜间		9:30～14:00需分开为2组		
			17:00～20:30		
	豆花、面点间		9:30～14:00		
			17:00～20:30		
	冻库过道		9:30～14:00不开		
			17:00～20:30开一部分		
	烧味		9:30～14:00		
			17:00～20:30		
	库房		9:30～14:00		
			17:00～20:30开一组		

续表

区域		灯具	开关时间	开关位置	备注
食街	A区	吊灯一组	9:00～24:00		
	A区	吊灯一组	18:00～24:00		
	B区	吊灯一组	9:00～1:00		
	卫生间	吊灯2个			根据天气情况
	过道灯		18:00～1:00		
	卫生间	筒灯3组			
	吧台	射灯	常开		

5. 西餐厅灯控时间表

西餐厅灯控时间表（11月1日～4月30日）

区域		灯具	开关时间	开关位置	备注
西餐厅	西餐走廊过道	槽灯	7:00～8:00	过道口	
		筒灯	18:30～21:00		
	大门门口	筒灯	7:00～10:00	过道口	根据天气情况
		壁灯	18:30～21:00		
	收银台	筒灯	7:00～10:00	收银台	
			18:00～20:00		
		射灯	7:00～10:00		
		槽灯	11:30～14:00		
		装饰墙灯带	18:30～20:00		
		壁灯			
	休息区	射灯	7:00～10:00	吧台	
			11:30～14:00		
		筒灯	18:00～21:00		
	日餐大门	筒灯	7:00～10:00	门口	
			11:30～14:00		
			17:30～21:00		
		射灯	7:00～10:00		
			11:30～21:00		
		吸顶灯	7:00～10:00		
			11:30～14:00		
			18:00～20:00		

续表

区域		灯具	开关时间	开关位置	备注
西餐厅	日餐大门	壁灯	7:00～10:00		
			18:00～20:00		
	大厅内	筒灯	7:00～10:00		
			18:30～21:00		
		自助餐台园灯	7:00～10:00		
			18:30～20:00		
		射灯		进大门左右	根据天气情况
		槽灯	7:00～10:00		
			10:00～21:00		

6. 工程部灯控时间表

工程部灯控时间表（11月1日～4月30日）

区域		灯具及设备	开关时间	开关位置	备注
景观灯及设备	屋顶轮廓灯	灯带	18:00～5:00	4楼棋牌室吧台	钟控
	酒店前景观灯	LED射灯	18:00～23:00	保安值班室	
	酒店马路灯	节能灯	18:00～6:00	保安值班室	23:00后留一组
	会馆车场灯	节能灯	18:00～6:00	保安值班室	
	酒店阳台栏杆灯带	灯带	18:00～23:00	各区域	部分钟控
	璧青路景观	LED射灯	18:00～22:00	假山电箱	钟控
		水泵（小）	10:00～22:00		平日（周一至周四）
		水泵（大）	11:30～13:00 17:30～19:00		周末（周五至周日）、节假日、重要接待
	酒店各墙面花架灯	射灯	18:00～23:00	3楼连廊仓库	
				3楼中餐包间	
				3楼KTV吧台仓库	
电梯	员工电梯（货梯）		5:00～21:00	外呼板	
	客用电梯（餐饮部）		7:00～22:00	轿内操纵箱	

7. 保安部灯控时间表

保安部灯控时间表（11月1日~4月30日）

区域	灯具	开关时间	开关位置	备注
监控室	顶灯全开	8:00~20:00	进门右侧	
	顶灯开一半	20:00~8:00		
行政办公室	顶灯全开	8:30~18:30	进门左侧墙上	保安在锁门前关闭所有灯光
打卡室	顶灯全开	18:30~7:00	进门右侧	
火炬	全开	周一至周四18:30~21:30 周五至周日18:30~22:00 如有婚宴11:30~12:30	左侧火炬旁的管井里	根据季节天气变化及贵宾接待灵活调整
水池	水系	待定	请工程部交给保安部	待水池修复和工程部协调请示酒店领导具体的开关水及清洗时间后再定
岗亭处路灯	射灯、高杆灯	18:30~24:00全开 00:00~7:00关掉射灯，只留路灯	岗亭内	00:00~7:00关掉射灯，只留路灯

二、设备设施及能源方面

（一）空调控制方面

（1）对营业区域的空调设置应根据室外温度进行调整，原则上在冬季设置在18摄氏度以下，夏季设置在26摄氏度以上，并且在使用空调时请尽量关闭好门窗。

（2）各部门办公室对空调温度的设置冬天在18摄氏度以下，夏天在27摄氏度以上，同时各办公室在人员离开时关闭所有的空调和用电器具。

（二）餐饮部

1. 能源管理区域

一楼：食街厨房。

二楼：中餐大厅及客用卫生间、中餐厨房、备餐间、大堂吧。

三楼：中餐包房、KTV、餐饮部办公室、西厨房、办公室外通道、二级库房、杂物间、员工更衣室、西餐厅、日本餐厅。

四楼：会议室。

2. 用电

（1）中餐大厅在营业前半小时开启有预订的区域空调，客人走后关闭空调，根据室外环境温度调整空调温度，冬季在18~22摄氏度，夏季在24~26摄氏度，在此范围内尽量减少与室外温差（可根据客源情况调整关空调时间）。

（2）中餐大厅排风机原则上不开，有宴会时11:30～13:00开启（可根据宴会实际情况调整开关时间），大厅新风机在空调主机没开时根据室外气温及客人用餐时段灵活开启。

（3）餐厅包房有预订时，在客人到达前半小时打开空调，将风速设在低挡，同时关闭门窗，客人走后关闭空调，根据室外环境温度设置空调温度，冬季在18～22摄氏度，夏季在24～26摄氏度，在此范围内尽量减少与室外温差（可根据客源情况调整空调温度）。

（4）厨房在无出品的情况下必须关闭所有抽排系统，非高峰时段炉头风机只开一组。

（5）定期对冰箱和冰柜进行除霜，存放食品时不得超过铭牌规定的额定量。

3.用水

（1）请厨房工作人员用水时做到勤开勤关，合理利用再生水和二次回收水初洗菜品，发现管道"跑、冒、滴、漏"时，及时填单报修。

（2）使用灶上摇摆水龙头时请轻推快拉，减少其水的滴漏量和龙头损坏量。

（3）冲洗餐具时将水开到适量位置（以不溅起水花为佳），减少用水的损失。

（4）节约用水，水龙头管理落实到人头，杜绝长流水。

（5）厨房食品解冻时尽量不要用长流水，建议采用浸泡解冻，根据解冻水温勤换水。

4.用气

（1）厨房在用气时做到灵活操作，注意勤关勤开气阀并观察气阀是否关好，有无漏气声或异味，经常用洗涤剂检测用气软接头，能用小火的绝不用大火，在保证出品质量的同时做到合理利用气源。

（2）厨房夜宵在不炒菜和煮食品时关掉气阀，请不要燃空灶，做到勤开勤关气阀和调节风门。

（3）建议灶上不使用长明点火，因为长明点火小，一遇风吹就熄，既浪费燃气又易造成安全隐患。

（4）厨师炒菜时养成良好习惯，当需离开炉头时要将火调小，重新放回时再将火调大，以节省燃气。

（5）厨房工作人员上下班时请注意检修各用气点的气阀开关，落实到专人负责开关。

（三）客房部

1.管理范围

楼层：1～4楼客房，4楼桑拿房，房务中心、总机室，各公共卫生间（2层中餐厅卫生间除外）、电梯、洗衣房、制服房，各消防楼梯。

2.能源管理办法

（1）工作人员检查卫生间时注意看、听，室内是否有不明水迹和异常响声，及时通知工程人员进行检查维修。

（2）房间做清洁卫生时，禁止用热水，尽量用面盆关水清洗抹布，减少用流水冲洗，提高水的重复使用。

（3）计算机：房务中心交换机24小时开机，房态计算机晚上00:00以后关闭至5:00。

（4）客房房间空调设定为26摄氏度，贵宾预订房在客人入住前30分钟开启空调（或按客人意见）。

（5）每月更换一次水池水（按水池洁净程度而临时调整）。

（6）本部门办公室、工作间、消毒间、制服房、PA办做到人走灯灭，关闭空调风机、计算机、开水器等用电设备。在无人时应交流关机，严禁处于待机状态。

（四）前厅部

1.管理范围

前厅大堂、酒店大堂的会员休息区、贵宾休息区、商务中心、贵保室、前厅办公室、行李房。

2.能源管理办法

（1）前台计算机晚上轮流关闭。

（2）大厅空调：夏季25～27摄氏度，冬季18～22摄氏度，开关时间为7:00～23:00（可根据天气和客人情况灵活调整）。

（五）工程部

1.管理范围

锅炉机房、电梯、二级库房、空调机房、配电房、水泵房、本部办公室。

2.能源管理办法

（1）定时巡视机房，记录设备运行参数，发现异常找出原因，解决问题。

（2）定时巡查各区域灯控情况并实测室内温度，详细记录，发现问题如实上报。

（3）根据室外环境温度，严格控制空调出水温度及热水温度。

（4）加强管道、阀门的维护保养，减少"跑、冒、滴、漏"现象。

（5）适时调整负荷，减少电动机的启动次数。

（6）关注节能资讯，挖掘内部潜力，优化节能方案，提高设备节能。

（六）其余部门

其余部门包括行政部、人力资源部、财务部、销售部、项目部、开发公司及采购部、绿化部等。

（1）上班时间办公计算机在未使用时，必须将其设置为休眠状态。下班后，必须关闭主机及显示器所有电源。

（2）办公室、库房、员工更衣室：做到人走灯灭，关闭空调风机、电器、开水器等用电设备。

（3）办工区域空调使用的开关时间：夏季室温高于27摄氏度时开启，低于25摄氏度时关闭，开启时间为8:30～12:00，12:30～18:00，区域无人时关闭。冬季室温低于16摄氏度时开启，高于18摄氏度时关闭，开启时间为8:30～11:30，12:30～

17:30，区域无人时关闭。

三、管理范围、责任及处罚

（一）各部门管理范围

（1）行政部：部门办公区、办公会议室、员工更衣室、员工厨房及餐厅（包括洗切区）。

（2）人力资源部、采购部、销售部、项目部、绿化部：部门办公室。

（3）财务部：部门办公室、总库房。

（4）会馆：除客房外的会馆所有区域。

（5）安全部：岗亭、监控室、打卡室。

（6）餐饮部、客房部、客厅部、工程部：同第二点"设备设施及能源方面"的（二）～（六）。

（二）管理责任

（1）各部门第一负责人为本部门能源管理责任人。

（2）各部门应建立分部门或分区域的能源管理具体负责人，报行政部以备查。

（3）各部门负责人应按照"保证舒适、尊重客人、杜绝浪费"的原则切实做好能源管理工作。

（4）工程部承担主要监督、检查责任，工程部经理为能源管理总监督人。

（5）酒店总值班经理、店值经理（Manager on Duty，MOD）值班期间需重点检查本制度实施情况，对违规行为可直接处罚。

（三）处罚措施

（1）工程部对不按本制度规定操作的行为如实记录并反馈到行政部。

（2）行政部按规定行使处罚权。

（3）若工程部监督不到位同样须接受处罚。

（4）凡不按本制度操作的行为，一经发现，酒店将对相关部门第一负责人扣2分/（次·处），屡次违规加倍扣分。

【实战范本6-04】▶▶▶

客房部节能降耗管理规定

一、目的

客房部在保证对客服务正常运行的情况下，为减少物耗，更加有效、合理地降低成本，加大酒店纯利润，特制定本规定。

二、措施

（1）清扫客房时客人用过的拖鞋不给予更换，把用过的拖鞋整齐摆放于床边，方便并促使客人再次使用。客人退房后，将拖鞋回收清洗后挑选再利用。

（2）清扫客房时客人打开的半瓶矿泉水不给撤出，直到客人退房。退房后用半瓶矿泉水养竹子。

（3）清扫客房时客人使用过的香皂、牙具、梳子不撤掉，只把新的配在一边，如果客人不再拆开新的一次性用品，就可以达到节约的目的。

（4）在清扫退客房时，房间内所有灯具、电器设备要求关闭，清理卫生间和夜晚清理房间时除外。

（5）在清理退房时，如发现能有价值的一次性用品（洗发水、沐浴液、润肤露、纸张等）、有回收价值的垃圾要进行回收。

（6）对于客房的床上布草，可视清洁情况稍作整理，不脏的不予更换，对长住客的床上布草，可视情况三天更换一次。

（7）在清理卫生间时要注意节约用水，除冬天外不准使用热水清洁卫生，水源要做到随开随关。

（8）客房加大对信笺等纸张、铅笔等客用品的管理，绝不允许员工以任何形式利用客用便签纸写字，并杜绝浪费。

（9）清洁剂按一定按比例勾兑，使用时另用小瓶装，避免超量使用带来的用水量增加和清洁剂副作用，减少浪费。

（10）做好房间内的家具、不锈钢制品的维护与保养，延长更新周期，从而做到节约投资。

（11）清洁工具在使用过程中要加以爱护，清洁工具的更换实行以旧换新的形式，按"谁使用谁保管，谁丢失谁负责"的原则加强清洁工具的控制与管理。

（12）严格控制一次性客用品的发放，保证无浪费、无流失，实行每次根据住客量及楼层库房的剩余量来发放低值易耗品。

（13）客房清洁剂及清洁工具的采购控制，实行自采方式，货比三家，严格把住质量关、价格关，从采购源头做到节约。

（14）客房员工上下班严禁带包上楼。

（15）房间每日物品配备，严格按客房物品摆放规定的数量执行。如需另外增加及时上报。

三、客房部节能降耗实施办法

客房部节能降耗实施办法

项目	节能实施措施	责任人	监督人
计算机打印机	中心：一台保持24小时开机。打印机随用随开	中心当班人员	当班领班
	库房：8:00～下班关闭。打印机随用随开	库管员	当班领班
	办公室：8:00～下班关闭。打印机随用随开	副经理、主管	总监助理

续表

项目	节能实施措施	责任人	监督人
饮水机	中心：23:00～7:30（关闭状态）（夜班饮水临时通电）	中心当班人员	当班领班
	库房：8:00～下班关闭	库管员	当班领班
	地下办公室：8:00～下班关闭	副经理、主管	总监助理
	楼层：8:30～22:00。早班开，中班关	当班人员	当班领班
空调	房间：夏季26摄氏度；冬季21摄氏度 每日18:00后将预订房的空调开启，并按规定将温度锁定，关闭窗户 房间：客人到店前半小时将房间空调打开 楼层通道（只开到2挡）： 夏季6～10月，每日11:30开启，22:30关闭，温度为26摄氏度 冬季11月～次年2月，开房率高，楼层预订房超过5间时，每日11:30开启，22:30关闭，温度为21摄氏度	当班人员	当班领班
灯具	白天清扫房间：拉开窗帘，打开窗户通风。关闭房间所有灯（客人在除外）。清扫卫生间时只开镜前灯和浴缸顶灯	早班服务员	当班领班
	开夜床：开完夜床后，标间只开床头灯，单间只开靠卫生间的床头灯，套房开客厅顶灯和床头灯。其他处于关闭状态	中班服务员	当班领班
	员工工作间：随手关灯，随手锁门	各班次服务员	当班领班
	布草间：人在灯亮，人走灯关，随手锁门	当班服务员	当班领班
	楼层过道：22:00～7:00开壁灯，7:00切换过道筒灯	夜班当班人员	当班领班
	楼层过道：7:00～22:00开过道筒灯，22:00切换壁灯	中班当班人员	
	电梯厅：22:00～7:00开筒灯。切换开灯带，2个筒灯（18层、19层、21层除外）	夜班当班人员	当班领班
	电梯厅：7:00～22:00开灯带，2个筒灯。切换筒灯（18层、19层、21层除外）	中班当班人员	
楼道门	东西防火门及双扇门及时关闭，防火、防盗。楼层温度适情况用中央空调进行调整，调整到适宜温度时及时关闭	部门全体员工	当班领班
房间窗户	充分利用春秋交替季节自然风调节室内温度，夏季和冬季房间空调开启时窗户关闭	楼层清扫员	当班领班
冰箱半导体	不使用时不接电源。封楼时全体断电。冰箱温度为2摄氏度	楼层清扫员	当班领班
电视	做房时关闭电源，不要处于待机状态。液晶电视除外		
空调	根据季节，温度可适情况调整。预订房提前开启	当班服务员	当班领班

续表

项目	节能实施措施	责任人	监督人
热水器	早班8:00开启，中班22:00关闭	19F当班服务员	当班领班
消毒柜	消毒程序完成后断开电源	消毒员	当班领班
毛巾柜	使用时提前半小时开启准备，其他时候断电	当班服务员	当班领班
电梯	客用电梯：禁止使用（特别事宜需经经理同意） 员工电梯：三层楼之内且没有携带重大物品应步行	部门全体员工	全体员工相互监督
清扫用水	（1）禁止出现长流水现象 （2）禁止用热水做卫生清洁（冬季除外） （3）清洗一件物品开启一次水源，清洗完毕立即关闭	楼层清扫员	当班领班
清洁剂	（1）由库管员按标准提前配制清洁剂，使用时另用小瓶装，避免超量使用带来的用水量增加和清洁剂副作用 （2）所有洗涤用品均按标准使用 （3）使用完毕以空瓶更换，或用空瓶来领取（禁止使用矿泉水瓶盛装）	楼层清扫员	当班领班
客用水	（1）中班开夜床时放环保提示卡，提醒客人环保，减少床单的洗涤频率，降低水污染、洗涤用水量和原料成本 （2）通过管井开关控制，降低面盆冷热水单位出水量 （3）卫生间放环保提示卡，引导客人少用或多次使用巾类，减少洗涤频率，降低水污染、洗涤用水量和原料成本	部门全体员工	部门主管
工作间水池用水	节约用水，水龙头随开随关，对水尽量利用	当班服务员	当班领班
低值易耗品	拖鞋：清扫客房时客人用过的拖鞋不给予更换，把用过的拖鞋整齐摆放于床边，方便并促使客人再次使用。客人退房后，将拖鞋回收，清洗后挑选再利用 矿泉水：清扫住客房时客人打开的半瓶矿泉水不给撤出，直到客人退房。退房后用半瓶矿泉水养竹子 其他用品： （1）清扫客房时客人使用过的香皂、牙具、梳子不撤掉，只把新的配在一边，如客人不再拆开新的一次性用品，就可以达到节约的目的 （2）在清理退房时，如发现能有价值的一次性用品（洗发水、沐浴液、润肤露、纸张等）、有回收价值的垃圾要进行回收 （3）服务员禁止使用客用纸和笔，杜绝浪费 （4）服务员禁止带包上下楼	当班服务员	当班领班
棉织品	（1）严格按库存配备，每日清点、交接。如丢失则需赔偿 （2）对于客房的床上布草，可视清洁情况稍作整理，不脏的不予更换，对长住客的床上布草，可视情况三天更换一次 （3）悬挂起的巾类不予更换	当班服务员	当班领班

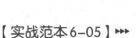

餐饮部节能降耗实施方案

　　餐饮部节能降耗方案由各部门指定专人负责，落实到人。管理人员加强检查力度，随时抽查员工对所属区域能源的使用及节约情况，并遵照各部门《开关灯制度》《节能降耗方案》等制度，加强部门对员工节能降耗的培训，杜绝浪费现象。从思想到实践，从小事到大事，处处有节约意识，提高每位员工的主人翁意识，从我做起，从点滴做起，注意随手随时关水、电、气，关设施设备等。在要求节能降耗的同时，工作区域和营业区域不能影响正常工作及经营，避免事故发生。

餐饮部节能降耗具体实施方案

项目	部门	节能措施
节约用电	中餐厅	（1）包房：中午、晚上按开餐时间（11:20或17:20）对灯光控制的执行标准如下 ① 客人未到时开1组灯，客人到来时灯全开 ② 客人走后开1组灯，关闭其他灯，人走完后灯全关 ③ 针对有窗的房间，开餐前不开灯，特别在夏天或晴朗天气时不用开灯，客人到时才开完所有灯 （2）音乐：收餐后按音乐控制标准关闭（有客人打开，无客人关掉），拔掉电源 （3）电器设备：针对各区域各点的客人到来或离开情况开启或关闭设备，收餐后饮水机、电视机、毛巾柜等电器插头拔掉，并通知保安部做收餐检查。办公室打印机在没用时应关闭，计算机显示屏在没使用时应关闭 （4）设立部门节能专职人员，不断加强节能意识的培训 （5）过道：客人少时，或天气好的情况，电梯间只开1组照明 （6）大厅：每日午市、晚市在开餐前及收餐后都要求只打开A、B区的各1组灯带的照明。开餐（11:20或17:20）才把所有灯打开，另在午市（13:00）、晚市（20:00）左右根据实际来客情况把4组大花灯关闭。再如A区前部分没有客人，就把前部分灯关闭，后部分有客人就打开。但如果哪个区只余下一两桌时，除关闭花灯外还要把相邻区的筒灯关闭，最后只开1组灯带，只要工作完成就关闭所有电源 （7）空调：有客人才开，大厅中午只开1组，其余各区域均如此，晚上客人走后余下少部分时就可以关闭空调 （8）人走灯灭，下班时拔掉该拔的插头，关电源，有人时尽量少开，看得见的情况不开灯，减少电器的开关次数
	会议中心	（1）过道：主要针对过道节能，在开会的情况下（3个会议以上），过道除花灯外，其他灯光保持全开。会议室全满或有重要接待除中间吊灯外，其他灯全开 （2）在没有会议和用餐时过道及会议室灯光应保持关闭状态，只留应急照明灯 （3）在会议室内进行会前布置或会后收台时只开1组节能灯

续表

项目	部门	节能措施
节约用电	会议中心	（4）在会议进行中，过道应关闭花灯2组，留1组花灯和节能灯 （5）会议室：所有会议室在开会的情况下应保持灯光全开，也可根据客人要求对会议的灯光做适当的调整和关闭 （6）设立部门节能专职人员，不断加强节能意识的培训 （7）空调：会议中心开半个小时或一小时，气温凉快后就可关闭，之后温度有上升时再开启 （8）人走灯灭，下班时拔掉该拔的插头，关闭电源，有人时尽量少开，看得见的情况不开灯，减少电器的开关次数
	西餐厅	（1）电器：开启时间标准如下 ① 毛巾箱和咖啡炉11:00～12:30开，17:00～18:30开 ② 罗马路灯，冬季6:15～8:00开、夏季6:15～7:00开，冬季17:30～21:00开、夏季19:15～21:00开 ③ 明档吊灯6:15～10:00开，11:30～14:00开，17:00～21:00开 ④ 音响6:15～10:00开，11:30～14:00开，17:30～21:00开 ⑤ A、B区台灯，冬季17:30～21:00开、夏季19:00～21:00开 ⑥ C区玫瑰灯和水晶灯6:15～10:00开，11:30～14:00开，17:30～21:00开 ⑦ 包房如有预订请工程部开启或关闭空调 （2）电器设备：针对各区域各点的客人到来或离开情况开启关闭设备，收餐后饮水机、电视机、毛巾柜等电器插头拔掉，并通知保安部做收餐检查。办公室打印机在没用时应关闭，计算机显示屏在没使用时应关闭 （3）设立部门节能专职人员，不断加强节能意识的培训 （4）音乐：收餐后按音乐控制标准关闭（有客人打开，无客人关掉），关闭电源 （5）每次白天结束照明处于关闭节能状态，晚上结束只留吧台、收银台的台灯1组 （6）人走灯灭，下班时拔掉该拔的插头，关闭电源，有人时尽量少开，看得见的情况不开灯，减少电器的开关次数
	传菜部	（1）库房10:00开灯，中午及晚上营业时间将库房灯关闭，如要拿东西保持随时关灯 （2）早上在3楼员工电梯口折叠毛巾时开电梯口2组灯，完后关闭 （3）每次翻台风机房的灯打开后，将桌子运出风机房后立即关灯 （4）在包房或会议室翻台时，夏天有窗户的将窗帘拉开，尽量不开灯，冬天开1～2组日光灯，不开花灯 （5）每日开餐时间将二、三楼过道灯全打开，收档时随手关闭 （6）每日值班人员最后收档时将二、三楼传菜部灯全部关闭 （7）设立部门节能专职人员，不断加强节能意识的培训 （8）电器设备：人走灯灭，下班时拔掉该拔的插头，关闭电源，有人时尽量少开，看得见的情况不开灯，减少电器的开关次数
	管事部	（1）各个楼层洗碗间上班时将灯打开，中午做厨房或过道清洁后将过道灯关闭

续表

项目	部门	节能措施
节约用电	管事部	（2）管事部16:00收餐完毕后将各个洗碗间的灯全部关闭，17:00由中班员工到岗后开启 （3）23:00下班后将所有洗碗间灯全部关闭 （4）夜班员工在做各个楼层清洁时，在哪层清洁就开哪层的灯，人走关灯锁门 （5）五楼明档地方较宽，要求员工做一个明档开一个明档的灯，不能全部开启 （6）各种电器设备针对使用情况而定，打印机在没用时应关闭，计算机显示屏在没使用时应关闭 （7）设立部门节能专职人员，不断加强节能意识的培训 （8）电器设备：人走灯灭，下班时拔掉该拔的插头，关闭电源，有人时尽量少开，看得见的情况不开灯，减少电器的开关次数
	宴销部	（1）中午、晚上按开餐时间（11:20或17:20）对灯光控制的执行标准：迎宾台11:20开灯，17:20开灯；13:20关灯，晚餐20:30关灯 （2）宴销部营业台早班天气较好时只开一组灯，营业时间再开射灯 （3）宴销部办公室只要人离开就立即关灯 （4）电器设备：针对使用情况而定，打印机在没用时应关闭，计算机显示屏在没使用时应关闭 （5）设立部门节能专职人员，不断加强节能意识的培训 （6）客人少时或天气较好的情况下，电梯间只开1组照明 （7）人走灯灭，下班时拔掉该拔的插头，关闭电源，有人时尽量少开，看得见的情况不开灯，减少电器的开关次数
	厨房	（1）电器设备：在过高峰期后关闭部分电器设备，定时结合情况关闭抽风和鼓风机；无人区域关闭电灯；勤检修电器设备，保证设备良好运转 （2）各种电器设备针对使用情况而定，打印机在没用时应关闭，计算机显示屏在没使用时应关闭 （3）设立部门节能专职人员，不断加强节能意识的培训，规范烹调过程等环节操作 （4）人走灯灭，下班时拔掉该拔的插头，关闭电源，有人时尽量少开，看得见的情况不开灯，减少电器的开关次数
	管事部	临时停气或有自助餐需用气罐时，保证每个气罐的气用完后方可更换气罐，气阀拧紧避免漏气
	厨房	（1）控制厨房蒸箱蒸柜用气，尽量不开二楼蒸柜，三楼蒸柜在非营业高峰期只开一个 （2）平日炒菜注意节约用气，炒菜完毕后拧紧气阀
节约用水	中西餐厅	注意人走水关，避免细水长流。包房洗手间，客人离开时看见在流水，应立即关掉水源
	酒水部	用水时尽可能节约，清洗水果等物品时尽可能少用水，人走时要关闭水龙头，不能有滴水长流的现象
	管事部	冲洗餐具时，对于高压水枪及水管要做到"用时开，不用则关，节约用水，杜绝浪费"的原则

续表

项目	部门	节能措施
节约用水	宴销部	注意宴销部营业台桶装水的使用量，客人到营业台订餐时应及时给客人倒水，一般倒半杯或2/3杯即可
	厨房	(1) 严格把关炒菜时的流水和菜品的撇水、冲洗等用水量 (2) 减少原料解冻降温的用水量，自然解冻
节约低值易耗品	中西餐厅	(1) 员工不能用客用物品（餐巾、牙签等） (2) 低值易耗品能回收的需回收（例如筷套、零钱袋等） (3) 餐厅库房合理控制低值易耗品的发放 (4) 对餐厅客人未使用的餐巾纸和牙签进行回收。采取"计划经济"，该区有多少餐位就配多少用品（如牙签20支以下，纸巾每人2张左右，一次性手套每人一副，火柴2盒），各区的备量不过量，每餐完后及时补充，客人走后先巡视台面有否干净完好的牙签、火柴、纸巾等，回收后再次使用 (5) 延长低值易耗品的使用寿命，控制领用量
	管事部	(1) 员工不能用客用物品 (2) 控制消毒水、清洁剂的使用量 (3) 延长低值易耗品的使用寿命，控制领用量
	宴销部	(1) 员工不能使用客用物品 (2) 低值易耗品要注意重复利用，如用过一面的A4纸可以重复使用背面 (3) 延长低值易耗品的使用寿命，控制领用量
	厨房	(1) 控制保鲜膜、一次性手套、塑料袋等低值易耗品的使用量；注意回收装饰鲜花和假山，减少成本浪费等 (2) 员工不能用客用物品 (3) 延长低值易耗品的使用寿命，控制领用量
节约人力资源成本	各部门	(1) 员工未按质完成工作，拖延时间上下班，不能报补休和加班 (2) 根据餐厅预计情况合理让员工休息，生意旺季时补回串休 (3) 应科学安排人员上班，尽量减少员工加班，提高工作效率 (4) 严格考勤、严禁迟到早退，淡季上午尽量安排人员休息 (5) 加强技能培训，提高员工劳动技能和熟练程度 (6) 各部门尽量做到"减人增工作量"，一人多专的效果
节约直接材料成本	各部门	建立严格的报损丢失制度，对于原料、烟酒的变质损坏、丢失制定严格的报损制度，对于餐具制定合理的报损率，超过规定的部门必须分析说明原因
	楼面	配合厨房控制成本，如鲍汁、翅汁没有用完的回收到厨房，跟料、酱料适当准备，用小味碟出品，客人不足时再及时增加
	宴销部	配合厨房控制成本，如厨房需急推的菜品，宴销人员在配菜时应及时配在菜单里推销
	厨房	(1) 有效控制调味料、辅料成本；紧密配合财务部、采购部控制采购成本，科学合理安排原材料、边角料的综合利用；餐饮部厨师长与财务部定期对市场原辅料及菜品进行市场调查，掌握市场价格动态，及时调整原材料的进货价格

续表

项目	部门	节能措施
节约直接材料成本	厨房	（2）对于贵重原材料（如龙虾、象拔蚌、鲍等）由行政总厨专人管理，并建立标签制，以便与财务核算控制
节约办公及其他支出	各部门	（1）对使用物资尽量各部门互相借用，尽量减少采购，坚持资源共享的原则 （2）对领用物资严格把关 （3）对办公用品进行合理使用，爱护、保养，延长使用寿命 （4）对办公用品进行管理，杜绝浪费 （5）对办公电话实行个人负责制 （6）维护爱惜设施设备，勤保养，减少维修率 （7）减少餐具或其他物资的破损，杜绝违规操作，客人损坏的需照价赔偿，员工损坏的需做好记录进行赔偿 （8）减少搬运中的震动和碰撞，工作要按程序操作，避免物资受损

【实战范本6-06】▶▶

工程部节能降耗管理办法

为了控制酒店能源开支，降低成本，现对酒店使用能源特制定如下措施。

一、空调班

（1）每天每班次记录天气情况，记录室外温度两次，每班派一人专职负责对酒店整个大堂区域及西餐厅、客房走廊进行巡查，密切留意温度变化情况及客流量情况，发现异常问题及时与机房值班人员反映，以便及时采取措施进行调整。每班至少两次不定时对楼层走廊的空调、鲜风机、抽风机等设备的运行情况进行巡检，及时关闭不需要运行的设备，各风机房内照明灯人离灯熄。检查各楼层走廊空调的温控器温度设定值是否合理（25～26摄氏度），将设得太低温度的调整在合理范围内。

（2）因排污管已改设计直通屋顶后排出，不再存在臭气问题，应停开鲜风机供应客房走廊及各客房。就本酒店的建筑结构及地理位置而言，客房内及走廊内均有窗或门通向室外，故一般情况下鲜风机亦应停开，特殊天气（如天气相当闷热或湿度太大或太干燥的天气）则开启。若室外天气凉爽，如秋季或春季，则可停开中央空调主机，开启鲜风机供应给客房，加强对流，以保证客人舒适，这样亦达到了节能的目的。

（3）空调主机及水泵，应根据天气情况及温湿度的变化灵活开停。因中央空调系统在整个酒店是按区来供应的，故当某些区无客时或收市时应及时关停该区的空调，而且做到提前30分钟停主机，开冷冻泵直至收市以便充分利用冷冻水的余温来降低温度，节约能源。

（4）机房控制室、高低压电房、计算机房、电视房等，装有分体空调机的机房应严格设定好空调的温度，计算机房、电视房应将温度设定在23～24摄氏度，而空调机房控制室及高低压电房的空调要经主管或经理同意后才能开启，平时应开窗通风及开抽风机加强对流循环降温。

（5）中央空调系统的温度设定应严格控制。大堂区域及西餐厅应控制在24～25摄氏度，客房走廊控制在25～26摄氏度，各会议室控制在24～25摄氏度。

（6）当BA（楼宇设备自控）系统完工交付使用后，应严格控制设置参数，充分利用变频器、电动阀等来调节温度以便节能。应时刻了解整个酒店各设备的运行状态，及时关停不需要的设备。

（7）根据营业性质，合理开停热水泵，在不引起投诉的前提下，深夜3:00～6:00时段暂停热水加压泵及循环泵，以便节能，根据季节变化，合理设定卫生热水的温度，冬季设定在55～60摄氏度，春、秋季设定在48摄氏度左右，夏季设定在45摄氏左右，以便节约柴油的耗量。根据客人的生活规律，合理调整热水回水阀的开启度，9:00～11:30关小回水阀的开度，17:00～23:30开大回水阀的开度，以便合理循环热水，减少柴油的耗量。

二、水电班

（1）应加强对水、电、煤气、柴油等能源的计量工作，细分到每个部门，每台设备，每个独立的营业区域，将能源统计报表做得更细致、直观。加强对各部门能源消耗的分析总结工作，为各部门的能源使用提供可靠依据及参数建议。同时加强对公共区域的水、电设备的巡查，对不合理使用的情况及时进行修理或整改，并对使用部门提出合理建议，杜绝长流水、长明灯的现象发生。

（2）加强对高低压电房、生活水泵房、消防泵房、电梯电房等机房的管理，严格控制使用空调。对生活水泵房加强巡视，将压力调在合理范围，设置合理参数以便充分利用变频器。

（3）严格控制泛光照明的开停时间，根据季节变化及节假日情况灵活控制开停时间，原则是天气全黑后才开泛光照明，且周日至周四22:30关闭，周五、周六23:00关闭。

（4）检查灯光控制不合理的照明线路，尽量能分多几组独立控制，以便节能。

（5）在不影响美观的前提下，尽量将现有的灯具内的灯泡换成节能灯胆，以节约能源，延长灯泡寿命，减少物料损耗。

（6）检查公共冲凉房及卫生间内的用水设备，严格控制用水设备的水流量，将大流量的花洒头更换掉，水龙头则将阀适量关小，以便节能。

（7）所有更换下来的物料如有保修或可以旧换新的全部要退回仓库，不得随意拆卸或损坏，所有废旧物料要全部退回仓库统一管理废品，节约开支，变废为宝。

三、弱电班

加强对计算机房、电视机房的管理，严格控制机房温度为23～25摄氏度，计算机房白天开5匹空调机，晚上开3匹空调机，以便延长设备寿命及合理用电。加强对各部门电话使用的监控及新装电话的管理。定期清洁设备内的灰尘，以便散热通风，延长设备寿命，不使用的设备应拔掉电源，贴好标识。

四、计算机班

严格控制各部门计算机的使用权限，严格控制私装软件现象，做好各部门的计算机优化；所有计算机都加装防毒软件并定时升级，以防病毒感染影响酒店的计算机网络系统的正常运作；定期清洁计算机机房内设备的灰尘，以便通风散热，延长设备寿命；严格控制计算机房温度为23～25摄氏度，以便设备正常运作。

五、锅炉房

（1）严格控制锅炉的运行台数及数量，与洗衣房研究合理的工作流程，以便最大限度地利用好蒸汽，减少能源消耗。定期对设备进行保养清洁，做好水质化验工作，以防结垢，增大柴油的耗量。定期对洗衣房设备进行例行维修保养，以保证各设备性能完好。加强对洗衣房抽风设备的管理，根据室内温度及工作流程合理开停抽排风设备，整改照明线路以便更合理控制灯光，减少能源损耗。

（2）对洗衣设备的运行严格监管，避免造成机器空转或用容量大的设备洗很少物品。

【实战范本6-07】▶▶▶

酒店行政部节能降耗实施方案

节能减排、低碳社会是人类现代社会活动的主题，也是酒店经营管理中的重要环节。企业以经济效益为中心，而经济效益最大化由创造和节约两个方面构成，缺一不可。节能降耗是一个"集沙成丘，集腋成裘"的过程，酒店是高消耗、低产出的服务行业，因此，工作中点点滴滴的节约都会为企业增加经济效益。为了把节能降耗工作做得更好，落到实处，本着合理使用，厉行节约，杜绝浪费的原则，现结合行政办、人力资源部工作环境及特点，确定节能降耗职责范围及实施方案，具体内容如下。

一、实施原则

（1）加强员工节能降耗方面的教育与培训，提高个人节约意识，严格按照"关、小、隔、定、防、查、罚、宣"八字要求开展工作。让员工清醒认识到节约就是创造利润，将节能降耗工作执行情况作为员工绩效考核的一项重要内容。

（2）管理人员加强检查力度，随时巡查员工对所属区域能源设施及开关的掌握情况，发现问题及时处理。

二、具体实施措施

1. 行政办、车队、人力资源部办公室

行政办、车队、人力资源部办公室节能降耗措施

项目	节能实施措施	责任（实施）人	监督人
电器、办公设备及用品	计算机在20分钟内不使用一律关闭显示器	使用人	经理及其他人员
	打印机使用时开机，使用后关机		
	办公室内的两组灯光分布在两个区域，只有一个区域有人时，关闭另一组灯光，做到人走灯灭		
电器、办公设备及用品	饮水机开启时间8:30~10:30，13:30~16:00。其他时间关闭	人力资源助理	经理及人力资源主管
	电源（插线板），上班开启，下班关闭	培训老师	经理及培训主管
	空调在上班时开启并设置为23摄氏度，全体人员离去开会及下班时关闭	最后离开办公室的人员	经理及其他人员
	一般文件打印使用二手打印纸，无法用来打印的纸张裁成小便签使用，不得将可用来打印的纸张作为便签使用	使用人	经理及其他人员
资产管理	每季度进行自盘并配合财务部进行统一盘查	后勤主管	经理及其他人员
	爱惜使用，资产出现损坏，积极进行维修，尽量延长资产寿命。旧物利用，无法利用的按报损程序及时报损	后勤主管	经理及其他人员
	新增资产及时上账，报损资产及时下账，做到资产清楚，账物相符	后勤主管	经理及其他人员
其他物料消耗	对生病员工进行药品发放，按照每人次不超过一天的药量给药	发放人	其他人员
	办公用品先清理，再领用。减少闲置和积压	领用人	其他人员
	对办公用具正确合理使用，杜绝人为损坏	使用人	其他人员
	酒店举行重大活动时，加强对需要购买的物资的计划性，减少积压和浪费现象	负责人	经理及其他人员
出现浪费现象的处理	确定造成能耗浪费的责任人，第一次在办公室白板上公布提醒，两次及以上给予口头警告，造成明显浪费、产生不良后果的给予书面警告及经济处罚	责任人	经理及其他人员

2. 员工餐厅

员工餐厅节能降耗措施

项目	节能实施措施	责任（实施）人	监督人
设施、设备及操作注意事项	冰柜保持电源结合紧密，接地可靠。柜门密封条性能良好，柜门切实关闭。放置食品前确认已达到常温，结冰较厚时及时除霜，降低能耗	清洁卫生区域责任人	厨师长
	消毒柜保持柜内发热管完好，柜门胶条密封良好，充分发挥热效能，按自动程序进行消毒	当班员工	厨师长
	和面机、豆浆机、压面机、绞切机、电饭煲等电源结合紧密，线路无折损，按操作规程使用，及时关闭电源。任何时候不得用水冲洗电器部分	当班员工	厨师长
	运水烟罩及风机保持完好，使用完后及时关闭电源	当班员工	厨师长
照明	餐厅照明为两组：早餐8:20后只开启一组，清洁后关闭。中餐12:30后只开启一组，清洁后关闭。中午有员工在餐厅休息时开启一组。晚餐18:00后只开启一组，清洁后关闭。夜宵只开启一组	当班员工	厨师长
	操作间照明，操作区域开启照明，未操作的区域关闭照明。操作区域做到人走灯灭	当班员工	厨师长
	员工休息区7:00～10:00开启一组，10:00～18:00开启两组，18:00～23:00开启一组，其余时间关闭	当班员工	厨师长
水	保持厨房内所有水龙头能够有效关闭，出现关闭不严的问题时，及时报工程部维修，在一小时内解决	当班员工	厨师长
	任何时间都不得出现长流水，无人关的现象	当班员工	厨师长
	冲洗地面、灶台等先少量洒水，初步清洁后再冲洗，水龙头只能开到1/3，严禁用大水冲洗	操作人	厨师长
	清洁各类台面时，不得开启水龙头冲洗。先用洗涤剂水擦拭，再用清洗干净的抹布擦净	操作人	厨师长
	水龙头开启时，操作人员不得离开。各类器皿接水时够用即可，严禁接满溢出，造成浪费	操作人	厨师长
燃气	燃气开关、管道等设施保持能够有效开启和关闭，出现问题时及时报修，有泄漏故障在一小时内解决，且保证安全	当班员工	厨师长
	用煮汤灶煮汤或稀饭时火焰不得超过汤桶底边沿，同时防止溢出，造成不必要的能耗	当班员工	厨师长
	大锅灶及小炒灶不用时及时断火关气，关闭风机。灶膛耐火层覆盖完好，确保热效能良好	当班厨师	厨师长
	蒸饭柜一般蒸饭时间为50分钟/次，能够组合一次蒸完时不得分为两次使用，用完及时关气断火	操作人	厨师长

续表

项目	节能实施措施	责任（实施）人	监督人
菜品、食品、原辅料及烹饪制作	严格验收制度，坚持抽查复评程序。确保各类原辅料质好量足	厨师长	后勤主管
	剩饭、菜合理再利用。丢弃前必须经厨师长或指定人员确认，任何人不得擅自处理	当班员工	厨师长
	菜品烹饪时须根据开餐不同时段的人流量控制出品数量。流量大时适当多出，流量小时少出。坚持少炒勤出。剩菜量的主料不得超过一斤，使剩余原料保持在初加工状态	当班厨师	厨师长
	菜品初加工要精工细做，避免大块、连带，减少浪费。烹饪时要翻散和匀，不得粘连、糊锅或夹生	当班切配员工	厨师长
	根据菜谱，在提前一天下计划单时报出次日所需原辅料品种，数量计划要充分。出品菜品前应精心搭配，成菜要有卖相。不得简单使用单项大宗俏头搭配主料，避免因员工不爱吃而出现浪费	主炒厨师	厨师长
物料及资产	严格执行资产管理规定。每季度进行一次自盘，积极配合财务部进行资产盘查	厨师长	后勤主管
	报废物品要及时，按程序完善手续。账物相符，资产清楚	厨师长	后勤主管
	物料领用本着先清理存量，再领用的原则，避免积压和闲置	厨师长	后勤主管
	各类用具要爱惜使用，修旧利废。因使用不当造成人为损坏必须照价赔偿	操作人	厨师长
出现浪费现象的处理	轻微过失给予批评及口头警告处罚。造成浪费后果的给予经济处罚。后果严重、影响较大的给予书面警告以上及经济处罚的处理	厨师长	后勤主管

3. 员工宿舍

员工宿舍节能降耗措施

项目	节能实施措施	责任（实施）人	监督人
生活设施、电器设备的管理	用水、用气的生活设施，如热水器、水龙头、水管不得有泄漏等现象，出现问题及时报修，在保证安全的前提下，12小时内修复	使用人	宿舍管理员
	各类电器设备，如空调、电视机、洗衣机、电饭煲、饮水机等，必须严格按照电器管理制度正确使用。保持状态良好，出现故障及时报修，保证安全和效能	使用人	宿舍管理员

续表

项目	节能实施措施	责任（实施）人	监督人
生活设施、电器设备的管理	严禁出现长明灯、长流水的情况	使用人	宿舍管理员
	正确使用各类设施、设备，出现人为损坏，由当事人照价赔偿	使用人	宿舍管理员
出现浪费现象的处理	轻微过失给予批评及口头警告处罚。造成浪费后果的给予经济处罚。后果严重、影响较大的给予书面警告及经济处罚的处理	使用人	宿舍管理员

第三节 酒店节能减排的具体措施

一、减少能源浪费

（一）建立详细的室内温度标准

酒店应确定不同时段、不同区域的温度要求，并严格执行。温度标准的建立要满足客人的舒适度要求。例如，酒店的室内温度控制在17～28摄氏度之间，相对湿度控制在40%～70%之间，夏季取高值，冬季取低值。室内温度的变化对空调系统的能耗有较大影响。经验表明，冬季室内温度上升1摄氏度或夏季室内温度下降1摄氏度，空调工程的投资可下降6%左右，而运行费用则可减少8%左右。

（二）建立能源使用的巡视检查制度

酒店能源使用的巡视检查制度用于发现酒店设备使用和运行中存在的"跑电、冒汽、滴水、漏油"现象，减少能源浪费。例如，酒店公共卫生间水龙头的滴漏、抽水马桶的水箱漏水等应该及时发现并得到维修；后勤区域的"长明灯""长流水"现象通过巡检得以杜绝。据检测，国内一般的酒店由于"跑、冒、滴、漏"造成的能源浪费为5%～10%。

（三）建立详细的室内照度标准和点灭要求

酒店确定不同区域的室内照度标准和灯具点灭制度，严格执行。照度标准和灯具点灭制度的建立要满足客人的使用要求。例如，酒店大堂照度控制在1000勒克斯，庭院照明灯夏季在早晨5:00关闭，冬季则可在早晨6:30关闭。灯具的点灭尽可能采用自动控制。经验表明，自动控制的照明系统可根据日照条件和需要营造的氛围调节电压及照射度，比传统的控制方式可节电20%左右。在没有安装自动感应控制器的场所，酒店应制定点灭制度进行人工控制。

（四）减少办公设备的待机时间

酒店的办公设备主要包括计算机、打印机、传真机、复印机以及饮水机等。工作结束后，及时关闭办公室的所有电气设备，不要让办公室电气设备处于待机状态。检测表明，计算机显示器、饮水机等设备的待机电耗为工作电耗的12%～20%。另外，酒店办公、后勤服务区域尽量减少空调的使用，利用开窗、开门的方式保持室内空气的品质。

（五）改进日常操作中浪费能源的操作习惯

酒店所有的服务、操作流程都消耗能源，因此，酒店应积极发动员工，改进服务操作流程，改变服务、操作中浪费能源的习惯，有利于减少能源浪费。例如，餐厅中包厢的服务员在清理包厢时，只开启工作灯，关闭装饰灯；前厅员工给客人排房，尽量将客人集中安排，减少空调系统设备的开启。经验表明，服务、操作流程的改进能减少5%的能源消耗。

（六）改变酒店员工传统的着装方式

酒店在设计员工工服时，不仅满足工作岗位的要求、酒店礼仪的要求，更应与天气状况相适应，降低酒店员工对空调的要求。例如夏季，酒店员工，尤其是管理层员工不穿西装，改为衬衫等较为凉爽的工装；度假型酒店，商务礼仪的需求较少，酒店员工宜可着轻便、凉爽的工装，减少空调负荷。

（七）改变餐厅菜肴展示方式

酒店餐厅减少明档的使用，改变餐厅菜肴的展示方式。餐厅明档的使用直接增加了酒店空调的负荷，并影响室内空气质量。例如夏季，空调处于制冷工况时，餐厅内不宜设置使用明火保温或煲汤的食品台；冬季，空调处于采暖工况时，餐厅内不宜设置保鲜陈列展示柜。自助早餐的食品制作台应有独立的区域，并在食品制作结束时及时关闭明火。

（八）建立正确的设备操作规范

酒店为每一台设备制定正确的、详细的操作规范。操作规范应包括设备操作、维护保养、存放、交接等方面的内容和要求。员工正确操作设备，既可提高设备的使用寿命，又可减少能源损失。正确的操作规范能有效避免设备的空转、"带病使用"等问题，也能避免设备滥用现象。

（九）减少电梯的使用

酒店积极倡导员工减少电梯的使用。例如：提倡"上下楼梯时，上一层，下两层，采用走楼梯的方式"；不提重物时，尽量不乘坐电梯；员工不乘坐客梯等。据检测，电梯的耗电量占酒店全部耗电量的10%。经验表明，规范员工的电梯使用，能减少10%的耗电量。

二、减少水资源使用

（一）使用节水龙头

酒店在各个用水点，根据用水的要求和特点，使用相适应的节水龙头。例如，在公共卫生间安装感应型节水龙头，房间卫生间则安装限流量的节水龙头，适当控制水流量，以减少水的浪费。冲洗用的水管，如冲洗车辆、垃圾箱的水管，应在出水口加装水嘴，可随时开关。通常，感应水龙头的节水率在30%以上。

（二）安装并使用中水系统

酒店在新建或重建时，应安装中水系统。没有中水系统的酒店，则通过改造，实现局部的中水回用。例如，酒店在洗衣房、粗加工等处建立废水的回收装置，经沉淀、过滤等处理，满足水质要求，用于洗车、冲洗道路、清洁垃圾房等。酒店也可主动购买中水使用。中水系统使水得到二次利用，减少对优质水源的使用。

（三）使用节水型坐便器

酒店应使用节水型、低噪声坐便器。冲水噪声小，冲水箱的用水分大解和小解，引导客人正确使用。逐步淘汰传统的9升以上的坐便器，改为6升型或更低用水标准的坐便器。在改造过渡阶段，在保证冲洗质量的前提下，酒店可以在水箱内安装节水芯，或在每个水箱里放一个1.25升的可乐瓶，每次冲洗都能节省相应体积的水。有条件的可使用低压式真空节水型坐便器。

（四）改变员工浴室用水管理方式

酒店在满足员工沐浴的要求下，改变员工浴室的用水管理方式，促使员工节约用水。例如，在员工浴室安装智能感应式节水系统，促使员工自觉控制用水量。智能感应式节水系统通过刷卡的方式来控制阀门的开关，实现自动计费。该系统的实质是通过经济手段，促使员工合理用水，减少水的浪费。

（五）供水管网定期检测漏损

酒店供水管网的漏损应得到定期检测。供水管网漏损比较隐蔽，但漏损量较大，据检测，酒店漏损的水量可达20%。酒店供水管网漏损的检测可以通过专门的水平衡测试进行。酒店也可以在供水管网上安装水表，通常100米间隔安装一个，通过抄表，获得水网漏水的信息。在日常管理中，可以建立供水管网的巡视制度，及时发现并更换漏水的水龙头和管道。

（六）建立雨水收集系统

酒店应安装并使用雨水收集系统，尤其是占地面积较大的酒店，如度假型酒店等。雨水收集系统收集酒店建筑屋顶、硬化道路、广场等的雨水，通过简单的处理并收集既可以用于酒店庭院绿化灌溉、景观水补充等，减少对高品质生活饮用水的使用。

（七）供水管网进行水质处理

酒店的供水系统，尤其是热水供水系统，应进行水质处理或采用新型环保管材，减少"黄水"的产生。"黄水"无法使用，造成水的浪费。同时，"黄水"也影响酒店的品质。

（八）减少棉织品洗涤量

酒店通过"减少床单、毛巾洗涤量的提示卡"引导客人重复使用房间内的棉织品。

房间内的棉织品在满足客人要求以及卫生前提下,由"一日一换"的方式改为"一客一换",以减少棉织品的洗涤量。客房卫生间提供的面巾等棉织品可采用不同的图案或颜色,以方便客人区别使用,减少因不能区分使用引起的棉织品的更换。

(九)循环使用游泳池、水景池的水

酒店游泳池、水景池的水,在符合水质标准的前提下,尽量通过循环水处理的方式来满足水质要求。加强游泳池、水景池的水质管理,减少游泳池、水景池水的更换量,以减少水的使用。

(十)改变饮用水提供方式

酒店在客房饮用水提供、会议饮用水提供方面,可逐渐改变提供方式,以减少饮用水的浪费。如客房饮用水供应中,由客人按需烧水,不再通过服务人员送水;在会议服务中,可行时,通过设置水台,由客人按需取水,减少饮用水的浪费。

(十一)中央空调系统冷却水系统安装收水器,控制漂水

采用循环冷却水的中央空调制冷系统,配置有冷却塔和冷却水泵。冷却水在循环过程中由于蒸发、飘逸等原因,有一定的损失。使用表明,冷却水塔改造安装了收水器后,能有效降低冷却水的飘散损失。飘散损失减少很多,同时也改善了环境。

三、能源计量

(一)建立电力计量系统

酒店建立电力计量系统是指在酒店的各工作区域、客用区域,如各工作间、机房、各个客房楼层都安装独立的电表,形成酒店内部的电力计量系统,分别对各区域的用电量进行统计分析。建立电力计量系统是酒店用电管理的基础。

(二)大型耗能设备独立计量

酒店根据设备的配置情况,确定大型耗能设备清单,对所有大型耗能设备单独安装计量表。例如30~50千瓦以上的大功率用电设备安装独立的电表,直接使用蒸汽的设备安装蒸汽流量表等,以检测这类设备的运转和能耗情况。大功率设备的节能是减少酒店综合能耗的重要内容。

(三)主要用水单位独立计量

酒店用水量较大的设备,如每小时用水量在0.5吨以上的用水设备,以及主要的用水单元安装水表,如洗衣房、厨房的管事间、粗加工间等,应单独安装水表计量,以检测这类设备的用水量,减少水的浪费。

(四)能源的储存独立计量

酒店能源的储存要设置计量仪表独立计量。例如:酒店的地下油罐应安装计量表,以监测储存中产生的漏损,也便于能源的统计工作。通常地下油罐的漏损不易发现,漏

油不仅给酒店带来能源损失，也直接污染环境。

（五）能源计量表的校准

酒店所有能源计量仪表每年至少进行一次校准，以确保仪表的准确性。计量信息的准确性是能源管理的基本要求。计量仪表的数据信息每日至少记录一次，用于分析能源使用情况。

（六）进行用能的平衡测试

酒店委托专业机构实施用电、用水等的平衡测试。用电、用水的平衡测试是对用电、用水需求的一种管理。通过平衡测试，明确酒店各类能源、水等的总用量、构成、分布、流向、用能设备的状况、能源使用效率，是酒店能源管理的重要基础工作。

（七）收集能源使用的相关信息

为分析酒店能源消耗的有效性，在计量能耗时，酒店应同时记录与能耗相关的信息。如天气状况、酒店出售的客房的人（天）数、酒店营业额、餐饮营业额、餐厅的用餐人数、棉织品洗涤量等信息。

（八）建立能源使用数据库

酒店应建立能源使用数据库。能源使用数据库为能源管理提供信息，实现对能源使用有效控制。例如，通过能源使用数据库，利用信息通信技术（Information and Communication Technology，ICT）实施对客房的中央空调控制、照明控制、新风系统控制。

四、节能管理与操作

（一）电力系统进行功率因数补偿

酒店用电设备中大都带有电动机等电感性负荷，因此，交流电动机的功率因数都小于1。为了补偿用电设备的无功损失，提高用电设备的功率因数，需要设置无功补偿柜，对功率因数进行补偿，功率因数应控制在0.9以上。

（二）加强用电设备的维修工作

酒店加强用电设备的维护保养，及时检修，可以降低电耗，节约用电。例如，做好电动机的维修保养，减少转子的转动摩擦，降低电能消耗；加强线路的维护，消除因导线接头不良而造成的发热以及线路漏电现象，节约能源，同时也保证供电安全。

（三）有效管理照明灯具

酒店应根据使用要求，合理设置照明灯具。客房可设置顶灯，满足客房整体照明的要求。衣柜、走廊、客房卫生间等部位的照明应得到有效控制，确保在非使用时，处于关闭状态，减少电能的浪费。如酒店的衣柜门可采用百叶门、卫生间采用透光窗等形式，使客人能自觉确认衣柜灯处于关闭状态。酒店的照明灯具应经常清洁，确保灯具满足照度的要求。灯具积灰不仅降低灯具的照度要求，也影响酒店的品质。

（四）酒店中央空调系统与运行负荷匹配

酒店中央空调系统绝大部分时间都是在部分负荷下工作的。不同负荷，中央空调制冷机组的性能系数不同，通常负荷下降，中央空调制冷机组的性能系数也下降，能源使用效率降低。因此，中央空调制冷机组应在最佳运行负载下运行。多台主机运行时，应调整运转数量，确保制冷机组在最佳的运行效率下运行。

（五）酒店中央空调水系统水泵采用变频器节电技术

中央空调系统通常按天气最热、负荷最大时设计，并且留10%～20%的设计余量。然而在实际运行中，绝大部分时间中央空调不会运行在满负荷状态下，存在较大的富余，所以节能的潜力较大。在中央空调系统中，制冷机组可以根据负载变化随之加载或减载，冷冻水泵和冷却水泵却不能随负载变化做出相应调节，存在很大的浪费。通过在冷冻水水泵和冷却水水泵加装变频器，节能效果在40%以上。

（六）控制制冷机冷冻水、冷却水出水、回水温度

酒店中央空调制冷机的冷冻水和冷却水的出水、回水温度应按照设备的参数标准进行控制。但是，随着空调负荷的下降，空调系统可以采用变水温运行。制冷机冷却水进口温度下降，冷冻水出口温度上升，机组的制冷效率将提高，能源使用效率就得到提高。

（七）酒店蒸汽管网节能改造

使用蒸汽锅炉的酒店，应对蒸汽管网进行节能改造。蒸汽输送管网应安装疏水阀，注意疏水，提高蒸汽品质。直接使用蒸汽的设备应安装减压阀，减压用气。蒸汽管网运行满足"高压送气、低压用气"的原则。

（八）及时关闭停运的蒸汽管路

酒店许多的用气设备是间断性用气，当用气设备停用后，不但要关闭设备的进气阀，还应关闭整条管理的总阀，使该管路与蒸汽系统隔断。关闭停运管路能防止热量的损失，并减少冷凝水的产生。

（九）实施新风系统管理

酒店应实施新风系统的管理，确保新风系统的正常运行。在人员较少的情况下，在室内空气质量得到保证的前提下，可适当减少新风量。通常，酒店的新风量控制在10%～30%，不能少于10%。新风系统可积极引入余热回收技术，回收回风中的余热，减少热量损失。

（十）控制生活热水的水温

酒店提供的生活热水的出水水温应维持在45～50摄氏度，不超过60摄氏度。酒店生活热水水温过高浪费能源、热水管网易出现热胀冷缩，引起管网漏水，同时，也容易造成客人的"烫伤事件"。

（十一）热力管网维护

热力管网应有良好的保温，特别是对管网中的阀门、法兰等部位更要注意保温。管网维修后，注意对管网保温层的维护。长距离输送热能的管线一般安装在地下，对这样的管线应设计专门的管沟，管沟应密封良好，并建有排水井及时排出管沟中的积水。

（十二）清洗空调盘管

酒店每年至少清洗一次空调盘管。不仅可以降低4%～5%的能耗，也可以防止霉菌和军团菌在管道和通风口内滋生，污染室内空气。分体式空调每周清洗一次隔尘网，可省电20%左右。空调滤网则要经常清洁。

（十三）计划调度电力使用

在电力系统运行中，酒店应对用电设备的运行实施计划调度，控制酒店用电总容量，降低峰荷容量，使变压器处于经济运行状态。

（十四）定期清洗管线

酒店应定期清洗冷热水管线及锅炉、空调管壁，对水质进行软化处理。防止管路积垢产生热阻，降低热传导效率，造成能耗浪费。

（十五）及时关闭停运的空调水系统

中央空调系统在运行时，运行部分水系统的阀门应全开，停运系统的阀门应关闭，防止水量渗漏、短路，造成能源的损失。空调停运时，水系统管路必须满管水保养，不得放空而造成管路腐蚀生锈。冰冻期必须将楼外露天部分管路内的存水放空。

（十六）提高锅炉运行效率

酒店锅炉应实现经济运行，提高运行效率。例如，提高燃煤锅炉的运行效率，对锅炉燃烧过程进行管理和控制，如对燃烧煤层厚度的调整、送风的调节、燃煤水分的调整等，实现燃煤锅炉的经济运行。实现燃油锅炉的经济运行。燃油锅炉添加节油剂，促进油的雾化，通过良好的雾化和配风，提高燃烧效率。

（十七）设置清晰的用能状态标志

酒店对所有的开关、阀门设置清晰的用能状态标志。标志要能说明开关、阀门开启、闭合的方向及位置，照明开关还应显示开启、关闭的时间，对应的灯具等信息，使员工能准确开闭开关、阀门。

五、节能方法

（一）采用墙体保温技术

酒店在建筑改造中，积极采用墙体保温技术。墙体保温技术分为墙体内保温和墙体外保温。酒店根据所在地区的气候条件采取不同的措施。墙体保温技术极大提高了建筑保温和隔热的性能，有效降低酒店建筑的能耗，综合节能水平在50%以上。

（二）改善酒店建筑外的热环境

酒店建筑外的热环境影响酒店的能耗。酒店可通过加强建筑周边的环境绿化，减少地面铺装材料的反射率，减少酒店建筑的"热岛效应"。酒店周边场地不透水的表面，如停车场、人行道、广场等，至少30%的面积应提供遮阳或采用浅色、反射率在0.3～0.5之间的地面材料。提供遮阳的方式可以采用适应本地气候的树木或植被。

（三）积极采用自然通风的设计

通过自然通风保持酒店室内的环境质量能减少能源的消耗。例如，酒店办公区域能直接对外通风换气、调整酒店内部布局，尤其是大堂等公共区域，实现穿堂风等。

（四）酒店的屋顶应注意隔热处理

酒店建筑屋面尽量采用低反射率的材料，表面颜色为浅色。在条件允许的情况下，采用植被屋顶，屋顶绿化能显著降低室内温度，节能效果在25%以上。坡面的屋顶，则要在建筑顶层天花板上铺装隔热材料。

（五）酒店的外窗设置有效地遮阳系统

南向外窗可采取水平固定遮阳的方式，东、西向外窗采取室外垂直遮阳的方式。良好的遮阳系统，可减少日射得热的50%～80%。酒店中利用大面积天窗采光的厅堂应在天窗采光部位安装可开启式遮光装置。

（六）尽量减少酒店建筑的窗墙比可以节约空调能耗

窗墙比是指窗的面积与建筑外墙面积的比。建筑物模拟计算表明，窗墙比在30%～50%范围内，酒店建筑的年总能耗量变化不大，但是，当窗墙比超过50%时，空调能耗将明显增加。酒店建筑窗墙比的大小和窗户的遮阳性应综合考虑窗户透射辐射量和自然采光的效果。酒店应采用建筑物的通风、遮阳、自然采光等优化集成节能技术。

（七）提高建筑门窗的气密性

酒店建筑门窗应采用保温和气密性能良好的型材，如铝木复合型材、木及铝合金窗段热型材等。酒店的外窗使用的普通玻璃应更换为新型中空玻璃，以降低辐射，节约能源。使用表明，中空玻璃的使用将减少30%的能源消耗，降低6分贝的噪声。

（八）控制酒店外窗的开启面积

酒店的外窗开启面积不应小于窗面积的30%。采用幕墙玻璃的酒店，幕墙玻璃应进行改造，如贴膜，降低玻璃的反射率。透明幕墙应有开启部分或设有通风换气装置，并具有优良的气密性。

（九）控制酒店建筑的体型系数

酒店建筑的体型系数尽量不要超过0.3。体型系数是指建筑物与室外大气接触的外表面积与其包围的体积之比。建筑体型系数超过0.3的酒店,应采取措施,加强建筑物顶、外墙的保温和外窗的隔热性能。

(十)酒店入口的节能改造

酒店散客通道、团队通道应安装双层门或旋转门,员工通道、货物通道可安装风幕,或设计门斗,或悬挂门帘,防止室内冷、热量损失。酒店建筑的通道口应注意避开冬季不利风向。

(十一)避免内部大空间的设计

酒店建筑内部空间应充分利用,尽量避免中庭空间的设计,必须设置时,酒店建筑的中庭空间夏季应利用通风降温,必要时设置机械排风装置,且中庭的天窗面积应不大于屋顶总面积的20%。尽量避免大面积的大堂设计,大堂的面积与酒店规模相匹配。大于10米的室内空间,应在顶部设计可控制的自然通风系统,释放热量,减少空调冷负荷。

(十二)酒店采用热泵技术

目前常用的是蒸汽压缩式热泵,主要以水、空气或大地为低温热源。大型酒店可以在局部区块采用热泵技术,回收余热,如洗衣房的余热回收,小型酒店则可以根据环境状况,全面使用热泵技术。热泵机组比传统供热机组节能30%～50%。

(十三)酒店中央空调系统宜采用二管制系统

酒店中央空调系统分为两管制和四管制两种。两管制是指在中央空调的空气处理设备中只有一个盘管,夏季制冷时,盘管内是冷冻水,冬季采暖时,盘管内是热水。因此,在整个区域中,同一时间,酒店只能供热或制冷。四管制则有两套盘管,能同时供热和制冷,因此,两管制的能源使用成本较低。

(十四)功能区域宜相对集中布置

酒店的餐饮、娱乐、会议、健身等功能区域宜相对集中布置。这些区域在酒店中属于公共区域,区域面积大、人流量大、用能周期明显、用能要求高。酒店运行的经验表明,上述功能区域相对独立,集中布置,特别是集中布置于裙房部位,能减少能源的消耗。分散布置降低了用能的规模效益,且增加了管网的损耗。

(十五)通过有效通风改善厨房内环境

酒店厨房的主要功能区域,包括炉灶区域、面点间、冷菜间、物料储存间等区域,为改善厨房的工作环境并考虑食品制作的需要,可设置制冷空调。其他区域应采用排气通风改善厨房内环境,并保持厨房内为负压。

(十六)合理设置动力机房

各动力机房设置在建筑物负荷中心附近,按管线总路径最短的地点设置。酒店动力机房比较常见的是布置在建筑的地下层,度假村类型的酒店通常将动力机房设置在主体建筑的外围,这样,从动力机房送出的动力需要经过较长的路线才能到末端工作设备,动力在输送过程中的损耗比较大,在10%以上。因此,动力机房宜设置在建筑物中心或负荷中心附近,按管线总路径最短的地点设置。在供热、中央空调等系统中,热交换器、空气集中处理机等设备机房应考虑分别设置在功能区域附近,进行分区供应,以减少能源损耗。

(十七)功能区合理设置辅助用房

酒店各功能区设置相应的辅助用房以满足管理,服务功能。例如,酒店厨房宜设置一个主厨房,多个与餐饮配套的小厨房,提高厨房能源使用效率,也提高菜食的质量。

(十八)逐步取消酒店自设的洗衣房

酒店洗衣房功能逐渐利用市场服务替代,在市场服务不能满足酒店要求的情况下,洗衣房设施的规模和功能应与酒店的规模、等级相匹配。分析表明,酒店洗衣房的用热能占酒店热能使用量的15%,用水量占酒店总用水量的10%以上,洗衣房的能源使用效率较低。

(十九)酒店尽量利用废热、余热资源

酒店周边企业的余热、废热应积极利用。天然能源(如地热、温泉、低温水体、太阳能等),以及城市热网、电网、其他酒店剩余的能源也应积极利用,也可与其他企业联合用能。对上述能源的使用提高了能源使用的综合效率,降低了酒店自身的用能成本。

(二十)酒店建筑积极利用可再生能源

酒店利用可再生能源的方式可以是自行设置可再生能源利用系统或购买由可再生能源产生的电能或热能。酒店可利用的可再生能源的主要有:利用太阳能热水器生产热水,以补充酒店生产、生活用热水;庭院、路灯及建筑轮廓灯照明利用太阳能光电技术;在地热条件较好的地区,利用地热采暖或生产生活用热水;酒店内部考虑充分回收利用污水热;在沿海地区建的酒店,开发利用潮汐能;在风力较大的地区建设高层酒店,采用风力涡轮发电机进行发电以补充酒店的电能;度假村类型的酒店考虑利用沼气等生物质能。酒店利用可再生能源要考虑技术的可行性、设备寿命周期费用等因素。

(二十一)酒店积极采用热水锅炉

酒店使用自备锅炉供热,应积极采用热水锅炉。蒸汽锅炉的热效率比热水锅炉低3%~5%,而且热水锅炉因为不承压,比蒸汽锅炉安全。从能源类型上看,燃油、燃气锅炉比燃煤锅炉的热效率高、自动化程度高,设备体积小,占地面积小。酒店不宜采用电热锅炉。

(二十二)系统末端低负荷设备的分离

酒店各系统的末端连接的低负荷设备应加以分离,因为这些设备的运行仍要启动系统主机,消耗较多的能源。如在正常时间之外出现的洗衣房的熨烫工作,可在熨烫机附近安装独立的小型蒸汽发生器来提供蒸汽。

（二十三）酒店制冷机组应采用性能系数高的机组

性能系数是指在额定工况和规定条件下，制冷机组进行制冷运行时的制冷量与有效输入功率的比值，也称为能效比，性能系数直接影响空调系统的运行能耗。从机组选型看，压缩式制冷机组的性能系数高于吸收式制冷机组。各类压缩式制冷中，离心式制冷机的性能系数相对最高。

（二十四）酒店的采暖积极采用地暖系统

地暖系统是地面低温辐射采暖，是将热源敷设在地板之下，通过地板向上辐射热能达到室内采暖的目的。地暖系统热媒低温传送，传送热量损失小，用热效率高，比传统的采暖方式节能25%～30%。

（二十五）选择合适的中央空调末端设备

酒店中央空调末端设备应与使用区域相匹配。通常在公共区域，如大堂、餐厅、大型会议室等，应采用空气集中处理机，不应使用风机盘管。

（二十六）锅炉烟气余热适当回收利用

酒店锅炉烟气的排烟温度一般在160～250摄氏度，烟气余热回收利用是指采用热交换技术利用烟气中的热量，但这种利用方式要注意不能过量利用烟气余热，烟气温度降到180摄氏度以下时，会产生酸性凝结水，造成腐蚀。目前，可采用的烟气余热技术是冷凝余热回收锅炉。回收的烟气余热可用于加热生活用水。

（二十七）冷凝水应回收利用

酒店供热系统中的冷凝水主要是经过热交换器等设备，蒸汽释放了热量后，变成冷凝水，冷凝水的温度非常高，而且不需要进行软化处理，可以立即返回锅炉。冷凝水一般与经过离子交换后的软水混合，提高锅炉炉水的进水温度，提高锅炉的热效率，因此，应设计冷凝水水箱，回收冷凝水。

（二十八）酒店积极采用节能型光源

在满足酒店照明质量的前提下，积极采用节能型光源。如采用LED灯，在提供相同照度的情况下，消耗的电量为普通光源的30%；日光灯改用T5灯，节电率在40%以上，极大地降低了能源消耗。

（二十九）酒店对照明系统采用智能节电技术

智能节电技术通过对负载的工作电压、电流进行实时控制，以提供负载时最适宜的工作电压和电流，产生较好的节电效果，并且使灯具寿命大大延长。使用效果显示，酒店的室外霓虹灯、外墙照明、室内照明的节电率在15%以上。

（三十）积极采用电梯节能技术

统计表明，酒店电梯的能耗占酒店用电量的10%左右，因此，采用电梯节能技术有利于酒店降低综合能耗。酒店电梯的节能技术包括改进机械传动和电力拖动系统、制动电能再生利用技术、电梯智能控制技术等。据分析,电梯节能技术的利用将减少电梯的能耗30%～50%以上。

（三十一）采用楼宇自动控制系统（BAS）

楼宇自动控制系统是智能建筑的核心系统之一。该系统以中央处理计算机为中心,对建筑物内部的设备进行时时控制与管理,能够随时按需调整建筑物内部的温度、湿度、照明强度和空气清新度,达到节约能源与人工成本的效果。酒店应积极采用楼宇自动控制系统,经验表明,与没有BAS系统的建筑相比较,采用BAS系统的建筑可节约能源5%～15%。

（三十二）变压器合理负载

酒店变压器的额定容量应与酒店的用电要求相匹配,变压器的运行负荷应为额定容量的75%～90%。如果酒店实际的运行负荷经常小于额定容量的50%,则应更换容量较小的变压器,若超过额定容量,则应更换容量较大的变压器。

（三十三）空调末端装置合理分区

使用时间和功能要求条件不同的服务区域的空调末端装置不应划分在同一空调子系统内。酒店各服务区域的人员流动特征是不同的,这也导致了酒店空调负荷变化的不一致,因此,需要对末端装置进行分离。酒店客房区域也应进行区域划分,分别设置空调子系统。

（三十四）水泵采用变频技术

酒店用水量波动较大,因此,供水系统的水泵采用变频技术有利于减少电能的消耗。用水设备包括生产用水设备和生活用水设备,酒店应根据各用水设备的用水特征,选择相应的节水技术和设备对用水量进行控制,或用调节水压的方法以实现节水目标。

（三十五）客房区域集中提供服务设施

酒店客房区域集中提供服务设施。如在客房楼面配置制冰机、饮水机、自动售卖机的方式提供服务,引导客人减少房间的小冰箱、电水壶、饮水机等电器的使用,提高能源的综合使用效率。

（三十六）采用冷热电联产系统

有燃气资源的地区,如果冷热电负荷相对比较稳定,酒店可积极采用冷热电联产系统。冷热电联产系统是通过能源的梯级利用,燃料通过热电联产装置将高品位能发电后,其中的低品位的热能用于采暖、生活供热等用途的供热,这一热量也可以驱动吸收式制冷机,用于夏季的空调,从而形成冷热电三联供系统。冷热电联产系统具有较高的能源使用效率。

（三十七）采用变风量空调系统

变风量空调系统是通过改变送风量的方法实现室内温湿度控制。当室内负荷降低时,系统减少风量的输送,从而降低系统的运行能耗。资料显示,变风量系统能减少30%的能耗,同时提高室内的舒适性。

(三十八)采用中央空调动态控制系统

中央空调动态控制系统是在中央空调末端风机盘管和新风机组上安装电动阀及控制装置,改变了冷冻水的流量,实现空调系统末端设备的动态变化,减少冷量的输送,从而降低系统的运行能耗。使用显示,该系统可节能30%以上。

(三十九)安装热水循环泵

酒店生活热水系统应安装热水循环泵,可减少热水系统热量的损失。但是,热水循环泵的功率要合理设计,避免电量浪费。

(四十)积极采用天然冷、热源

酒店周边区域有天然的冷、热源或地热源可利用时,酒店宜采用水(地)源供冷、供热技术。例如,在低温河水边的酒店,可以利用低温河水作为中央空调系统的冷源,极大降低了中央空调系统的能耗。

(四十一)客房设置总用电开关

酒店客房应设置总的用电开关,便于客人关闭所有的电源,减少浪费。例如,客房的钥匙插卡取电开关,在客人离开时能自动关闭电源。另外,在客房床头也应设计总的用电控制开关。

六、设备选型与管理

(一)建立酒店能源管理领导小组

建立酒店能源管理领导小组,统一管理、协调能源管理工作。例如,酒店以分管副总为组长,各部门经理为组员,建立领导小组。

(二)设立能源工程师

酒店应设立能源工程师岗位,为酒店的能源管理提供技术支持。能源工程师可由酒店员工担任,也可聘请外部机构的相关人员。

(三)开展合同能源管理

酒店应积极与有资质的节能服务公司合作,推行合同能源管理,提高能源使用效率。

(四)选择节能环保设备

酒店采购设备,要选择"节能型产品"。"节能型产品"应有相关的标志或认证证明。设备工作能力应与系统的使用要求相匹配,杜绝"大马拉小车"现象的出现。

(五)加强酒店设备的维护保养

酒店建立设备的计划维护保养制度,严格实施。加强酒店设备的维护保养,使设备处于完好状态。设备完好,有利于酒店节能。如厨房冰箱门、温控器等的完好,对设备的节能有较大的影响。

(六)及时维修、更换故障设备

酒店建立设备故障的报修、巡视制度,及时发现故障设备,及时维修。对于维修在经济上不合理的设备,应及时更换。"带病运行"的设备无法满足需求、存在安全隐患,并浪费能源。

(七)建立设备操作规范

为酒店员工使用的每一台设备建立标准的节能操作规范。如冰箱内的存放容积以80%为宜;吸尘器需要及时清理,否则会降低吸尘效率,增加耗电量;厨房灶具、炊具、容器要定期清洗除垢,以免影响热效率。

(八)正确使用、操作设备

酒店员工应先培训、后上岗,正确使用、正确操作设备,减少能源浪费。设备操作培训要持续进行。建立设备操作巡检制度,及时发现、纠正操作中能源浪费行为。

(九)建立能源管理目标与实施方案

酒店应建立能源管理目标,并将目标进行分解,便于实施。制定与能源管理目标相符合的能源管理实施方案,方案除了常规内容外,还应包括节能技术的可行性评价。

七、节能宣传和培训

(一)积极对客宣传

酒店应积极对客宣传,客人的节能行为有利于酒店的节能工作。例如,在酒店的公共区域,如大堂、餐厅等设置节能、低碳宣传角,提高住店客人的节能意识。在客房内设置宣传卡,鼓励客人减少资源、能源的使用。

(二)开展节能营销工作

酒店在市场营销中充分考虑节能工作,例如,配合酒店营销计划,举办节能、减排专题宣传周活动。为客人建立低碳消费记录档案,以便于实施相应的奖励措施。对客人的节能行为进行奖励等。

(三)开展供应商宣传工作

向供应商进行低碳酒店的宣传。酒店的采购量大,涉及多个行业,通过向供应商宣传,促使更多的企业实施低碳生产。

(四)制订节能培训计划

酒店制订系统的节能培训计划并予以实施。培训计划和管理目标应符合实际的情况,并具有连续性。

（五）开展节能培训和奖励

酒店在员工中开展节能培训和讨论，通过丰富多样的形式，调动员工节能的积极性，讨论各项节能操作的可行性，鼓励员工的节能创新行为，比如设立员工节能创新奖。也可以给住宿客人奖励，比如客人不浪费"六小件"给予相应奖励。

> **提醒您：**
>
> 酒店"六小件"是酒店最初提供的一次性消费用品，包括一次性牙刷、一次性牙膏、一次性香皂、一次性浴液、一次性拖鞋、一次性梳子六种生活常用品。

【实战范本6-08】▶▶

酒店电力使用记录表

年　月　日

读数＼区域	尖峰表	半尖峰表	离峰表	冷气表	空调泵表	三温暖
今日读数						
昨日读数						
差额						
倍数						
耗电数						
记录员			主管签名			

【实战范本6-09】▶▶

酒店锅炉主机运转时数表

读数＼区域	#1锅炉	#2锅炉	#1主机	#2主机	#3主机	B2冷冻机	冷藏库
今日							
昨日							
时数							
记录员				主管签名			

【实战范本6-10】

酒店锅炉燃油使用记录表

读数＼区域		读数＼区域	
今日读数		储藏油量	
昨日读数		日用油量	
耗油量		总油量	
记录员		主管签名	

【实战范本6-11】

酒店冷气泵省电器使用记录表

读数＼区域	运转时数	耗电量	
今日			
昨日			
耗量			
记录员		主管签名	

【实战范本6-12】

酒店水使用记录表

读数＼区域	软水	自来水	水表
今日			
昨日			
耗量			
记录员		主管签名	

注：耗量异常时立即检查存水量及供水情况。

【实战范本6-13】

酒店加药机使用记录表

读数＼区域	锅炉	回水	自来水
今日			
昨日			
耗量			
记录员		主管签名	

【实战范本6-14】

能源费用与计划对比表

类别	用量	实际费用	计划费用	用量费用增减	备注
水	月耗量/吨				
	费用/元				
电	月耗量/千瓦·时				
	费用/元				

【实战范本6-15】

各部门用品损耗对比表（每月数据提供进行对比）

序号	部门	耗材	打印纸	办公用品	备注
1	娱乐部				
2	销售部				
3	餐饮部				
4	工程部				
5	房务部				
6	洗浴部				
7	保安部				
8	财务部				
9	行政办公室				

【实战范本6-16】

酒店各区域开关灯时间表

序号	照明区域名称	开灯时间	关灯时间	责任部门	提示
1	大堂外雨棚灯、标志灯	18:00	5:00	工程部	
2	前台以及大堂灯	17:00	7:00	前台部	
3	大堂前厅	17:00	7:00	前台部	
4	大堂吧：筒灯，灯带	18:00	22:00	前台部	
5	五楼走廊	8:00	19:00	值班经理	
6	公共卫生间	随手关	随手关	值班经理	
7	安全通道	17:00	6:30	值班经理	
8	中、西餐厅	用餐时间	用餐结束	餐饮部	根据经营高峰期适当调整关开
9	洗浴部	营业时间	营业结束	洗浴部	
10	KTV	营业时间	营业结束	娱乐部	
11	茶艺馆	营业时间	营业结束	西餐厅	

注：上述开灯时间根据日照情况的变化可以适当调整。

【实战范本6-17】

酒店灯光开关时间控制表

区域	灯光类型	打开时间		关闭时间		责任人	备注
		晴天	阴雨天	晴天	阴雨天		
外围	车场照明灯	19:00	18:30	7:00	7:00	当班礼宾员	
外围	店名灯	19:00	18:30	7:00	7:00	当班礼宾员	
外围	外灯箱	19:00	18:30	7:00	7:00	当班礼宾员	
外围	雨棚灯	19:00	18:30	24:00	24:00	当班礼宾员	
外围	霓虹灯	19:00	18:30	7:00	7:00	当班礼宾员	
外围	电子显示屏	9:00	9:00	24:00	24:00	当班礼宾员	
外围	喷泉	9:00	9:00	24:00	24:00	当班礼宾员	
大堂	走道灯	18:00	17:30	7:00	7:00	当班礼宾员	
大堂	侧圆灯	18:00	17:30	24:00	24:00	当班收银员	
大堂	中圆灯	18:00	17:30	24:00	24:00	当班收银员	
大堂	东射灯	18:00	17:30	24:00	24:00	当班收银员	

续表

区域	灯光类型	打开时间 晴天	打开时间 阴雨天	关闭时间 晴天	关闭时间 阴雨天	责任人	备注
大堂	楼口灯	18:00	18:00	24:00	24:00	当班收银员	
大堂	西射灯	24小时				当班收银员	
大堂	筒灯	不开				当班收银员	
大堂	钻石生活壁灯	24小时				当班收银员	
1~5楼东楼梯	照明灯	24:00	24:00	7:00	7:00	当班服务员	
1~6楼窗帘		7:00	7:00	19:00	18:00	当班服务员	
1~5楼西楼梯	照明灯	19:00	18:00	7:00	8:00	当班服务员	
1楼走道	壁灯	7:00	7:00	24:00	24:00	当班服务员	
1楼走道	筒灯	不开				当班服务员	
1楼走道	槽灯	24:00		7:00		当班服务员	
1楼电梯间	槽灯	24小时				当班服务员	
1楼电梯间	筒灯	不开				当班服务员	
1楼洗手间	照明灯	7:00	7:00	24:00	24:00	当班服务员	
2楼走道	两侧槽灯	24:00	24:00	7:00	7:00	当班服务员	
2楼走道	筒灯	7:00	7:00	24:00	24:00	当班服务员	
2楼走道	楼梯口照明灯	24小时				当班服务员	
2楼走道	立灯	24:00	7:00	24:00	7:00	当班服务员	
2楼电梯间	槽灯	24:00	24:00	7:00	7:00	当班服务员	
2楼电梯间	侧筒灯	7:00	7:00	24:00	24:00	当班服务员	
2楼电梯间	中筒灯	不开				当班服务员	
3楼走道	两侧槽灯	24:00	24:00	7:00	7:00	当班服务员	
3楼走道	筒灯	7:00	7:00	24:00	24:00	当班服务员	
3楼电梯间	侧筒灯	7:00	7:00	24:00	24:00	当班服务员	
3楼电梯间	中筒灯	24:00	24:00	7:00	7:00	当班服务员	
5楼走道	筒灯	7:00	7:00	24:00	24:00	当班服务员	
5楼走道	两侧槽灯	24:00	24:00	7:00	7:00	当班服务员	
5楼电梯间	侧筒灯	7:00	7:00	24:00	24:00	当班服务员	
5楼电梯间	中筒灯	24:00	24:00	7:00	7:00	当班服务员	
6楼楼梯	照明灯	不开				当班服务员	
6楼总套	槽灯	18:00	18:00	7:00	7:00	当班服务员	

注：1.此表执行日期为4月4日~9月30日。
2.如有变动，随时通知。

【实战范本6-18】

酒店各楼层空调保持温度表

楼层	名称	夏季温/摄氏度	冬季温/摄氏度	责任人
1楼	大堂	25～26	20～24	
1楼	前厅	24～26	20～24	
5楼	行政办公室	24～26	20～21	
6楼	客房办公室	24～26	20～21	
5楼	会议室	24～26	20～21	
负4楼	洗浴中心	24～26	20～21	
16楼	望江楼茶艺馆	24～26	20～21	
4楼	西餐厅	24～26	20～21	
5楼	财务办公室	24～26	20～21	
2楼、3楼	中餐厅	24～26	22～24	

注：上述区域的空调规定温度，请各部门认真遵守，如有特殊需要，对空调温度进行调整，经办公室的总经理同意。营业区客人要求即可处理，但该客人离开后归原。

【实战范本6-19】

酒店工程部节能管理检查表

一	关于酒店霓虹灯、射灯、马路广告灯箱、门前喷泉、LED显示屏的时间调整具体控制办法
具体事项	（1）根据一年四季时差的不同及时调整 春季：18:40～22:00 夏季：19:15～23:00 秋季：18:30～22:00 冬季：17:00～21:30 （2）由维修班中班员根据工具体时间调整，原则为天空稍黑灯具即亮 （3）如遇下雨、下雪天气由中班员工直接关闭部分设备，防止设备损坏
责任人	中班值班员工签字：
检查人	部门经理签字：　　　　　　　　　　　　　部门主管签字：
二	酒店地下一层排风机时间控制
具体事项	（1）根据地下一层营业时间 上午8:00～9:00开启 下午16:00～17:00开启

续表

具体事项	夜间营业时间不开（考虑到设备噪声） （2）可根据厨房或其他部门要求临时开启30分钟												
责任人	值班员工签字：												
检查人	部门经理签字： 部门主管签字：												
三	中央空调												
具体事项	冬季供暖，采取每天了解天气变化情况，记录天气预报，对机组温度的设定如下												
室外温度/摄氏度	0	−1	−2	−3	−4	−5	−6	−7	−8	−9	−10	−11	−12
主机出水温度/摄氏度	40±2	40±2	40±2	40±2	45±2	45±2	45±2	45±2	45±2	45±2			
具体事项	夏季制冷机组温度设定如下												
室外温度/摄氏度	25	26	27	28	28	30	31	32	33	34	35		
主机出水温度/摄氏度	16±2	16±2	14±2	13±2	12±2	12±2	11±2	11±2	10±2	10±2	9±2		
责任人	维修主管签字： 领班签字：												
检查人	部门经理签字： 部门主管签字：												
四	卫生热水供应												
具体事项	（1）夏、秋季热水供应温度 9:00～18:00　　　　45摄氏度 18:00～24:00　　　　50摄氏度 0:00～9:00　　　　　45摄氏度 （2）春、冬季热水供应温度 9:00～18:00　　　　50摄氏度 18:00～24:00　　　　55摄氏度 0:00～9:00　　　　　50摄氏度												
责任人	当班员工签字：												
检查人	部门经理签字： 主管签字：												
五	机房附属设备控制												
具体事项	（1）循环泵：气温30摄氏度以下，变频运行；30摄氏度以上工频运行 （2）热水泵：采取温度控制，自动启停（依表中热水设定温度设置） （3）空调泵运行期间，每班巡查2次以上 （4）各主要空调供应区域阀门流量根据用户要求和天气情况，随时调节。在保证效果的前提下保证各路回水温度一致												
责任人	领班签字： 当班人员：												
检查人	部门经理签字： 主管签字：												

续表

六	酒店冷库及其他制冷设备控制
具体事项	（1）冷库采用分时段制冷运行，晚20:00～8:00为停机时间 （2）每周检查厨房冰箱结霜情况（霜厚≤5毫米），并督导一线员工处理。每三个月清洗一次冷凝器。其他制冷设备，每周巡查一次运行情况，每季度清洗擦试冷凝器
责任人	当班人员：
检查人	部门经理签字：　　　　　　　　　　　　主管签字：
七	机房、营业区用水控制
具体事项	（1）每天依据巡查制度进行每小时一次巡查，对发现的"跑、冒、滴、漏"立即处理，保证无任何漏水现象 （2）卫生处理时用湿拖把打扫，非必要时严禁用水冲洗地面、设备。用湿抹布擦设备进行清洁。各客房面盆三角阀调到出水即可，不喷洒 （3）各后勤、营业区公共水龙头严禁长流水，对发现的"跑、冒、滴、漏"立即处理，保证无任何漏水现象
责任人	当班人员：
检查人	部门经理签字：　　　　　　　　　　　　主管签字：
八	机房、营业区各处照明控制
具体事项	（1）关闭楼梯照明，使用时可开启，用完立即关闭 （2）平时关闭二层泵房及热水灌处照明，使用时可开启，用完立即关闭 （3）关闭各通道照明，使用时可开启，用完立即关闭
责任人	当班人员：
检查人	部门经理签字：　　　　　　　　　　　　主管签字：
九	机房、计算机房节能降耗控制措施
具体事项	（1）每周对酒店一线岗位微机巡视、检查一次，督促各岗位做到人走关机（特别是打印机、显示器）。对发现执行不力的按《员工手册》进行考核 （2）各部门电话费每周抽查一次，把电话费控制在网通签订的协议费用内。每月与电信公司核对话费明细、分析异常，杜绝错单 （3）微机室及总机设备室夜间进开1～2个灯具。白天非特殊天气不开启 （4）微机室及总机计算机服务器24小时开启的，在不使用显示器时关闭显示器，随用随开，用完立即关闭 （5）管理区域空调温度设置：夏季26摄氏度、冬季20摄氏度 （6）对外单位安装的通信等设备每月监控，异常情况立即向部门汇报、处理
责任人	当班人员：　　　　　　　　　　　　　　弱电主管：
检查人	部门经理签字：

第七章
管好酒店设备降成本

引言

酒店设备的维修与保养是一项很大的支出,只有把酒店的设备进行充分利用,懂得妥善使用,才能达到酒店设备利用的最大化,从而降低损耗,节约能源,最终达到降低酒店经营成本的目的。

第一节 酒店设备的综合管理

设备管理是酒店全体员工在设备最高综合效益目标指导下,运用科学的管理方法对各种设备系统从选购、安装开始,经过使用、维护保养、更新改造,直至报废为止的全过程管理活动。

一、酒店设备的类别

酒店设备是酒店物质技术装备的总称,具有长期性、多次使用的特性,列为企业的固定资产。

酒店的设备非常多,特别是综合性的星级酒店,设备的投资更大,如锅炉、电梯、空调、洗衣设备、健身设备、游泳池等。具体包括八大类别,如表7-1所示。

表7-1 酒店设备的类别

序号	类别	具体说明
1	供配电系统	(1)酒店的用电负荷主要有照明和动力两大类 ① 照明:包括生活照明、工作照明、广告及其他家用电器的使用 ② 动力:有中央空调系统、生活水泵、消防泵、电梯以及其他大型用电设备 (2)酒店经营对供电系统的基本要求是:保证供电的持续性以及系统运行的可靠性,供电质量(供电质量主要表现为电压的稳定性)要好

续表

序号	类别	具体说明
2	供水系统	（1）酒店经营对给水系统的要求：水量供应充足；水压要求适中；水质满足要求 （2）给水系统的设备构成为：储水池及水箱、水泵、屋顶水箱、输水管网、水表
3	排水系统	（1）酒店排水种类包括粪便污水排水系统、生活废水排水系统、厨房废水排水系统、洗衣房废水排水系统、屋面的雨雪水排水系统 （2）排水系统构成包括污（废）水收集器、排水管道、通气管及污水处理的构筑物
4	供热系统	以蒸汽锅炉作为热源的锅炉供热系统分成三个部分：锅炉给水系统、锅炉蒸汽系统、锅炉用气设备（包括厨房、洗衣房用气，客房用热水，采暖用热）
5	中央空调系统	中央空调系统由空气处理设备、冷源或热源、风管系统、水管系统和控制、调节设备构成
6	运送系统	运送系统包括客梯、工作电梯、消防电梯、自动扶梯、观光电梯
7	消防系统	（1）火灾报警系统：火灾探测器（主要用来发现火灾隐患，常见的有烟感式探测器、温感式探测器和光感式探测器） （2）消防控制系统：消防中心的运行、消防中心的设备（火灾报警控制器、设备运行状态监视屏、总控制台、备用电源） （3）消防灭火系统：消防栓灭火设备（包括消防栓、水龙带、水枪）、自动喷淋系统（自动喷水灭火系统、自动喷淋报警系统） （4）排烟系统：排烟系统（自然排烟、机械排烟）、正压通风系统
8	其他设备	（1）通信系统：电话、传真、内部通信系统、网络 （2）电视系统 （3）音响系统 （4）计算机管理系统 （5）楼宇自动管理系统 （6）娱乐健身 （7）办公设备 （8）厨房设备 （9）清洁设备 （10）计算机设备 （11）洗衣设备

二、设备管理组织机构设置

酒店应设立独立的设备管理部门，专门负责工程设备，不宜将其他职能与之合并。或成立酒店设备管理委员会，由酒店分管设备的副总经理、总工程师以及各部门经理组成，主要任务是拟订设备管理的方针、目标、要求，制定相关的制度，对重要设备的采购决策、设备运行、报废、更新和设备管理中出现的问题进行协调。

三、设备资产管理

（一）设备的分类编号

酒店固定资产基本编号一般采用两节七位数字编号法，第一节为类别、来源编号；第二节为建账顺序号。

（二）设备资产登记

1.设备台账

设备台账是各部门掌握设备概况的最基本的资料。不同的部门根据管理的需要按不同的形式编制设备台账。固定资产、系统设备、设备使用分类台账。

2.设备卡片

设备卡片是设备资产的凭证，在设备验收移交、正式运行时，工程部、财务部以及使用部门应建立相应的设备卡片，如设备资产卡片、设备技术卡片、设备使用卡片。

3.设备铭牌

酒店应按设备的编号制作铭牌，钉在设备的明显部位。内容包括酒店名称、设备编号、设备出厂日期和安装日期。

4.设备档案

设备运行过程中和对设备运行全过程管理所产生的所有文字、图纸、图表、照片、录像等资料的集合，它记录了设备从开始到报废的运行情况。

四、设备的购置

（一）设备采购的方式

设备采购的方式有两种：第一种是统一由采购部采购；第二种是由工程部自行采购。

（二）采购信息

设备的采购决策需要信息的支持。这些信息不仅仅是产品的价格、质量信息，对决策而言，更重要的是要获得新技术、优良技术信息和供应商信息。

（三）采购标准

酒店内部建立数据库，逐步建立并完善设备采购标准，详细说明设备、备件、附件、工具等的规格、型号、品牌、材料等各种参数。

（四）采购合同管理

采购合同的内容应该包括以下方面。

（1）设备具体规格、技术性能及专门要求。

（2）设备附件的要求。

（3）设备用途和加工范围的要求。

（4）操作性能、结构合理性要求。
（5）安全防护装置的要求。
（6）交货期、付款方式的要求。
（7）技术培训与服务，包括备件、图纸资料、维修作业指导书等。

五、设备的验收

由工程部经理组织财务部、采购部、设备备品仓库、档案室以及使用部门的有关人员进行开箱验收，分别对设备的价格、单据、合同、质量、技术、备品备件、技术资料及时进行核对，使验收工作充分有效。

设备备品仓库、档案室的人员参与设备验收，可以及时对设备的备品备件和技术资料进行妥善保管。

六、设备的安装、调试

设备安装工作就是按照设备工艺平面布置图及有关安装技术要求，将已到货并经开箱检查的设备安装在规定的基础上，达到安装规范的技术要求，并通过调试、运转，使之满足生产工艺的要求。

任何设备在安装完后，都必须进行调试，以确保能正常运行。

调试工作包括设备的全面清洗和检查、零、部件间隙的调整、润滑、试车。

七、酒店设备的更新与改造管理

酒店设备的更新改造属于后期管理。

（一）设备的更新

设备的更新是指以经济效果上优化的、技术上先进可靠的新设备替换原来在技术上和经济上没有使用价值的老设备。

（二）设备的改造

设备的改造是指通过采用国内外先进的科学技术成果改变现有设备相对落后的技术性能，提高节能效果，改善安全和环保特性，提高经济效益和技术措施。

第二节　酒店设备的使用与维护管理

设备的正确使用和维护，很大程度上决定了设备的完好程度，并能延长使用寿命。设备使用和维护的关键在于每一个员工都正确使用和精心维护所使用的设备，减少设备的故障，减少设备的应急维修，工程部则做好重要设备计划维修，使酒店的设备管理实现规范化。

一、明确设备技术状态完好的标准

酒店员工要做到正确使用设备,首先要明确设备技术状态完好的标准是什么。设备技术状态完好的标准有以下三方面。

(1)性能良好,重要设备的配备和选购必须是能满足酒店经营和生产需要,性能稳定,可靠性高的产品。

(2)运行正常。

(3)耗能正常。

二、制定设备使用维护管理制度

(一)一般设备的管理制度

对各部门的一般设备,其管理制度主要如下。

(1)设备的岗位职责。

(2)设备使用初期的管理。

(3)设备的操作维护规程。

(4)管理责任人制度。

(二)动力设备管理制度

动力设备的管辖权在工程部,必须严格按照相关的管理制度进行管理,以减少故障,防止事故的发生。机房管理制度如下。

(1)凭证操作制度。

(2)交接班制度。

(3)巡回检查制度。

(4)清洁卫生制度。

(5)安全保卫制度。

(6)机房值班制度。

(7)操作规程。

(8)维护规程。

(9)安全技术规程。

(三)设备润滑管理制度

设备润滑管理制度就是按计划对各种设备进行润滑工作,以降低机器设备零部件的损坏率,使设备经常处于良好的技术状态。

三、教导并监督员工正确使用设备

在使用设备时必须严格按设备的使用环境、使用方法、工作持续时间长短等进行正确使用。保证设备完好程度的主要措施是制定并严格执行有关的制度,强化员工的设备使用意识，对员工进行设备操作培训，加强对设备使用和维护的检查，并严格按规范进行操作。也就是要做到"三好""四会""五项纪律"，如图7-1所示。

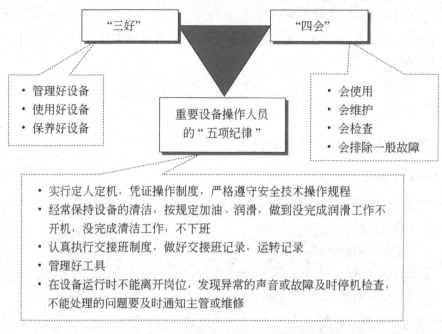

图7-1 "三好""四会""五项纪律"

第三节 酒店设备设施的保养

一、酒店设备维护保养的基本内容

酒店的各种设备，由于其结构、性能和使用方法的不同，设备维护保养工作的具体内容也不完全一致。但设备维护保养的基本内容是一致的，即清洁、安全、整齐、润滑、防腐，如图7-2所示。

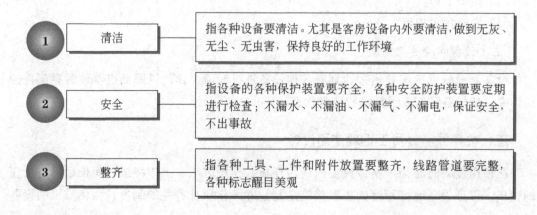

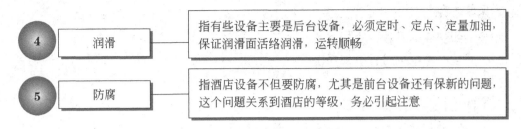

图7-2 设备维护保养的基本内容

二、酒店设备三级保养制度

设备的维护保养方法很多,无论采用哪种方法,其目的都是为了使设备保持其良好性能,提高设备效率,降低成本,更好地为酒店的经营服务。

(一)设备的日常维护保养

酒店设备的日常维护是全部维护工作的基础。它的特点是经常化、制度化。

1. 日常维护保养的责任人员

参加日常维护保养的人员主要是操作工人。他们要严格按操作规程操作,集中精力工作,注意观察设备运转情况和仪器、仪表;通过声音、气味发现异常情况。设备不能带病运行,如有故障应停机检查,及时排除,并做好故障排除记录。

2. 日常维护保养的内容

日常维护保养的内容大部分在设备的外部。其具体内容如下。

(1)做好清洁卫生。
(2)检查设备的润滑情况,定时、定点加油。
(3)紧固易松动的螺栓和零部件。
(4)检查设备是否有漏油、漏气、漏电等情况。
(5)检查各防护、保险装置及操纵机构、变速机构是否灵敏可靠,零部件是否完整。

3. 保养时间

一般日常维护保养包括班前、班后和运行中维护保养。

(二)设备的一级保养

设备的一级保养是要使设备达到整齐、清洁、润滑和安全的要求,减少设备的磨损,消除设备的隐患,排除一般故障,使设备处于正常技术状态。通过一级保养,使操作者逐步熟悉设备的结构和性能。

1. 责任人员

参加一级保养的人员以操作工人为主、维修工人为辅。

2. 保养内容

设备一级保养的具体内容如下。

（1）对部分零部件进行拆卸清洗。

（2）部分配合间隙进行调整。

（3）除去设备表面斑迹和油污。

（4）检查调整润滑油路，保持畅通不漏。

（5）清洗附件和冷却装置等。

3. 保养的频率与记录要求

保养一般在每月或设备运行500小时后进行。每次保养之后，都要填写保养记录卡，谁保养，谁记录，并将其装入设备档案。

（三）设备的二级保养

设备二级保养的主要目的是延长设备的大修周期和使用年限，使操作者进一步熟悉设备的结构和性能，使设备达到完好标准，提高及保持设备的完好率。

1. 责任人员

参加二级保养的人员以维修工人为主，操作工人参加。

2. 保养内容

设备二级保养的具体内容如下。

（1）根据设备使用情况进行部分或全部解体检查或清洗。

（2）检查、调整精度，校正水平。

（3）检修电器箱、电动机，修整线路。

（4）对各传动箱、液压箱、冷却箱清洗换油。

（5）修复和更换易损件。

3. 保养时间与记录要求

保养时间一般是，按一班制考虑一年进行一次，或设备累计运转2500小时后进行，二级保养也叫年保。保养后同样要填写保养记录卡。

三、酒店设备的点检制度

酒店设备的点检是一种现代先进的设备维护管理方法，是对影响设备正常运行的一些关键部位进行经常性检查和重点控制的方法。

（一）设备点检的含义

设备点检是指对预先规定的设备关键部位或薄弱环节进行有无异常的预防性周密检查的过程。设备点检是指通过人的五官或运用检测的手段进行调查，及时准确地获取设备部位的状况或劣化的信息，及早预防维修。

进行设备点检能够减少设备维修工作的盲目性和被动性,及时掌握故障隐患并予以消除,从而掌握主动权,提高设备完好率和利用率,提高设备维修质量,并节省各种费用,提高总体效益。

(二)设备点检的类别

由于设备各自性能不同,运行规律不同,设备的点检可分为日常点检、定期点检(专业点检)和精密点检(专项点检),如图7-3所示。

- 日常点检 —— 每天通过感官检查设备运行中的关键部位的声响、振动、温度、油压等,并将检查结果记录在点检中
- 定期点检 —— 时间长短按设备具体情况划分,有一周、半月、一月、数月不等。定期点检,除了凭感官外还要使用专门检测仪表工具。定期点检主要是针对那些重要设备,要检查设备的性能状况,设备的缺陷、隐患以及设备的劣化程度,为设备的大修、中修方案提供依据
- 精密点检 —— 用精密检测仪器、仪表对设备进行综合性测试、调查或在不解体的情况下运用诊断技术、特殊仪器及工具或特殊方法测定设备的振动、应力、温度、裂纹、变形等物理量。并通过对测得的数据对照标准进行比较、分析,定量地确定设备的技术状况和劣化倾向程度,以判断其进行维修或调整的必要性

图7-3　设备点检的类别

(三)设备点检的方法

设备点检的方法如下。

(1)运行中检查。

(2)停机检查,分为停机解体检查和停机不解体检查。

(3)凭感觉和经验检查。

(4)使用仪器检查等,设备的点检方法一经确定,点检人员不能自行更改。

(四)设备点检的步骤

设备点检的步骤如图7-4所示。

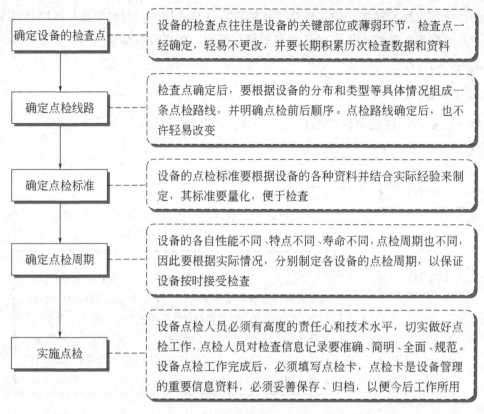

图7-4 设备点检的步骤

(五)设备点检工作的检查和考核

做好点检工作,对今后设备的修理工作会起到重要的作用,因此要加强领导,定期检查、考核。

第四节 酒店设备的维修管理

设备的技术状态劣化或发生故障后,为了恢复其功能和精度而采取的更换或修复磨损、失效的零部件,并对整机局部进行拆装、调整的技术活动称为设备维修。设备维修是使设备在一定时间内保持其规定的功能和精度的重要手段。

一、酒店设备的维修方式

(一)事后维修

设备发生故障后或性能、精度降低到合格水平以下时所进行的修理称为事后维修。此时,设备已坏,损失已经发生。适用于利用率低、维修技术简单、能及时提供用机、实行预防性维修不合算的设备。

（二）预防维修

"预防为主"是酒店设备维修管理工作的重要方针。预防维修有三种方法，如图7-5所示。

定期维修
定期维修是按事先规定的计划和相应的技术要求所进行的维修活动，是一种以时间为基础的预防性维修方法。适用于已经掌握了磨损规律的设备。特点是事先确定修理的类别、修理的周期结构、制定修理的工艺、确定工作量，提出维修所需要的备件、材料计划

预知性维修
预知性维修是一种以设备技术状态为基础的预防性维修方法，它系统地分析设备的劣化程度，并在故障发生前有计划地进行针对性的维修，既能保证设备经常处于完好状态，又能充分利用零件的寿命，所以比定期维修更为合理

改善维修
为改善和提高设备的功能，在条件许可的情况下，对设备进行改善性维修，可以提高设备的可靠性

图7-5　预防维修的三种方法

二、酒店设备的修理类别

（一）小修

设备小修是工作量最小的一种修理，对于实行定期维修的设备，小修主要是更换或修复在期间内失效或即将失效的零部件，并进行调整，以保证设备的正常工作能力。对于实行预知性维修的设备，小修的工作内容主要是针对日常点检和定期检查中发现的问题，拆卸、检查、更换或修复失效的零部件，以恢复设备的正常功能。

（二）大修

大修是对酒店设备进行维修工作量最大的一种计划维修。大修时要对设备全部解体，修整所有基准件，修复或更换磨损、腐蚀、老化及丧失精度的零部件，使之达到规定的技术要求。大修的费用较高，且性能难以达到出厂时的技术标准，所以，大修要事先进行可行性分析。

（三）其他

如按具体项目修理是根据酒店设备的实际情况，对状态劣化已经达不到生产要求的

项目，按实际需要进行针对性的修理。项修时，一般要进行部分拆卸、检查、更换或修复失效的零部件，从而恢复所修部分的性能和精度。

三、酒店设备的维修形式

（一）委托修理

酒店所有的重要设备是酒店设备管理的重点，委托修理是指酒店把设备的修理工作委托给生产厂家或专业维修公司。这样，可以减少酒店的开支，且使设备得到专业的维修，所以，委托修理是酒店设备维修的重要方式。

（二）自行修理

较多酒店采用此种方式，分为四种形式。
（1）计划维修。
（2）巡查维修。
（3）报修制。
（4）"万能工"维修制。

酒店设置"万能工"，任务就是对酒店所有设备进行有计划的循环检查维修，对"万能工"的要求较高，"万能工"还要承担酒店的应急维修工作。

【实战范本7-01】▶▶▶

酒店设备设施管理制度

1. 目的

为了规范酒店设备管理工作，保证各项设备处在完好状态，特制定本制度。

2. 适用范围

酒店内外的设备、设施维护、保养等项工作。

3. 设备设施管理总则

3.1 设备管理必须在酒店总经理的统一领导下，按照固定资产管理办法，将设备、设施归口有关部门，按管理、使用、保养、维修的职能和要求进行全员管理，认真贯彻各级岗位责任制和安全操作规程，并落实到部门、班组及个人，设备管理考核指标纳入使用部门评比考核内容，对成绩显著的给予奖励；对玩忽职守，造成设备事故者给予批评和严肃处理。

3.2 酒店设备设施管理范围主要有：供热设备，供冷设备、供电设备、水、煤气管道设备，电梯、起重设备，厨房设备，维修机械设备，监控设备，消防设备，办公设备，弱电设备及酒店设施等，对这些设备、设施的管理，必须采用先进的科学管理方法进行使用管理、运行管理、维修管理等全过程管理。

3.3 建立酒店设备管理体系网络。设备管理要正确执行国家和地方职能部门有关方针、政策及规定，对酒店主要设备和设施的设计、选型、购置、安装、验收、培训、使用、操作、维修、改造、更新直至报废进行全过程综合管理工作。

3.4 设备、设施维护保养分为例行保养、一级保养、二级保养、计划维修、计划大修。主管部门根据所管辖具体设备、设施，制订《设备设施一、二级维护保养年度计划》《设备设施年度大修计划》《设备设施年度维修计划》《设备设施例行保养项目》。并在每年月11月份对上述三个计划和项目做一次修改及调整。

3.5 维护保养人员要不断学习各岗位、各设备的业务知识和专业知识，做到"四懂三会"（四懂：懂结构、懂原理、懂性能、懂用途。三会：会使用、会维护保养、会排除故障）。使设备、设施能长期、安全、稳定运行，延长设备使用期限，并经常处于良好的工作状态。坚持"预防为主"和"维护与计划检修相结合"的原则。

3.6 加强对设备管理和对操作及维修人员进行多层次、多渠道的专业技术和管理知识的教育培训工作，不断提高业务技能，并坚持培训合格后方能上岗操作。坚持对司炉工、电梯维修操作工、锅炉水处理工、电（气）焊工、电工等特殊工种持证上岗操作。

3.7 严格遵守设备购置、开箱验收制度，设备安装验收管理制度，设备报废制度，设备运行交接班制度等制度。

3.8 必须严格按照《工程设备管理》模式的要求，设备设施在运行、维修、大修、保养、检查的全员管理过程中，做好各种记录工作并按月、年完整保存。

4. 设备检查管理制度

工程部区别不同设备性能、作用、结构运行，制定检查制度、检查内容、检查表格、检查时间。对设备分别采用运行检查、维修检查、巡视检查、停机检查等不同形式，以保证设备的完好率。

4.1 运行检查由各班组值班员负责，每天按规定时间对所负责设备的运行状况（包括温度、电流、电压、压力、压差、水位、水质、声响、振动）进行全面检查。每次检查按工程部制定的运行记录表格做好记录。发现异常或事故隐患，及时排除，重要问题及时汇报。

4.2 维修检查由维修人员负责。每次检修前，检查设备性能、存在故障部位、故障原因。按工程部要求，填写检修记录表。对维修的部位、更换的零部件、修理后的运行效果亦做好记录。保证设备修理后正常运行，满足营业需要。

4.3 巡视检查分别由领班、值班主管、工程部经理负责，根据责任范围进行。各专业领班根据工程部规定的时间和检查内容，对所分管的设备进行巡视检查。发现问题和故障隐患，及时排除，做好记录。工程部经理、值班主管主要对重要部位、重要设备进行巡视检查，督促各班组维护好重要设备，确保设备正常运行。

4.4 停机检查项目根据计划确定。对配电系统、空调机组、冷却塔、排风机及新风处理机、空调管道等设备，每年停机检修时要进行全面检查。每次检查均按工程部停机修理要求的内容做好记录，再根据检查结果进行全面检修、调试。保证冬季供暖、夏季送冷需要。

4.5 强制检查主要适用于电梯、煤气站、变配电室、防雷设施等需要绝对保证安全的设备，由部门经理配合政府相关部门进行，发现隐患及时排除，确保安全。

4.6 定时检查。

4.6.1 配合餐厅、厨房、洗衣房淡旺季业务状况，对电气、机械设备定时进行一次全面检查，每次检查都做好记录，并修理、更换已损坏或有故障的设备，保证营业需要。

4.6.2 客房每天检查一间，包括客房的床头柜及接线盒、门铃、灯具、插座等，每次检查都做好记录，并修理、更换已损坏或有故障的设备，保证营业需要。

附：设备检修记录表、巡检记录表、设备定时检查表、客房设备检查表。

5. 设备设施部件更换程序

对于设备、设施部件更换，各部门应本着节约成本、降低耗能的原则，使设备设施始终处于一个经济的运行状态。

5.1 部门一般设备部件更换由报修部门主管以上人员在报修单上签字，经工程部领班确认方可进行更换。

5.2 部门报修要本着设备在本部门的可实用性、经济性，对于不适应部门或酒店的设备，如其部件比较昂贵或非国标件，部门根据情况可申请报废。

5.3 部门对于贵重设备的报修，须经理级以上人员签字，经工程部经理审批。

5.4 各部门对于本部门使用设备不得私自外出维修，以免造成设备的损坏，所有设备的维修都应由工程部负责联系并予以备档。

5.5 各部门加强设备操作员的管理，由于操作不当造成的设备损坏要按《设备设施处罚规定》进行处理。

6. 工程部设备巡查程序、标准

为加强设备安全管理，使设备有一个良好的运行环境，始终保持经济的运行状态，现制定设备巡查程序、标准。

6.1 巡查程序。

6.1.1 巡查员要严格按《酒店设备巡查时间表》定时进行检查。

6.1.2 巡查员对设备进行巡查，要认真检查设备的运转情况、运转声音、运转速度、压力、温度，以及设备的特殊要求。

6.1.3 巡查员对电器设备要认真检查，检查有无松动、元件的温度、线路的温度、元件的气味，以及周围的环境状况。

6.1.4 巡查员检查设备时如发现异常情况应马上通知当值领班或主管说明巡查情

况，并立刻做简单处理，以免造成损坏或损失。

6.1.5 对重大故障应马上通知部门经理解决，并详细说明故障情况、原因，同时对设备做简单处理，以免造成损坏或损失。

6.2 巡查标准。

6.2.1 巡查员巡查设备时要按《设备巡查须知》对设备进行巡查，对设备的特殊要求要重点检查。

6.2.2 巡查员巡查设备要及时，严格按要求时间段巡查。

6.2.3 巡查员要在设备巡查记录上详细登记巡查人、时间、设备运转情况、压力、电流等相关数据，保障设备正常运行。

6.2.4 设备登记表填报真实，不得虚报，如有虚报按酒店规定处罚。

7.设备巡回检查制度

为了更好地保证设备长周期运行，贯彻以维修为主、检修为辅的原则，不断提高设备管理水平，狠抓责任制、包机制，充分调动生产车间操作工人、维修工人的积极性，不断提高设备完好水平，特重新修订本制度。

7.1 维修工人（机、电、仪）要明确分工，对分工负责包干的设备负有维修好的责任，同时做到以下几点。

7.1.1 每天定时上岗检查自己所包干设备的运行情况，主动向操作工了解设备运行情况并查看运行记录。

7.1.2 发现设备缺陷，若不停车可消除的应立即组织消除；需停车消除的，及时向车间设备员反映，由车间设备员列入设备检修计划进行消除。设备缺陷严重，影响安全生产时，应进行紧急处理，并及时向调度室汇报。

7.1.3 检查设备零部件是否完整、齐全。

7.1.4 检查设备运行，"跑、冒、滴、漏"及整洁情况，防腐、防冻、保温设施是否完整有效。

7.1.5 检查设备操作压力、温度等，是否超负荷运行。

7.1.6 检查设备润滑情况，润滑部位温度是否在规定范围内。

7.1.7 做好当天的设备运行及检查、维修记录。

7.2 操作时必须用严肃的态度和科学的方法，正确使用和维护好设备，同时必须做到以下几点。

7.2.1 坚守岗位，按设备巡检路线定时检查设备运行情况，并认真填写运行记录。

7.2.2 定期检查设备的润滑情况。若发现润滑油液位低于最低限度时要及时补充，发现润滑油变质或乳化时，应立即换油。

7.2.3 对于动设备要定期切换，备劝每天要盘车。

7.2.4 保持设备整洁及周围环境卫生。

7.2.5 严格执行交接班制度和"十字作业法"。

7.2.6 积极支持维修工的工作，及时向维修工反映设备运行情况。

7.3 安全生产部门对车间执行设备巡回检查制度有监督指导权。

7.3.1 定期抽查操作工和维（检）修工的巡回检查记录及现场情况，对执行巡检制度好的单位（个人）有权向上级部门推荐，给予表扬和物质奖励，执行不好的给予批语和适当的经济制裁。

7.3.2 对在巡检过程中发现的设备故障苗头及不正常状态，立即组织人员查找原因，尽早消除。重大隐患而暂时未危及安全生产时，必须及时研究消除缺陷的对策。若缺陷严重，而又危及安全生产时，应立即采取措施进行紧急处理，并向上级有关部门报告。

8. 设备运行管理制度

8.1 设备维修程序。

8.1.1 设备需要维修，使用部门如实填报报修单，部门负责人签字后送工程部。

8.1.2 急需维修时，使用部门也可直接电话通知工程部。

8.1.3 工程部接报修单或电话后应在5分钟内及时派工，维修人员到达现场后，凭报修单进行维修。特殊情况可先维修，然后补报修单。

8.1.4 修复后使用部门应在报修单上签字认可。

8.1.5 无法修复时，维修工应将无法修复的原因写在报修单上，签字并送工程部负责人手中。

8.1.6 工程部负责人根据情况，属零配件问题的，可按程序填报申报表；属技术原因无法修复的，在2～4小时内报主管总经理。

8.1.7 关于维修时现场维修应注意的礼仪，按《维修服务规范》执行。

8.2 公共部位巡查检修。

对于几个部门共同使用且较难界定由谁负责的公共部位设施设备，工程部派人进行巡查检修。每周一次，做好记录，一般故障由巡查员现场修复，重大故障由巡查员汇报当班负责人后安排检修。

8.3 客房巡查检修。

可将客房易损项目制成表格，由工程部派人每周一次协助客房部巡查检修，对较大故障或需要更换配件的日常维修项目仍由客房部填写报修单。

8.4 大型成套设备的计划检修。

设备的计划检修是保证设备运行的主要手段，但在安排设备的检修时应注意到酒店的设备运行特点，尽量减少对客人的影响和带来的不便。根据检修的要求可分为以下两级保养。

8.4.1 一级保养。

（1）保养前要做好日常的保养内容，进行部分零件的拆卸和清洗。

（2）对设备的部分配合间隙进行调整。

（3）除去设备表面的油污、污垢。

（4）检查调整润滑油路，保持畅通不漏。

（5）清扫电器箱、电动机、电器装置、安全护罩等，使其整洁固定。

（6）清洗附件冷却装置。

8.4.2 二级保养的主要内容。

（1）根据设备使用情况进行部分解体检查或清洗。

（2）对各传动箱、液压箱、冷却箱清洗换油。

（3）修复或更换易损件。

（4）检查电器箱，修整线路，清洁电动机。

（5）检修，调整精度，校正水平。

8.5 机房管理。

8.5.1 空调机房、配电房的操作人员须持劳动部门颁发的操作证。

8.5.2 加强各机房的管理，建立严格的岗位责任制和设备操作规程。

【实战范本7-02】▶▶▶

设备资料卡制度

1. 目的

规范工程部设备的统一管理。

2. 规定

所有员工都应知应会。

3. 程序

3.1 设备资料卡制度。

3.1.1 酒店所有固定资产，都应编制固定资产登记卡并编号。

3.1.2 对所有设备，用设备资料卡代替固定资产登记卡。

3.1.3 酒店所有客房、办公室、各餐厅会议室、康乐设施、舞厅和厨房均建立资料卡。

3.1.4 资料卡上应显示所有的规格和详细的人力资源部维修改装的历史记录。

3.1.5 资料卡片由工程部资料统一保管。

3.1.6 资料卡片是设备维修费用预算、设备改造、报废、更新或设备分析的重要依据。

3.1.7 资料卡片不得涂改或烧毁。

3.2 设备资料卡的内容。

3.2.1 设备资料卡：设备名称、型号、样式、商号、价格、制造商、供应商、维修；马达铭牌上全部资料；安装位置、安装日期；能力；易损件订购号；马达轴承号、传动系统轴承号皮带、保险丝、滤器、润滑油型号；维修，改装记录。

3.2.2 客房、办公室、餐厅、会议厅、康乐设施、游泳池资料卡：等级名称、面积；布置图、家具表和设施；现状评分表；维修记录。

3.2.3 厨房资料卡：位置、面积；布置图；厨房设备表；厨房结构维修记录；厨房烟道情况记录。

3.3 设备资料卡责任制。

3.3.1 值班工程师负责区域的设备资料卡管理。

3.3.2 设备资料卡的执行是衡量主管管理效果的标准之一。

3.3.3 工程部经理应对值班工程师的工作水准进行衡量。

3.3.4 资料卡片由各值班工程师正确无误填写，对尚不能填入的项目应尽一切努力去寻找资料。

3.3.5 客房、办公室、餐厅、会议室、康乐设施、舞厅由负责客房和公共区域的主管编写。

3.3.6 请修记录、预防性维修记录均由修理员亲自填写。对调换零配件应详细登记。主管对员工值班填写内容负责。

3.3.7 改装、改建、更新、报废均由主管填写。

3.3.8 在酒店人力资源培训部开展员工评估活动时，资料卡片作为评估最重要依据之一。

3.3.9 对发生机件故障而影响酒店营业的事故，设备资料卡将作为重要的分析依据。

【实战范本7-03】>>>

设备档案卡

设备名称：		设备编号：		设备位置：			
制造商：		型号：		系列号：		空调	锅炉
电压：	电流：	采购时间：		价格：		压缩机	电气
制造商-地址-电话			本地供应商-地址-电话			风机	地面
						厨房	洗衣
						仪表	水泵
						冰柜	阀
发动机或其他数据						电子	应急
						其他	

续表

制造商	型号	目录号	电压	电流	相数	转速	负荷	风量	流量	冷量	管径

备件				其他数据			
制造商	配件号	型号	目录号	液体-皮带-保险丝-过滤器等			
保养标准							

【实战范本7-04】

巡检记录表

日期：

项目	巡检区域	巡检时间	设备状况	跟进措施	巡检人	抽检人
电气	配电室					
	发电机房					
	电梯机房					
	两部客梯					
	两部食梯					
	大堂转门					
	洗碗机					
	中厨排烟机					
	西厨排烟机					
	职厨排烟机					
	烧烤吧配电箱					
空调	直燃机房					
	东机房					
	西机房					
	冷却塔					
	油库					

续表

项目	巡检区域	巡检时间	设备状况	跟进措施	巡检人	抽检人
空调	污水泵池					
	鱼池设备					
	负二冷库					
	7楼新风机					
	6楼新风机					
	3～5楼新风机					
	厨房煤气表					
维修	厨房隔油池					
	排污水口					
	木栈道					
	外围栅栏					

【实战范本7-05】

设备检修记录表

设备名称		安装位置		使用部门	
设备状况及解决方案					

检修人：　　　　　　　　　　　　专业领班：

续表

检修内容及耗用材料	
	检修人：　　　　　　　　　　　专业领班：
使用部门验收意见： 签字：	工程主管验收意见： 签字：

【实战范本7-06】▶▶▶

客房设备检修记录表

房间号码：　　　　　　　　　日期：

项目	检查项目	设备状况	处理措施	备注	检查人
电气	门铃				
	请勿打扰				
	取电开关				
	廊灯				
	吧台灯				
	电熨斗				
	电水壶				
	衣橱灯				

续表

项目	检查项目	设备状况	处理措施	备注	检查人
电气	床头柜控制板				
	床头柜电话				
	床头灯				
	落地灯				
	台灯				
	镜灯				
	画前灯				
	电视电源				
	电视图像				
	音响				
	卫生间电话				
	镜前灯				
	换气扇				
	电吹风				
	保险箱				
	电源插座				
	传真机				
	计算机				
	电子门锁				
空调	空调器				
	空调开关				
	空调风口				
	空调滤网				
其他	面盆水龙头				
	面盆提把				
	面盆塞				
	面盆下水				
	冷水				
	热水				
	浴缸开关				
	浴缸塞				
	浴缸下水				
	淋浴开关				

续表

项目	检查项目	设备状况	处理措施	备注	检查人
其他	淋浴喷头				
	地漏				
	马桶开关				
	马桶上水				
	马桶下水				
	健康秤				
	晾衣绳				
	门				
	走廊吊顶				
	天花板				
	踢脚线				
	壁纸				
	窗台				
	窗帘				
	写字椅				
	沙发				
	茶几				
	吧柜				
	行李柜				
	写字桌				
	衣橱				
	熨衣架				
	地毯				
	闭门器				
	防盗扣				
	猫眼				
	门吸				
	卫生间门锁				
	大理石地面				

客房部签字确认：　　　　　　　　　　工程主管签字确认：

注：1.检修项目正常时，在设备状况栏划"√"，非正常时则划"×"，对于非正常项目修复后在处理措施栏记录处理措施。
2.其他情况在备注栏注明。

【实战范本7-07】▶▶▶

设备定时检查表

设备类型		上旬	中旬	下旬
1月/7月	运输设备	客房布草车	礼宾行李车，轮椅	其他运输车辆
2月/8月	清洁设备	地毯机，吸尘器，擦地机	擦鞋机，干手器	清洗机，洗衣机
3月/9月	食品加工设备	和面机，搅拌机，电饼铛，酥皮机，压面机	微波炉，电磁炉	烤箱，发酵箱，消毒柜
4月/10月	制冷设备	冰箱，冰柜	制冰机，展示柜，冷库	酒店分体式空调器
5月/11月	通信音响设备	电话机，传真机	计算机设备	音响设备
6月/12月	其他设备	电热水器，洗碗机	电风扇/电暖气	办公区，收银台电源插排

【实战范本7-08】▶▶▶

工程维修单

编号：

工程部_____	发出部门_____	部门负责人_____
日　期_____	时　间_____	地　点_____

工作内容_____

【实战范本7-09】▶▶▶

维修记录

耗用（请购）材料

序号	材料名称	数量	单价	合计
				总计

接收：　　　　维修员：　　　　当值工程师：　　　　验收员：

注：本单一式三联，白联交工程部，红联交仓库，黄联交报修部门。

【实战范本7-10】

工程维修反馈单

报修部门：　　　　　报修时间：　　　　　反馈时间：

序号	报修项目	检修原因	反馈内容	备注

【实战范本7-11】

设备维修统计表

序号	日期	维修项目	报修单编号	使用材料	价格	工种	维修员	备注

【实战范本7-12】

设备改造（大修）审批单

填报部门：　　　　　　　年第　　号

设备名称		设备编号		型号规格	
设备原值		设备等级		已用年度	
预计费用		资金来源		预计时间	
目前设备状况					
改造大修方案概况	（附方案）				

续表

预计改造大修后设备状况				
拟聘设计单位		拟聘施工单位		
各级审批意见	使用部门负责人		酒店工程总工	总经理

注：此表存入设备档案，重点设备及特种设备改造（大修）须附技术、经济论证材料及设计、施工单位材料。

【实战范本7-13】

设备改造（大修）验收单

年第　　号

设备名称		制造厂家		型号规格	
设备编号		资产编号		管理类别	
设备原值		折旧年度		已用年度	
累计折旧		预计费用		实际费用	
审批单号		审批日期		施工单位	
开工日期		竣工日期		验收日期	
大修改造方案概况					
大修改造主要内容		关键部件更换情况	部位	部件名称	数量
改造后精度性能					
主要遗留问题					
验收各方意见	酒店负责人	设计单位		施工单位	
		名称（印章）： 年　月　日		名称（印章）： 年　月　日	

【实战范本7-14】▶▶▶

设备设施部件更件审批表

报修部门		报修设备		设备操作员	
设备损坏原因	部门经理签字：				
设备使用年限			更换部件		
部件价格			设备使用性		
维修意见：					
工程部维修领班签字			工程部经理签字		

【实战范本7-15】▶▶▶

设备报废单

年第　　号

设备名称		设备编号		型号规格	
制造厂家		出厂日期		资产编号	
设备原值		折旧年限		已用年限	
累计折旧		预计残值		报损值	
报废原因					
最后报废日期					
各级意见	设备部门总监		酒店财务总监		酒店工程总工
	总经理				

填表人：　　　　　　　　　　　　　　　　　填表日期：　年　月　日

第八章
推进信息化管理降低经营成本

> **引言**
>
> 运用先进的信息化管理系统是酒店实行全面成本管理的一个重要途径。利用先进的互联网平台，可以实现网络订餐订房、网络营销，可以直接进行物资网络采购，降低采购费用并减少库存成本。借助OA（办公自动化）系统，酒店实现无纸化办公，既可节约纸张，又可帮助酒店降低管理成本与人工成本，提高运营效率。充分运用先进的计算机软件系统，将帮助酒店管理人员对错综复杂的数据和动态的信息进行及时准确的分析、处理，将酒店公关销售、前台预订、会议管理、财务统计和人力管理等多种模块功能集成，将科学管理理念与先进管理手段相互融合并实现全面质量管理，缩短操作时间，有效提升成本控制，从而建立酒店全面竞争优势。

第一节 酒店信息系统的作用

酒店管理实质上是对酒店运行过程中人流、物流、资金流、信息流的管理，信息系统管理就其表现形式看是对酒店大量的常规性信息的输入、存储、处理和输出，从而实现集中管理和快速的反应，提高经济效率，节约运行成本和管理成本，可以说信息化管理是人工管理的最大协助者，其作用主要表现在以下几个方面。

一、提高酒店的管理效益及经济效益

应用酒店管理系统可以通过节省大量的人力物力，增加酒店的服务项目，提高酒店的服务档次，减少管理上的漏洞，从整体上提高酒店的经济效益。具体表现在以下方面。

（1）完善的散客和团体预订功能可防止有房不能租或满房重订的情况出现，可随时提供准确和最新的房间使用及预订情况，从而可提高客房出租率。

（2）客人费用的直接记账，不仅减少了票据的传送，而且避免了管理上的混乱，更主要的是更有效地防止逃账情况发生。

（3）完善的预订功能可用于市场销售，如确定宣传的重点地区和如何掌握价格的浮动等。

（4）及时控制超过信用限额的客人，随时催促欠款客账的结算。

（5）电话费自动计费及电话开关控制，可杜绝话费的逃账。

（6）正确控制房价，从而提高客房收入。控制客人优惠，减少管理漏洞。

二、提高服务质量

计算机处理信息的速度很快，可以大大减少客人入住、用餐、娱乐、结账的等候时间，提高对客人的服务质量，提供及时、准确、规范的服务。

（1）快速的酒店客人信息查询手段，使客人得到满意的答复。

（2）餐费、电话费、洗衣费、客房饮料费、电话传真费、酒吧饮料费等费用的一次性结账管理，不仅大大方便了客人，也提高了酒店的经营管理水平。

（3）快速的历史档案查询更为查账或查客人信息提供了极大的方便。

（4）回头客自动识别、黑名单客人自动报警、贵宾鉴别等均有利于改善酒店的形象。

（5）快速的结账处理，减少客人离店等待时间。

（6）清晰准确的账单、票据、表格，使客人感到档次的享受。

（7）完善的预订系统，使客人的入住有充分地保证。

三、提高工作效率

大中型酒店每天的客流量大，涉及前台每天对客房状况的统计、记录订房信息、登记信息、提供查询、为客人提供结算账单等的业务量也很大，如用手工方式进行上述业务运作，速度很慢，需要的人手也多，出现错误的可能性也大，计算机管理则可以大大提高业务运作的速度和准确性。

（1）计算机的自动夜间稽核功能结束了手工报表历史。

（2）计算机资料的正确保存避免了抄客人名单的低效工作。

（3）严格的数据检查可避免手工操作的疏忽而造成的错误，减轻职工的工作压力，从而提高工作效率，减少票据的传送、登记、整理分类、复核等一系列的繁重劳动。

四、完善酒店内部管理体制

酒店管理系统在建立营业库的同时，还建立了人力资源库，进一步形成企业严格的管理体系，使企业各岗位的考核管理工作更趋于科学化、正确化、系统化。酒店管理系统在酒店管理体系中还发挥着强有力的稳定作用，可以明显减少员工及各管理人员的流动对酒店管理运作的不良影响，是使酒店形成有特色管理的一个重要组成部分。

五、全面了解营业情况，提高酒店决策水平

酒店的管理层在面对市场竞争时，更需要加强对各种营业进行预测分析，对酒店经

济状况进行全面分析，而酒店计算机系统能提供完备的历史以及当年度的数据，又可提供各种分析模式，这使管理人员很方便地完成复杂的分析工作。管理层还离不开对酒店运营的内部控制，如控制客房数量、餐饮原料数量、客房消耗品数量，由于酒店计算机系统能提供更好、更完备的信息管理，可很好地增强酒店管理人员的控制决策水平。

第二节 酒店信息系统的建立

酒店信息系统实质上是对酒店运行过程中人流、物流、资金流、信息流的管理，可提高酒店的管理效益及经济效益，提高服务质量、工作效率，完善酒店内部管理机制，提高酒店服务水平等。从而为酒店管理带来作业流程的标准化、服务水平的量化、快捷有效的沟通手段、经验知识的共享、公关信息的传播、客户关系管理、经营成本分析和预警等。

一、酒店信息系统的构成

酒店管理系统由计算机硬件、系统软件及应用软件组成。硬件指计算机设备，系统软件指系统的运行平台，它们一起构成酒店计算机系统的体系结构。

一个酒店信息系统从使用者的角度看，软件结构就是酒店管理系统的功能结构。各种功能之间又有各种信息联系，这样就构成了一个有机结合的整体，形成一个完整的软件功能结构。因此，系统一般可分为前台（对客服务）和后台（内部管理）两大部分，另外还可包括对前后台系统的功能补充的扩充系统（有的系统把扩充系统直接包含在前后台系统中），以及各种各样的系统接口，如图8-1所示。

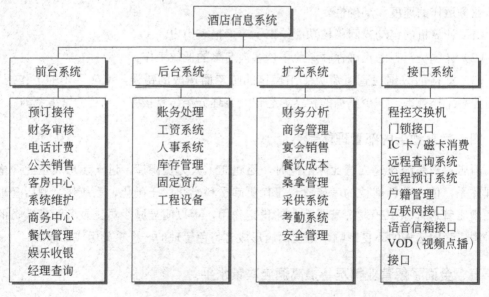

图8-1 一般酒店软件的功能结构图

事实上，酒店管理软件可以是一个覆盖整个酒店管理所有方面的非常庞大的系统。对某些酒店，这样的功能模块还可增加和完善，如与酒店床头柜的连接接口、与酒店内部寻呼台的连接接口、办公自动化OA系统、预测决策支持系统等，而且各种软件系统之间的功能名称和分法均可不一样。

二、酒店信息系统必须具备的功能

酒店信息系统，必须具有如图8-2所示的几项功能。

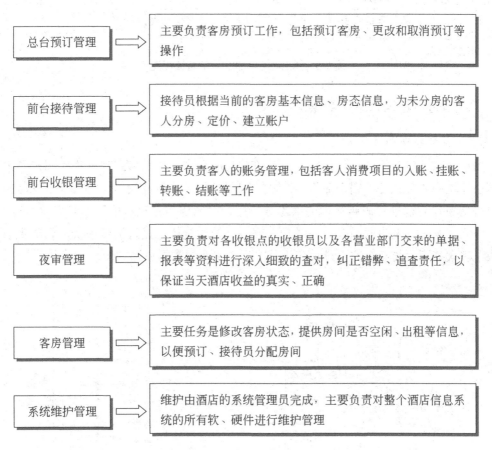

图8-2　系统必备六大功能

三、酒店信息管理系统的业务流程分析

通过对酒店业的调查分析，可以得出其各个部门之间的业务流程图，如图8-3所示。

图8-3所示的业务流程为酒店前台子系统各部门之间的业务，属于顶层流程，各个部门还有下层业务流程，在此不一一描述。

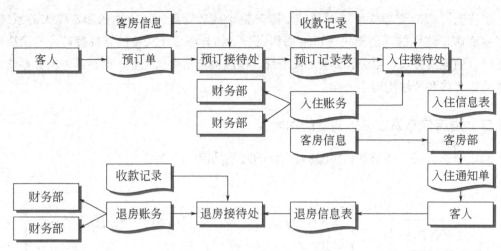

图8-3 酒店信息系统主要业务流程图

四、酒店前台信息系统数据流

（一）总的数据流

如果一家酒店组织结构已经确定，其管理制度、信息传递形式也就相应固定下来了。在酒店管理中主要抓住"四个流"，即人才流、物质流、资金流和客源流，而归根到底是要抓好信息流。在进行酒店管理的信息分析中，对酒店信息流程的了解是必不可少的环节。酒店从与客人发生联系开始，经预订服务、抵达接待、提供消费项目，到离店结账，构成了客人在酒店的一个完整过程。这一过程中主要的数据流图如图8-4所示。

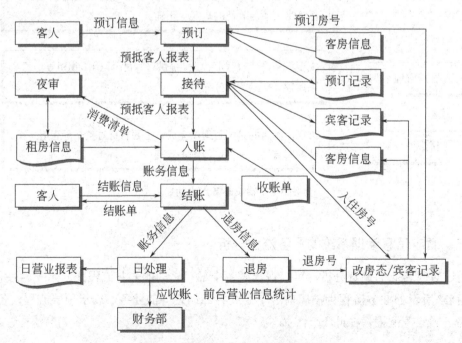

图8-4 酒店前台信息系统数据流图

（二）预订管理的顶层数据流

总台预订处主要负责客房预订工作，包括预订客房、更改和取消预订等操作。预订的主要目的是提高酒店的入住率，为客人预留房间，并提供良好的服务。手工操作预订是一件很困难的事情，因为客人需要的房间类型在所预订日期内是否能提供，需要很长时间才能查找确定，要保证其准确性则更不容易。所以手工预订一般只做到三个月以内，而采用计算机预订则可达到三年，还可方便地处理复杂的团队和VIP（贵宾）预订业务。预订管理的顶层数据流图如图8-5所示。

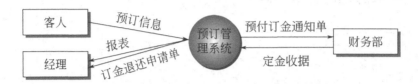

图8-5　预订管理顶层数据流图

（三）接待管理顶层数据流

接待阶段是对客人服务中一个非常重要的环节，接待员根据当前的客房基本信息、房态信息，为未分房的客人分房、定价、建立账户。账户的建立以客人为依据，而不是以客房为基础。接待系统的主要目标就是以最快的速度为客人开房。如果客人已预订，则其相关信息已存储在计算机中，酒店可在客人到达之前准备好各种服务，把应到客人列表、各种客人的特殊要求列表等转交到相关服务部门。客人到达后，接待员只需在预订单的基础上补充客人信息即可。未经预订的客人需要输入的信息内容比较多，为了不让客人久等，接待登记的输入界面使用必须方便、快捷，这一点在进行接待系统设计时要予以充分考虑。接待管理顶层数据流图如图8-6所示。

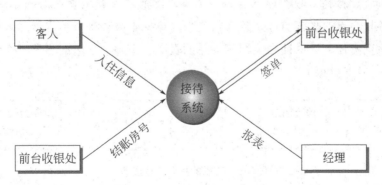

图8-6　接待管理顶层数据流图

（四）总台收银管理的数据流

前台收银处主要负责客人的账务管理，包括客人消费项目的入账、挂账、转账、结账等工作。

客人入住时，由接待处建立客人账户，其后客人在酒店进行的所有消费均可记入客人的总账单，离开酒店时一次性结清。

客人结账退房是酒店对客人服务的最后一个环节，直接关系着对客人整体服务是否完善，能否给客人留下良好的印象。准确快速的结账是前台收银工作的一项基本要求。

（1）客人要求离店结账时，收银员应立即通知楼层服务员检查客人房间的使用情况。

（2）打印客人的总账单，按客人选定的付款方式结算。

（3）将客户账单记录转入历史账项记录，编制结账房号清单交前台接待处。

总台收银管理的数据流图如图8-7所示。

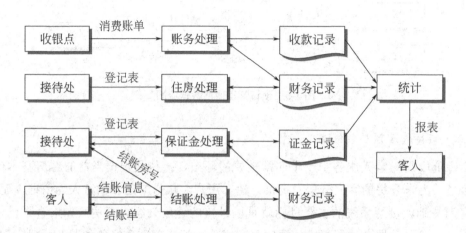

图8-7　总台收银管理的数据流图

（五）夜审管理数据流

在先进的酒店管理体制中，夜间稽核是控制酒店经营的一个核心部分，其地位相当重要，它和预订、接待、收银四部分组成最基本的前台计算机管理系统。夜审管理的主要内容是对各收银点的收银员以及各部门交来的单据、报表等资料进行深入细致的查对，纠正错误、追查责任，以保证当天酒店收益的真实、正确。夜审的主要工作步骤如图8-8所示。

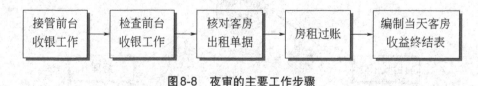

图8-8　夜审的主要工作步骤

夜审系统所需存储的数据项组包括：房态审核记录、房价审核记录、其他费用审核记录、职员留言/记事等。

（六）客房管理数据流

客房管理的最主要任务是修改客房状态，提供房间是否空闲、出租等信息，以便预订、接待员分配房间。客房管理功能主要包括以下内容。

（1）修改客房状态，即与前台接待处共同维护房态，接待处控制客房的占用与否，客房部控制其清洁、待修等情况，同时还要根据进入房间时看到的房间占用与否，与接待处进行核对。

（2）输入所有房间内产生的费用。

（3）拾遗物品管理。

（4）客房内部管理。

客房管理数据流如图8-9所示。

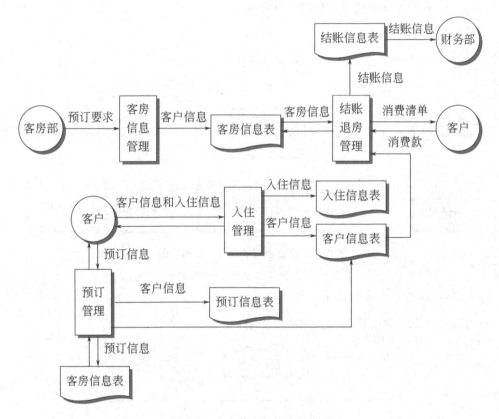

图8-9　客房管理数据流示意图

五、酒店前台信息系统功能模块

从以上分析可知酒店的前台管理系统主要包括了6个功能，即总台预订、前台接待、前台收银、夜审管理、客房管理和系统管理。这6个处理可平行工作，因此从整体上分析可得如下功能模块图。

（一）酒店前台管理信息系统功能模块图

酒店前台管理信息系统功能模块图如图8-10所示。

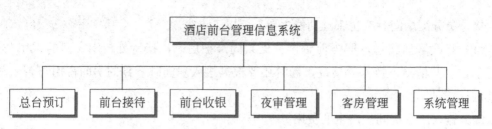

图8-10　酒店前台管理信息系统功能模块图

（二）总台预订子系统功能模块图

总台预订子系统功能模块图如图8-11所示。

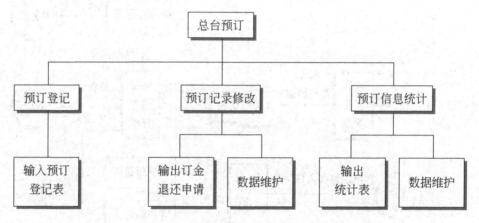

图8-11　总台预订子系统功能模块图

（三）前台接待子系统功能模块图

前台接待子系统功能模块图如图8-12所示。

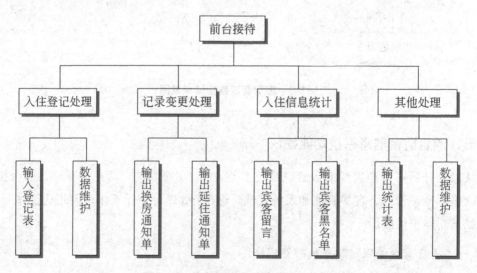

图8-12　前台接待子系统功能模块图

（四）前台收银子系统功能模块图

前台收银子系统功能模块图如图8-13所示。

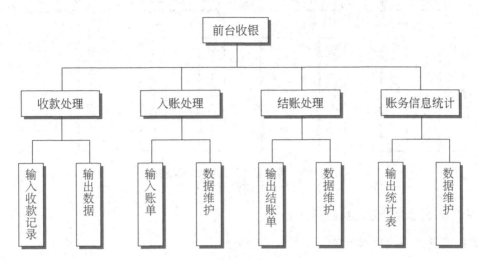

图8-13　前台收银子系统功能模块图

（五）总台夜审子系统功能模块图

总台夜审子系统功能模块图如图8-14所示。

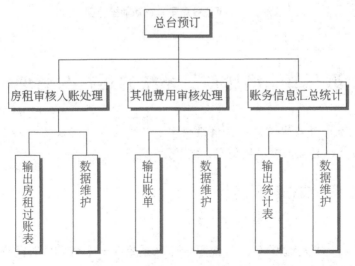

图8-14　总台夜审子系统功能模块图

（六）客房管理子系统功能模块图

客房管理子系统功能模块图如图8-15所示。

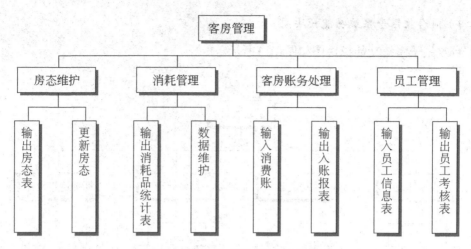

图8-15 客房管理子系统功能模块图

（七）系统管理子系统功能模块图

系统管理子系统功能模块图如图8-16所示。

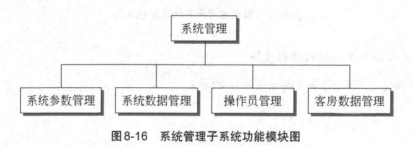

图8-16 系统管理子系统功能模块图

第三节 酒店信息系统的运行与管理

酒店信息系统运行效果的好坏，直接决定了其应有作用的发挥。为了使酒店信息系统发挥更好的效益，必须做好酒店信息系统的运行管理工作。

一、酒店信息系统的运行管理

（一）酒店计算机信息管理的组织建设

酒店信息系统运行管理的目的是使酒店信息系统在一个预期的时间内能正常发挥其应有的作用，产生其应有的效益。为此，必须做好相应的人才队伍和组织机构建设。

1. 酒店信息化建设领导小组及职责

在酒店信息化建设领导小组中，应由酒店的"一把手"担任领导小组组长，以便体现"一把手工程"的原则，并体现出酒店领导对信息化工作的高度重视；各小组成员应该包括酒店决策层相关领导、酒店信息化领域知名专家、与酒店信息化有关的二级部门领导以及各主要职能部门的主要业务骨干。

酒店信息化建设领导小组的主要职责如下。

（1）组织酒店信息化建设中、长期规划的审定。

（2）进行酒店信息化建设重大工程项目实施方案的决策。

（3）进行酒店信息化建设机构相关人员的考核、任免与奖惩等。

2. 酒店信息中心及其主要职责

信息系统的运行管理应该命名为信息管理部或信息中心，其主要职责是负责信息资源与信息系统的管理。信息中心除了负责系统的运行管理外，还要承担信息系统的长远发展建设、通过信息的开发与利用推动企业各方面的变革等工作。

具体来讲，其主要职责应该包括以下内容。

（1）负责贯彻酒店信息化领导小组及CIO（首席信息官）的相关决定。

（2）负责酒店信息系统的开发、维护与运行管理。

（3）负责为各业务部门提供信息技术服务，包括制订、安排和执行信息化培训计划。

（4）负责对酒店内部重大信息化项目的检查考核。

（5）负责制订和监督执行酒店自主知识产权的软件开发计划。

（6）负责对酒店信息化方面专家的聘任提名及业绩考核等。

3. 现代酒店CIO的设置

CIO的英文全称是Chief Information Officer，中文意思是首席信息官或信息主管。CIO是一种新型的信息管理者。他们不同于一般的信息技术部门或信息中心的负责人，而是已经进入公司最高决策层，相当于副总裁或副经理地位的重要官员。在现代酒店中，以CIO为首的信息系统部门有以下职责。

（1）制定系统规划。

（2）负责信息的处理全过程。

（3）信息的综合开发。

（4）做好信息标准化等基础管理。

（5）负责系统的运行和维护。

（二）酒店信息系统日常运行的管理

1. 系统运行情况的记录

系统运行中，必须对系统软、硬件及数据等的运作情况做记录。运行情况有正常、不正常与无法运行等，后两种情况应将所见的现象、发生的时间及可能的原因做尽量详细的记录。运行情况的记录对系统问题的分析与解决有重要的参考价值。严格地说，从每天工作站点计算机打开、应用系统进入、功能项选择与执行，到下班前数据备份、存档、关机等，按要求都要做情况记录。

2. 系统运行的日常维护

在数据或信息方面，须日常加以维护的有备份、存档、整理及初始化等。大部分的日常维护应该由专门的软件来处理，但处理功能的选择与控制一般还是由人员来完成。为安全考虑，每天操作完毕后，都要对更动过的或新增加的数据作备份。在硬件方面，日常维护主要有各种设备的保养与安全管理、简易故障的诊断与排除、易耗品的更换与安装等。硬件的维护应由专人负责。

3. 对突发事件的处理

信息系统运行中的突发事件一般是由于操作不当、计算机病毒、突然停电等引起的。发生突发事件时，轻则影响系统功能的运行，重则破坏数据，甚至导致系统的瘫痪。突发事件应由信息管理机构的专业人员处理，有时需要原系统开发人员或软硬件供应商来解决。对发生的现象、造成的损失、引起的原因及解决的方法等必须做详细的记录。

（三）酒店信息系统应用的规章制度

1. 中心机房安全运行管理制度

中心机房管理的主要包括以下内容。

（1）有权进入机房人员的资格审查。一般说来，系统管理员、操作员、录入员、审核员以及其他系统管理员批准的有关人员可进入机房，系统维护员不能单独入机房。

（2）机房内的各种环境要求，比如机房的卫生要求、防水要求。

（3）机房内的各种环境设备的管理要求。

（4）机房中禁止的活动或行为，例如，严禁吸烟、喝水等。

（5）设备和材料进出机房的管理要求等。

2. 信息系统的其他管理制度

（1）重要系统软件、应用软件的管理制度。

（2）数据管理制度。

（3）权限管理制度，做到密码专管专用，定期更改并在失控后立即报告。

（4）网络通信安全管理制度。

（5）防病毒的管理制度，及时查、杀病毒，并备有检测、清除的记录。

（6）人员调离的安全管理制度。

（7）除了以上之外，还必须要有系统定期维护制度、系统运行操作规程、用户使用规程、系统信息的安全保密制度、系统修改规程以及系统运行日志及填写规定等。

二、酒店信息系统的维护管理

（一）酒店信息系统维护的内容

酒店信息系统维护的内容如图 8-17 所示。

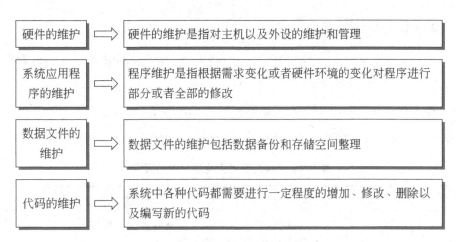

图 8-17 酒店信息系统维护的内容

（二）酒店信息系统维护的类型

酒店信息系统维护的主要工作是系统的软件维护工作，可以划分为表 8-1 所示四种类型。

表 8-1 酒店信息系统维护的类型

序号	维护类型	说明
1	正确性维护	由于在系统测试阶段往往不能暴露出系统中所有错误，因此，在系统投入实际运行后，就有可能暴露出系统内隐藏的错误，用户会发现这些错误并将这些问题报告给维护人员。对这类问题的诊断和改正过程就是改正性维护
2	适应性维护	计算机技术发展迅速，操作系统的新版本不断推出，功能更加强大的硬件的出现，必然要求信息系统能够适应新的软硬件环境的变化，以提高系统的性能和运行效率。为了使系统适应环境（包括硬件环境和软件环境）的变化而进行的维护工作，就是适应性维护
3	完善性维护	在系统的使用过程中，用户往往要求修改或增加原有系统的功能，提高其性能。为了满足这些要求而进行的系统维护工作就是完善性维护。完善性维护是系统维护工作的最主要的部分
4	预防性维护	预防性维护是为了提高软件未来的可维护性、可靠性，或为未来的修改与调整奠定更好的基础而修改软件的过程。目前这类维护活动相对较少。根据对多种维护工作的分布情况的统计结果，一般改正确性维护占全部维护活动的 17%～21%，适应性维护占 18%～25%，完善性维护达到 50%～66%，而预防性维护仅占 4% 左右。可见系统维护工作中，一半以上的工作是完善性维护

（三）酒店信息系统维护的管理

从维护申请的提出到维护工作的执行有如图 8-18 所示步骤。

图 8-18 酒店信息系统维护的管理步骤

三、酒店信息系统的安全管理

信息系统的安全是一个系统的概念，它包括了信息系统设备的安全、软件的安全、数据的安全和运行的安全四个部分。

（一）影响酒店信息系统安全的主要因素

影响信息系统安全的因素是多方面的，归纳起来，主要有以下七种，如表8-2所示。

表8-2　与信息系统安全性相关的因素

序号	因素类型	具体说明
1	自然及不可抗拒因素	指地震、火灾、水灾、风暴以及社会暴力或战争等，这些因素将直接危害信息系统实体的安全
2	硬件及物理因素	指系统硬件及环境的安全可靠，包括机房设施、计算机主体、存储系统、辅助设备、数据通信设施以及信息存储介质的安全性
3	电磁波因素	计算机系统及其控制的信息和数据传输通道，在工作过程中都会产生电磁波辐射，在一定地理范围内用无线电接收机很容易检测并接收到，这就有可能造成信息通过电磁辐射而泄漏。另外，空间电磁波也可能对系统产生电磁干扰，影响系统正常运行
4	软件因素	软件的非法删改、复制与窃取将使系统的软件受到损失，并可能造成泄密。计算机网络病毒也是以软件为手段侵入系统进行破坏的
5	数据因素	指数据信息在存储和传递过程中的安全性，这是计算机犯罪的主攻核心，是必须加以安全和保密的重点
6	人为及管理因素	涉及工作人员的素质、责任心以及严密的行政管理制度和法律法规，以防范人为的主动因素直接对系统安全所造成的威胁
7	其他因素	指系统安全一旦出现问题，能将损失降到最低，把产生的影响限制在许可的范围内，保证迅速有效地恢复系统运行的一切因素

（二）加强酒店信息系统安全的主要措施

酒店信息系统安全的主要措施从三个层面上开展。

1.技术层面

在技术层面，计算机网络安全技术主要有实时扫描技术、实时监测技术、防火墙、完整性检验保护技术、病毒情况分析报告技术和系统安全管理技术。综合起来，技术层面可以采取如图8-19所示对策。

对策一　建立安全管理制度

> 提高包括系统管理员和用户在内的人员的技术素质及职业道德修养。对重要部门和信息，严格做好开机查毒，及时备份数据，这是一种简单有效的方法

对策二 网络访问控制

访问控制是网络安全防范和保护的主要策略。它的主要任务是保证网络资源不被非法使用和访问。它是保证网络安全最重要的核心策略之一。访问控制涉及的技术比较广,包括入网访问控制、网络权限控制、目录级控制以及属性控制等多种手段

对策三 数据库的备份与恢复

数据库的备份与恢复是数据库管理员维护数据安全性和完整性的重要操作。备份是恢复数据库最容易和最能防止意外的保证方法。恢复是在意外发生后利用备份来恢复数据的操作。有三种主要备份策略:只备份数据库、备份数据库和事务日志、增量备份

对策四 应用密码技术

应用密码技术是信息安全的核心技术,密码手段为信息安全提供了可靠保证。基于密码的数字签名和身份认证是当前保证信息完整性的最主要方法之一,密码技术主要包括古典密码体制、单钥密码体制、公钥密码体制、数字签名以及密钥管理

对策五 切断传播途径

对被感染的硬盘和计算机进行彻底杀毒处理,不使用来历不明的 U 盘和程序,不随意下载网络可疑信息

对策六 提高网络反病毒技术能力

通过安装病毒防火墙,进行实时过滤。对网络服务器中的文件进行频繁扫描和监测,在工作站上采用防病毒卡,加强网络目录和文件访问权限的设置。在网络中,限制只能由服务器才允许执行的文件

对策七 研发并完善高安全的操作系统

研发具有高安全的操作系统,不给病毒得以滋生的温床才能更安全

图 8-19 技术层面的七大对策

2. 管理层面

计算机网络的安全管理,不仅要看所采用的安全技术和防范措施,而且要看它所采取的管理措施和执行计算机安全保护法律、法规的力度。只有将两者紧密结合,才能使计算机网络安全确实有效。管理层面的安全防范措施如图 8-20 所示。

| 措施一 | 要对计算机用户不断进行法制教育，包括计算机安全法、计算机犯罪法、保密法、数据保护法等 |

| 措施二 | 明确计算机用户和系统管理人员应履行的权利和义务，自觉遵守合法信息系统原则、合法用户原则、信息公开原则、信息利用原则和资源限制原则，自觉地和一切违法犯罪行为作斗争，维护计算机及网络系统的安全，维护信息系统的安全 |

| 措施三 | 应教育计算机用户和全体工作人员，自觉遵守酒店为维护系统安全而建立的一切规章制度，包括人员管理制度、运行维护和管理制度、计算机处理的控制和管理制度、各种资料管理制度、机房保卫管理制度、专机专用和严格分工等管理制度 |

图8-20 管理层面的安全防范措施

3.物理安全层面

要保证计算机网络系统的安全、可靠，必须保证系统实体有一个安全的物理环境条件。这个安全的环境是指机房及其设施，主要包括如图8-21所示的内容。

| 措施一 | 计算机系统的环境条件 |

计算机系统的安全环境条件，包括温度、湿度、空气洁净度、腐蚀度、虫害、振动和冲击、电气干扰等方面，都要有具体的要求和严格的标准

| 措施二 | 机房场地环境的选择 |

计算机系统选择一个合适的安装场所十分重要。它直接影响到系统的安全性和可靠性。选择计算机房场地，要注意其外部环境安全性、地质可靠性、场地抗电磁干扰性，避开强振动源和强噪声源，并避免设在建筑物高层和用水设备的下层或隔壁，还要注意出入口的管理

| 措施三 | 机房的安全防护 |

（1）应考虑物理访问控制来识别访问用户的身份，并对其合法性进行验证
（2）对来访者必须限定其活动范围
（3）要在计算机系统中心设备外设多层安全防护圈，以防止非法暴力入侵
（4）设备所在的建筑物应具有抵御各种自然灾害的设施

图8-21 物理安全层面的措施

【实战范本8-01】

酒店计算机机房管理规定

1. 目的

为了建立计算机系统运行和开发的良好环境，保证现有计算机及应用能正常运行，特制定本规定。

2. 适用范围

适用于本酒店计算机的管理。

3. 管理规定

3.1 机房出入管理规定

3.1.1 除经授权的系统管理、机房值班和保安巡视人员外，公司其他人员进入机房需经部门领导批准，必须严格执行。

3.1.2 严禁带外单位人员或无关人员进入机房，确因工作需要，如系统故障诊断和处理、设备维修维护、系统或设备安装等进入机房，必须由专业技术人员或机房管理人员陪同进入，做好登记，并配合项目的实施。

3.1.3 外单位访问人员参观机房应由公司陪同人员提出书面申请，并经部门领导批准后，由专人带入参观。

3.1.4 进入机房的设备（外单位的设备进入机房需经部门领导批准）应在进入机房前拆除外包装，以保证机房环境的清洁和安全。

3.1.5 严禁携带易燃、易爆、易腐蚀等危险性物品进入机房。

3.2 计算机房日常维护规定

3.2.1 机房内的所有设备需定期保养，主机房应指定人员做维护、清洁工作。

3.2.2 设备使用人员应保持设备的清洁，及时进行清洁工作，严禁将各种食物、饮用品带入机房，在机房内禁止大声喧哗、打闹及吸烟，机房内应保持清洁卫生的环境，工作台上不得有水杯、杂志等无关物品，工具须保管良好，不得随意丢放。

3.2.3 计算机设备维修工作由专门人员进行，管理人员应把设备的检修情况记录在相应的设备卡上，以便统一归档管理。

3.2.4 系统管理人员必须严格遵守有关机房、设备及系统运行管理规定，不得在机房内从事与系统管理、运行维护、系统安装和调试等无关的工作。

3.2.5 系统管理人员只能按规定的权限做好系统运行维护和管理工作，不得越权操作系统或改变系统设置、配置等。

3.2.6 三不动原则：不联系好不动；对系统、设备不了解不动；运用中的设备、网络不动。

3.2.7 三不离原则：不检查完成或作业没出结果不离；发现故障不排除不离；发现

异味、异状、异声不查明原因不离。

3.2.8 三不准原则：不准任意中断业务、系统、网络及电路；不准任意加、甩、撤设备和改变状态；不准任意切断告警和隐瞒故障。

3.2.9 系统管理人员应定时对机房供电系统和运行中的系统、设备进行巡视和检查，密切关注系统、设备运行和机房环境情况，定时巡查机房监控系统。

3.2.10 禁止在计算机上安装与系统、网络、数据库监控和管理无关的软件。

3.2.11 定期对机房内的计算机设备、软件、存储介质、资料和工具进行检查、核对，并列明清单，以便于审计。

3.3 机房用电管理规定

3.3.1 机房内提供的UPS只允许为主机、服务器、网络及存储等核心设备供电、严禁接插其他设备。

3.3.2 必须保证UPS所带负载是在标准的输出功率范围之内。

3.3.3 严禁擅自切断供电系统，确因工作需要断电时，应做好相应准备工作，报部门领导批准后方可实施。

3.3.4 机房内安装用电设备（主机、服务器及网络等设备）或有用电需求的项目时，必须经过动力专业人员或设备提供商的安装工程师进行现场勘查。经确认在满足或符合要求后，工程才能实施。机房内安装设备的初次加电测试应使用维修供电线路，在确认设备电源工作正常的情况下方可接入UPS供电线路。

3.3.5 因工作或施工需要临时用电时应使用维修用电线路。

3.4 机房施工管理规定

3.4.1 任何进入机房的施工，施工单位必须指明施工管理人员。

3.4.2 施工人员进入主机房，必须遵守机房有关管理规定，不得携带与施工无关的物品进入机房，并自觉接受保安人员和机房管理人员的管理、监督和检查。

3.4.3 施工人员未经许可不得进入非指定工作区域，施工前须布置适当的防护设施。

3.4.4 施工人员在施工现场及机房内严禁吸烟，不得在机房的任何地方坐卧、饮食或从事与施工无关的事情。

3.4.5 施工单位负责对其职工或施工分包单位进行现场施工管理和监督，施工人员在施工过程中不得擅自动用机房设施和设备，如因施工管理不善，造成机房设施、财产及其他一切损失，施工单位必须承担责任并负责赔偿。

3.4.6 待安装的设备必须在机房外拆除包装后方可进入机房，并在安装过程中随时清理施工垃圾，保障机房的安全和清洁卫生。

3.4.7 全部工作完毕后，施工人员应在机房管理人员的监督下清扫整理现场、清点工具，断开所接临时电源，相关用具全部带离机房。

3.4.8 在机房内未经机房主管批准，不得实施带有刺激气味的工作，如喷漆、打胶等。

3.4.9 清洁机房及设备时，不准采用金属或易采产生静电的工具，并必须在机房主管管理人员的指导下进行，否则由此带来的一切损失由施工单位负责。

3.4.10 在进行关键操作时，施工人员应在机房管理人员或技术人员指导下严格按照专业规程进行。

3.5 机房安全管理规定

3.5.1 进入机房的人员必须遵守《机房出入管理规定》及酒店其他有关管理规定。

3.5.2 主机、网络和机房等设备安置在相对独立的地方，应同开发环境分开，避免不当操作使设备损坏。机房内的设备、工具及相关资料应放在指定地点，未经许可不得私自带出机房。

3.5.3 机房内严禁吸烟、严禁存放易燃、易爆、易腐蚀等危险性物品，严禁动用明火，禁止在电器设备上旋转纸张等其他杂物，非机房工作人员不准擅自扳动机房内各种电器开关，不得存放与系统运行维护和管理无关的设备，物品和资料。

3.5.4 系统管理人员、机房管理员以及保安巡检员应熟悉机房环境以及安全通道的位置，应懂得防火知识、灭火常识，熟悉机房消防设施的使用方法，具有及时发现火灾隐患的能力，任何人不得随意按压消防紧急启动按钮。

3.5.5 机房管理员、保安巡检员应定时对机房进行巡检，发现异常或安全隐患应立即采取有效措施，并及时上报部门领导。

3.5.6 未经计算机主管人员同意，不得擅自对网络拓扑结构、连接方式进行修改或拆接，如需拆接或修改，需经机房主管人员同意或批准，任何人不能擅自移动、拆接机房的计算机及其相关设备。

3.5.7 信息技术部明确主机、网络和机房等设备的启停操作规程，并指定专人负责设备的启停操作，其他人不得擅自进行。

3.5.8 应用软件开发人员和计算机使用人员不能擅自把系统中的信息拷贝出系统，机房使用人员不得擅自修改、删除计算机系统文件和数据库，或擅自改变系统环境。如需修改或改变，要经主管部门或人员同意，由专人修改，并把修改情况记录在案。

3.6 机房值班制度

3.6.1 机房值班人员应按时到岗，工作时间坚守岗位，不得因各种原因擅自离岗。

3.6.2 当班期间，认真做好各种工作登记簿，每两小时巡检一次，检查各业务系统、网络工作是否正常。

3.6.3 当班期间，涉及本班未处理完事项，或需要向下一班交接的事项，除了在交班时口头交代外，还必须在当班记录中逐一写明，交代清楚。进行业务检查时，以当班记录本记载为准。

3.6.4 当班工作过程中，随时监控中心主机、前置机、管理机的运行情况，随时监控各网点通信工作状况，随时监控各个业务子系统的工作状况。发现异常情况要立即报告，并详细记录故障现象。

3.6.5 机房值班电话是中心机房的组成部分,禁止长时间占用;确因业务需要使用,时间也要尽可能短,要时刻保持通信畅通,接收各方面信息。

3.6.6 中心机房保存的各种重要数据、介质、账号、密码,必须严格按规定存放。账号、密码每使用一次,就必须更新。

3.6.7 当班人员无法解决的业务、技术问题时,要立即与系统管理员或部门领导联系,求得解决办法,不得自作主张,以免造成危害。

3.6.8 进入中心机房,必须清洗双手、清理鞋面、鞋底,衣着整洁入内。

3.6.9 未经中心机房当班人员许可,任何人不得进入中心机房。

3.6.10 中心机房当班人员工作期间,要严格按照各项操作规程和机房岗位责任制的要求,细心、规范、及时、认真做好每个步骤工作,做好各种记录。

3.6.11 中心机房当班人员要明确职责分工,要了解机房设备的结构,了解电源闸刀、开关、插座的位置,熟练使用各种灭火器具,要熟悉掌握出现意外的处理步骤。

3.6.12 以下物品不得带入机房,防止造成设备损坏、数据丢失和人身伤害,包括:饮水器具、食物、液体等物品,具有碱性、磁性、腐蚀性的物品,高压放电、强辐射、电加热等物品。

3.6.13 做好机房的整洁、卫生,保持机房无尘、无水、无强光直晒、无强磁、无发热体、无易燃品;保持机房恒温;规划机房卫生区域,随时清除杂物、废纸,确保机房环境整洁、有序,不得堆放与主机运行无关的任何物品及设备。

3.7 机房事故报告制度

3.7.1 出现计算机事故后,机房值班人员要立即向部门领导汇报事故情况。

3.7.2 在找到解决问题的办法后,值班人员首先按照部门领导指令,解决问题,将事故控制住,使其不再发展。

3.7.3 根据事故大小、影响情况不同,分别汇报上级领导,同时做好各个部门的反馈记录和事故报告。

3.7.4 事故报告内容包括:事故发生的时间、地点,发生事故的现象,硬件状态,软件应用状态,网络通信状态,供电状态,环境、温度状态,报警装置状态等,以及事故前后的操作步骤,现场处理涉及的相关人员,到过现场人员,事故造成的影响和后果等。

3.7.5 机房人员填写的事故报告是作为事故的第一目击,要求记录尽量翔实,重点记录观察到的现象及相关情况。

3.8 计算机机房保密制度

3.8.1 凡秘密数据的传输和存储均应采取相应的保密措施;录有文件的磁盘信息要妥善保管,严防丢失。

3.8.2 严禁私自将存有重要数据的磁盘带出机房,因工作需要必须带出的要经领导批准，并由专人妥善保管。

3.8.3 存有文件的计算机如需送到外维修时，要将数据拷贝后，对硬盘上的有关内容进行必要的技术处理。外请人员到机关维修存有重要数据的计算机，要事先征求有关领导批准，并做相应的技术处理，采取严格的保密措施，以防泄密。

3.8.4 不得遗失或传播工作中接触到的敏感信息，如酒店服务器、酒店软件、数据库或使用人员密码。

【实战范本8-02】▸▸▸

计算机系统出现故障时的紧急应对办法

1. 目的

为了确保在计算机系统出现故障时，酒店仍能正常运作，特制定本办法。

2. 定义

当酒店停电或机器设备、计算机设备出现故障，致使酒店计算机系统无法正常工作，酒店经营受到影响时的应对计划。

3. 处理程序

3.1 信息（IT）部

3.1.1 当计算机系统出现严重故障的时候，IT员工应立即通知电话房，由总机通知相关部门协调员。

3.1.2 IT员工利用备份计算机检查"在线备份"数据来评估影响情况（比如完整性和准确性）。如果备份有效，着手进行打印紧急报告。如果备份无效，使用前一天的备份数据打印紧急报告。

3.1.3 紧急报告所需的内容如下。

（1）每日房态表（前台）。

（2）住店客人姓名及房号（前台）。

（3）客房部的房态报告，楼层主管和经理各持一个副本。

（4）目前的房态报告（预订部）。

（5）预测房态报告（预订部）。

（6）客人到达情况报告（预订部）。

（7）住店客人姓名和房间号（预订部）。

3.1.4 IT员工将继续查明故障是硬件故障还是软件故障。

3.1.5 如果是硬件故障。

（1）如果故障设备有备用设备，计算机房经理将根据情况决定：立即自行更换设备或者由设备供应商的工程师来更换、维修。目前，备用设备包括服务器、网络交换机、计算机和打印机等。

（2）设备的故障硬件在更换、维修之后，测试并确认服务器、接口机和数据已经恢复正常。

3.1.6 如果是软件故障。

（1）找出最新、最完整的一份备份数据。计算机房经理将根据情况决定自行安装备份数据，修复损坏的数据，或者配合相应供应商修复数据。

（2）在安装备份数据之后，立即修复损坏的数据。然后运行测试、打印报表以确认系统恢复正常并且数据正确。

3.1.7 数据修复后，确保所有硬件和软件运转正常，让总机通知各部门协调员系统已恢复正常。

3.1.8 IT人员将提醒所有部门协调员确保所有信息/数据全部重新录入系统，以确保所有的一切都恢复正常。前台经理/工作人员必须确保所有手动记录数据是完全重新进入系统之后，前台方可做"Check out"（退房）。

3.2 工程部

3.2.1 由于停电或机器设备故障，使得酒店计算机系统停止工作，工程部值班人员应立即通知电话房，由总机通知相关部门协调员。

3.2.2 如果酒店停电，工程部值班人员必须赶到配电室，并立即打电话咨询电力部门了解情况，将了解的实际情况报告工程总监及总经理，如需要，启动酒店备用发电机。

3.2.3 如酒店机器设备发生故障，工程部值班人员应尽快联系设备供应商进行维修。如果时间过长，应通报工程总监及总经理，如需要，启动酒店备用发电机。

3.3 电话房

3.3.1 一旦接到IT员工或工程部员工通知的有关计算机系统出现故障的信息，则采取如下措施。

（1）立即通知各部门协调员，提醒他们启动计算机系统紧急情况应急方案。

（2）从前台获得报表，了解住店客人信息，熟悉重要的数据比如VIP客人的姓名及离店日期。

（3）一旦收到客人开、关电话线的请求，应记录时间和客人姓名。

（4）根据前台提供的资料为客人提供查询、叫醒、留言等各项服务。

（5）所有电话/宽带上网费用将做手工记录。根据FCS（现场总线控制系统）详细的电话信息以手工方式计算收费：填写杂项调整单（一式两联）；详细记录并汇总住店客人电话明细，接到前台该房间退房通知时，马上将离店客人电话账送前台收银处。

（6）前台签收杂项调整单（白联），总机留下粉联，之后将报表汇总，附上收费单,以便财务审计对账。

（7）同样的形式和程序适用于商业租户、订票中心和商务中心。一旦接到他们的请求,完整并准确地为他们提供手工计算的数额和详细的电话信息。

3.3.2 前台系统恢复正常后,立即通知相应的部门协调员。

3.4 前台

3.4.1 接到计算机系统出现故障的通知时,从IT部门取得下列紧急报告。

（1）当日所有离店客人账单（尽量将非当日离店客人账单也提前准备,防止客人提前离店造成阻碍）。

（2）当日散客、团队预订报告。

（3）当日离店客人报告。

（4）当日房态报告。

（5）住店客人名单：按房号、姓确保将打印好的当日所有离店客人账单放入其所属的文件夹内。

3.4.2 紧急情况下的"Check-out"程序。

（1）客人到前台退房,立即通知电话房和客房部。

（2）如客房服务员打电话通知前台,客房查有Mini Bar（迷你吧）消费,前台需详细记录消费金额、房号、姓名,填写Mini Bar水单（需注明接到客房部电话的时间）,并将消费金额手工登记填写在所属房间账单中（这个程序并不适用于客房服务员在客人离店后报Mini Bar消费）。

（3）如有客人在各营业网点（餐厅、健康中心、总机、商务中心、商品部）消费需要挂房账时,均需采用手工单,并及时送达前台,由前台人员在单据右上角签字确认并注明接收时间,前台需留底单,同时审核在店客人报表确认此消费是否属当日退房的房间。如是,立即将消费金额登记至所属房间账单中,这是为了确保及时/全面收集所有客人消费。经常的检查和审计,以备客人提前退房。

（4）计算好账单后,如消费有变动,需在账单上手工注明Balance（余额）,并由客人签字确认。

（5）对于"Paid-out"（付清）需填写杂项单,并由客人签字确认。

（6）前台人员在房间结完账目离店后,需记录于"手工离店登记表"中,并及时更新离店客人报告及房间状态表。

（7）前台人员需各自记录好个人所经手的房号、账目及相关信息,以便在计算机恢复后即时录入计算机系统。

（8）如有客人要详细账单,则向客人解释因系统故障暂时不能提供,请客人提供传真号码或地址,系统恢复后马上提供。

（9）前台员工必须保证所有手工记录完整,以便系统恢复后输入Fidelio系统,然后进行在线"退房"。

3.4.3 紧急情况下的"Check-in"（入住）程序。

（1）根据客房部送来的房态表，从房态主表选一间空/净房，并划叉以做标记。

（2）核查客人姓名、离店日期及房价，并将这些信息填入"住店客人列表"中。当计算机系统恢复正常后将此表输入计算机中。

（3）通知客务部及电话房该客人的入住。

（4）在登记卡上标注"N/I"（意为此卡未入计算机）。

3.4.4 紧急情况下编制房态表。

（1）每隔60分钟应该用"前台住店客人列表"与"客房部客人列表"做一次比较，所有差异都应立即更改。

（2）根据客房部的房态表，前台分房并登记好手工入住登记表及更新房态表。客人入住后，电话通知客房部及总机。

（3）客房与前台员工应定期核对，以确保房间与手工记录吻合，否则应立即修正或更新。

3.4.5 计算机系统恢复正常后。

（1）前台员工应立即补录手工记录的数据、信息，如客人迷你酒吧消费、离店客人在商品部的消费。

（2）前台确保所有手工记录数据均录入计算机系统，然后在线办理退房、入住和收取押金。

（3）系统恢复后立即更新系统。更新系统完毕后，通知客房部更新房态。

3.5 预订中心

3.5.1 接到计算机系统出现故障的通知。

（1）立即打印以下报告。

① 未来一段时间的房态报告。

② 未来一段时间的房态预测报告。

③ 未来一段时间的客人抵达报告。

④ 住店客人姓名和房间号。

（2）准备好当天预抵、当天售房、当天房态及当天取消的手工表。

3.5.2 计算机系统恢复正常后，预订中心员工应按手工表上的记录迅速录入系统中。

3.6 客房部

3.6.1 接到计算机系统出现故障的通知。

（1）立即向计算机房索取一份房态表（在线备份），并把房态表分发给各楼层领班、主管。

（2）填写"客房房态表"，复印并交到前台。

（3）定期检查和更新房态报告，并与前台进行核对，修改/更新记录和相应的复印件交给前台,以便他们准确更新目前房态。

(4)客房部的员工,不能使用客房电话更改房态及记录迷你吧消费,直到计算机房通知系统恢复。

(5)对于离店客人迷你吧消费,客房部服务员应手工记录并把消费金额报给前台,前台根据此金额向客人收费。

(6)对于尚未退房的迷你吧消费,客房部服务员应详细记录并送客房部办公室保管,在计算机系统恢复正常后录入。

3.6.2 当系统回复正常时。

(1)将所有手工记录的迷你吧消费计入系统。

(2)通知前台/值班经理账单补录完成。

(3)接到前台所有C/O(退房)、C/I(入住)完成的通知后,根据实际房态表修改系统房态。

3.7 餐饮部

3.7.1 接到计算机系统出现故障的通知。

(1)立刻停止入账(因为此时前台已在打印客人账单,如果入账,会使前台打印账单不全)。

(2)关闭所有账单。

(3)营业点开始使用手工账单,手工点单;如营业点有收银,手工账单由收银开出。收银联与手工账单钉在一起,一起交给财务部。

(4)各营业点在客人签单后,电话通知前台,确认可以挂账后,由本部门员工第一时间送到前台。前台接收账单后使用中文名(全称)签收。

(5)保留副本以备系统恢复后,在计算机中重新入账。

(6)备存一份登记册,记录每一笔手工记录交易已开出发票。

3.7.2 当计算机系统回复正常。

(1)各营业点将手工账补录到计算机系统中,要求30分钟内完成补录。

(2)通知前台/值班经理补录工作已经完成,并确保数据都正确。

3.8 商品部

3.8.1 接到计算机系统出现故障的通知。

(1)立即停止入账,改为手工记录。

(2)在客人签单后,电话通知前台,确认可以挂账后,由本部门员工第一时间送到前台。前台接收账单后使用中文名(全称)签收。

(3)保留副本以备系统恢复后,在计算机中重新入账。

(4)客人在商务中心拨打电话后,要向总机索取收费单据。

3.8.2 计算机系统恢复正常后,将手工账补录到系统中,要求30分钟内完成补录,通知前台/值班经理补录工作已经完成。

【实战范本8-03】

网络机房钥匙借出登记表

借用时间	钥匙名称	借用原因	借用部门	借用人	借出人	归还时间	经手人	备注

第九章
加强酒店成本费用内部控制

引言

酒店的成本费用内部控制,是指酒店在提供服务的过程中,对各种实际产生的经营耗费,按照事先制定的标准,对其进行指导调节和限制,使之被控制在原定的标准之内,以保证成本、费用目标的实现。酒店的成本费用内部控制是内部财务控制系统的重要组成部分。

第一节 酒店成本费用内部控制设计概述

一、酒店成本费用内部控制设计的总思路

酒店成本费用内部控制设计的总思路如图9-1所示。

思路一	合理制定成本费用定额及预算
	酒店通过成本费用定额与预算的编制,合理估计存货的实际耗费水平,以便科学地进行成本决策,合理地估计存货价值,从而反映企业真实的财务状况
思路二	建立成本费用预测与决策制度
	星级酒店及时提供成本信息,为企业管理部门控制生产费用提供资料,以了解成本变化动态,进行经济决策,如制定销售价格等
思路三	建立成本费用控制制度
	酒店应该有效控制成本开支,对于不符合规定的支出或超出开支标准的各项费用进行控制

图9-1

| 思路四 | 建立成本目标责任制度 |

(1) 建立成本责任制，把目标成本落实到各个部门、个人，建立成本责任中心，对不同成本中心的责任分别进行考核
(2) 把各责任单位的实际可控成本与目标成本进行比较，及时揭示差异，寻找差异原因，挖掘降低成本的潜力

图9-1　酒店成本费用内部控制设计的总思路

二、酒店成本费用内部控制的关键环节及要点

酒店成本费用内部控制的关键环节及要点如表9-1所示。

表9-1　酒店成本费用内部控制的关键环节及要点

序号	环节	控制要点
1	存货验收、领用和盘存的控制	严格的验收、领用及盘存控制制度，能保证存货质量，降低营业成本，防止舞弊、被盗或浪费的现象的发生
2	成本费用的预算控制	制定准确、合理的成本费用预算并严格执行，能有效控制成本费用，实现企业的目标
3	费用的审批控制	严格的报销和审批制度是防止贪污浪费、降低费用的关键

第二节　成本内部控制的基本程序和内容

一、客房成本的内部控制

(一) 客房成本的组成

从理论上讲，酒店客房成本由三部分组成，如图9-2所示。

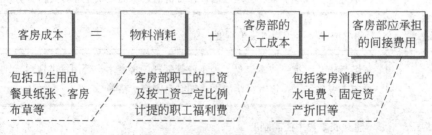

图9-2　酒店客房成本的构成

(二) 客房成本的预算

由于酒店客房具有一次性投资较大，日常经营中耗费较小，各类经营业务间相互交

叉，直接费用和间接费用不易划分等特点，造成了计算酒店客房营业成本的困难。因此，现行会计制度规定，酒店客户营业中产生的各项费用都通过"营业费用""管理费用"账户来核算，不单独计算客房成本。

但从责任会计角度来说，可以把客房部与前台部合为一体看作一个利润中心，其收入主要来源于前台部，成本主要产生在客房部；也可以直接对客房部进行控制，应计算其责任成本，主要包括物料消耗、水电消耗、人工费用、布草消耗和外洗费用。进行预算控制时重点也应放在这几个项目的耗费上（表9-2）。

表9-2 重点项目的预算

预算项目	计算公式
水电费	水电费预算=∑（客房数量×每间客房床位数量×预算天数×客房出租率×每位客人消耗水电的平均金额）
卫生用品、客房布草等物料用品的消耗	物料消耗预算=∑（客房数量×每间客房床位数量×预算天数×客房出租率×某类消耗品每间×消耗品平均单位）
人工费用	客房部服务员的工资=每个服务员工作小时预算数×每小时工资数×服务员人数 客房部人员工资的预算数=客房部服务员的工资预算数+客房管理人员的工资预算数

（三）进行差异分析

每期期末酒店还应进行差异分析，差异的分析过程主要是确定造成差异的原因。酒店管理人员应根据实际情况分析差异产生的原因并采取改进措施。

二、餐饮成本的内部控制

对餐饮成本进行内部控制一般采用标准成本控制的方法，可以分为以下几步：首先制定标准成本；其次将实际成本与制定的标准成本进行比较以确定餐饮成本的节约程度；最后采取有效的措施，及时消除不利差别。

（一）标准成本的制定

要确定餐饮的标准成本，首先要确定标准分量或标准配方，即用文字将菜肴实际食品成本和面食的烹饪规定下来，列明生产某一菜肴和面食时所需的各种原料的名称、数量、操作方法、标准分量、装盘工具和添饰的配菜以及其他必要的信息。酒店可以根据自己的实际情况，分别用以下两种方法制定标准成本，如表9-3所示。

表9-3 标准成本的制定方法

制定方法	说明	适用范围
公式法	每份的标准成本=每单位食品原料采购价格/每单位食品原料中生产份数	（1）适用于仅含一两种食品原料的简单菜肴

续表

制定方法	说明	适用范围
公式法	每份的标准成本=每单位食品原料采购价格/每单位食品原料中生产份数	（2）早餐供应的果汁、面包、黄油、鸡蛋、咖啡等 （3）午餐和晚餐中提供的一些简易食品，即已经经过半加工的食品 （4）采购时都标有分量和购价
标准配方卡法	（1）标准配方卡应在餐饮部经理会同厨师长确定餐厅经营的菜品后，由厨师长根据实际用量填列 （2）在填列前，一定要经过烹调试验，观察原料的用量及菜肴的色、香、味、形 （3）厨师长应将填列完整的标准配方卡及时送交财务部门，由成本会计根据确定的用料名称和数量计算出成本金额，并作为控制成本的标准	对于制作工艺较复杂的菜肴

（二）实际成本与标准成本比较

根据上述内容，可以分别计算出实际的食品成本和食品成本率以及标准食品成本和成本率。如果直接采用实际食品成本与标准食品成本进行比较，由于两者对应的营业可能不同，比较的结果可能毫无意义。因此，一般采用实际食品成本率与标准食品成本率相对比的方法，进行比较分析。

实际食品成本率与标准食品成本率之间存在差异，并不能说明酒店内部管理一定存在问题，应根据具体情况，对产生的差异进行具体的分析。差异可分为合理差异和不合理差异两大类。成本差异的分类与处理方法如图9-3所示。

合理差异	不合理的差异
（1）销售品种构成发生变化所引起的差异。这种情况引起的差异，经管人员应尽快确定新品种的标准成本 （2）食品原料价格突然大幅度变化引起的差异。这种情况下，酒店经管人员应重新计算菜单成本，并相应调整菜肴的售价 （3）酒店改变会计核算程序、报表编制方法、收款方法等引起的差异	原材料进货过多、验收不严格、保管不妥、未严格执行领料制度、浪费、职工偷盗、每份菜肴分量不正确、未按标准配方进行生产等。对于这种差异，酒店经管人员应通过深入调查，查明问题，采取改进措施，缩小差异

图9-3　成本差异的分类与处理方法

三、存货的内部控制

（一）存货的验收控制

1. 专设收货部

原料物品的验收工作，是仓库验收部门的职责。酒店经理人员应在账会部门下专设收货部，负责原料物品的验收工作。验收员应有与采购人员、餐饮经理及其他经营管理人员交往时所拥有的自主权。收货部应有必备的设备和工具，各种工具都应定期校准和检查，以保持精确度。

2. 验收控制

验收的控制要点如表9-4所示。

表 9-4 验收的控制要点

验收过程	控制要点	备注
验货单	检验采购订单手续是否齐全，即是否有经办人员签字和采购经理签字，证明验收货物是经过一定程序并被批准执行的	验货前，检查发货票上的价格是否控制在报价单价格之下。报价单由采购部经理、餐饮部主厨、成本控制部经理签字，3天报价一次或一周、10天报价一次，超过报价应拒绝收货
验货	（1）根据采购订单检查货物数量，确保数量正确。验收人员必须严格执行制度，对所有到货进行数量盘点。根据采购规格检查货物质量 （2）核对采购订单与发货票上的价格是否一致。验收人员如发现采购订单与发货票上的价格不一致，应拒绝接受或详细做出记录 （3）验货人员在发货票上签名，接受货物，填写收货记录 （4）如果到货数量不足或质量不符合要求，应填写供方通知单，并要求送货人员签名 （5）如果到货无发货票，应填写无购货发票收货单，一式数联，分别由采购部、供应商、收货部门签字盖章方可生效 （6）如果属于紧急购货（即无采购订单的购货），应着重做出记录并要求使用部门尽快补齐购货手续，紧急购货的成本往往较高 （7）验收员在收到货物后，应立即将货送到仓库。一般来说，容易变质的食品原料应储藏在靠近厨房或销售点，称为直拨原料	（1）发货票应由供货商开出，一式两联，送货人要求验收员在发货票上签名，将第二联还给送货人以示购货单位收到货物，第一联交于会计部，由会计部付款 （2）收货记录一式三联，由送货人、收货人及验收人员签名后，第一联留存；第二联交会计部登记应付账；第三联交给仓库，登记仓库账 （3）不易变质的食品原料通常也应送到靠近厨房的仓库里，其他物品也应及时入库，以防丢失或损坏，送入仓库的原料称为入库存原料
验货后	（1）验收员应根据收货记录分别填写一张列明每天收到的所有餐饮原料的表格和一张列明每天收到一般物料的表格，统称收货日报表 （2）仓库管理员应凭收货记录及时登记仓库账 （3）将所有发货票、收货记录送到会计部，由财务人员核对和记录金额，登记总账和日记账	收货日报通常按供应商分类，以验收的顺序排列，填写时要做到货物、数量、金额无误。收货日报有以下作用：计算各类成本，包括食品、饮料、烟草等；计算直拨原料总额，为计算每日成本提供资料

3. 建立稽核制度

为了控制原料物品的收、发、存，实现账账相符，必须建立稽核制度，由会计部门指派稽核人员定期进行稽核，其工作包括对仓库保管的收、发、存记录与原始单据核对；仓库账与会计账进行核对，以保证仓库账与会计账相符，并因此实现对仓库管理人员的牵制，防止其舞弊偷盗行为。

（二）存货的领发料控制

发料工作是从仓储的存货中发出原料物品供生产部门或使用部门使用的过程。对原料物品的领发料进行控制不仅可以确保领料得到批准，还可以为成本的入账提供资料。

原料物品领发料的基本程序和内容如图9-4所示。

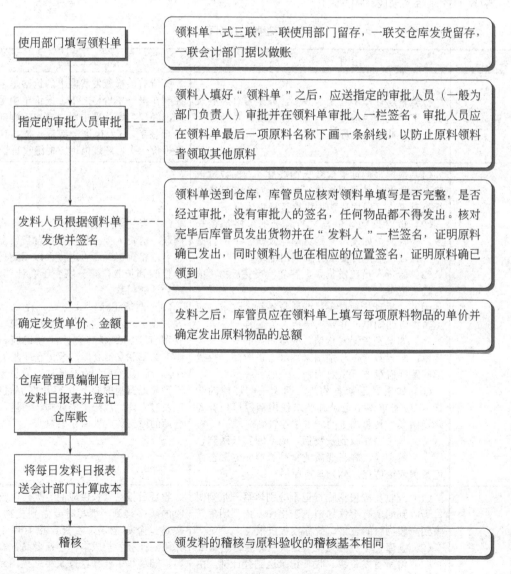

图9-4 原料物品领发料的基本程序和内容

（三）存货的盘存控制

常见的存货盘存制度有两种：永续盘存制和实地盘存制。

1. 永续盘存制

永续盘存制是一种逐笔记录存货数量和金额增减变化的存货控制制度，它要求设置专门的库管员负责存货的分发和保持存货记录，使用"永续盘存表"在原料物品入库后和发料后记录存货数量及金额的变化情况。永续盘存表，每种物料使用一张，一般应由库管员负责记录。

2. 实地盘存制

实地盘存制是通过实际观察，即点数、称重或计量确定存货数量的一种盘存制度。为了保证存货账实一致，酒店每月至少应进行一次实地盘存。

实地盘存控制要点如图9-5所示。

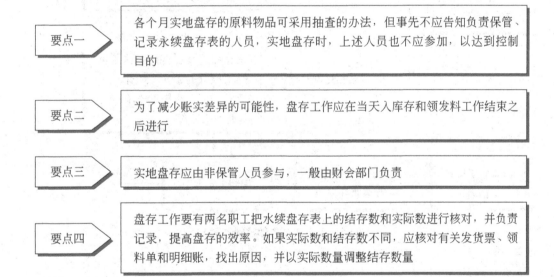

图9-5　实地盘存控制要点

3. 库外存货的处理

许多酒店存在大量库外存货，即存放于仓库以外的存货，包括存放在厨房冰箱、货架中的食品原料；已领用尚未使用的食品原料；厨房里正在制作的菜肴的食品原料以及在餐厅、咖啡厅、宴会厅等处的调味品、酱品、酒水饮料等。为了加强控制，每月月底也应对库外存货的价值进行计算。盘点时，每样物品都应该清点、计值，并计入食品原料库盘点清单。如果某种产品已做成半成品，如汤、酱汁等，确定其成本有困难，可以请厨师帮助估价。

酒店每次进行实地盘点后，如发现账实不一致的情况，仓管员都就填写"存货盘点短缺（溢余）报告单"，并由参加盘点的人员签字，以示负责。

第三节 费用内部控制的基本程序和内容

一、人工成本的内部控制

（一）人工成本内部控制的程序

人工成本内部控制的程序如图9-6所示。

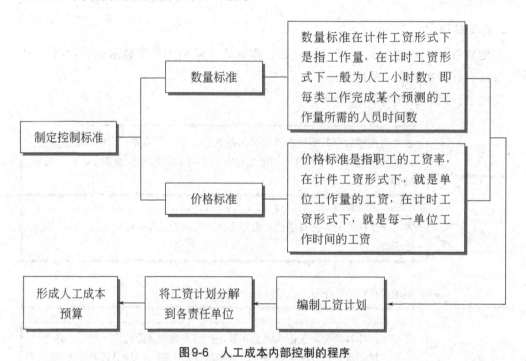

图9-6 人工成本内部控制的程序

（二）制定预算报告

为了确定实际数与预算数之间的差异，酒店必须编制实际数与预算数的比较分析报告，即预算报告。另外，酒店总经理和财务总监应制定一个适合本酒店的确认标准，据以确认哪些是巨大差异。一般来说，酒店可以比较以下几个指标：人工成本率、人工小时数、每人工小时接待的顾客数。

（三）定期进行差异分析及预算调整

差异的分析过程主要是确定造成差异的原因：
（1）人工成本实际数与预测不准确；
（2）职工工作班次安排不当；
（3）特殊原因造成顾客突然增多或减少等。
酒店管理人员根据实际情况分析差异产生的原因并调整预算。

二、费用的内部控制

（一）费用预算控制

费用预算是酒店经营支出的限额目标。预算控制，就是以分项目、分阶段的预算指标数据来实现费用控制。其具体做法为：以报告期实际产生的各项费用的总额及单项产生额与相应的预算数据相比较，在业务量不变的情况下，费用不应超过预算。具体操作步骤如图9-7所示。

步骤一 编制预算

酒店必须在每个经营期开始之前编制费用预算。费用预算一般由四部分组成，即各部门费用数额、各项费用数额、全部费用总额和费用率。编制步骤如下
（1）先由各部门拟定部门预算，报财务部门审查，经反复研究、逐级汇总、修订平衡后，报总经理审核，最后由董事会批准
（2）各部门应根据对目前业务情况的调查分析、对下年业务的预测，考虑各种可能预算的因素，参考以前年度费用实际支出和费用预算拟定出的部门费用预算

步骤二 对预算执行情况进行检查

酒店必须在预算执行过程中不断对预算执行情况进行检查，由财务部门提供各项费用实际执行结果的数据，管理人员把这些数据逐项与预算进行对比、分析，查找产生差异的原因，并要求有关部门对差异做出解释，以便找出下一步预算控制和重点和方向

步骤三 与酒店内部的奖惩制度挂钩

预算检查的结果应与酒店内部的奖惩制度挂钩，以增加预算控制的效果

步骤四 对预算进行修订和调整

如果酒店的经营环境发生了重大变化或出现了影响费用预算顺利执行的新情况，应及时按照原预算编制审批程序对预算进行修订和调整

图9-7 费用的预算控制步骤

（二）费用的审批控制

对于费用，应通过建立严格的报销和审批制度来控制。一般的费用报销规定如图9-8所示。

规定一	费用开支前必须经部门经理批准，开支内容和开支金额应在部门费用预算范围之内
规定二	费用开支后，报销人须在报销单上按要求填好报销日期、所属部门、单据张数、报销人，原始凭证须由经手人签字、部门经理及财务经理签字后可报销
规定三	所有费用类开支，酒店均应规定其审批的权限
规定四	费用产生时应索取正规发票，不得以虚假发票入账

图9-8 一般的费用报销程序

（三）不同类费用的控制

酒店费用的控制具体又可分为现金费用的控制和非现金费用的控制两类。

1.现金费用的控制

酒店的现金费用，不单单指库存现金，而且包括银行存款在内的一切货币款项。酒店以现金支付的费用很多，除了要支付日常零星开支外，还包括定期支付的水、电、燃料、楼宇保养维修费用和广告宣传费、购建固定资产的费用等。对于不同的费用项目，控制方法也不尽相同，管理人员应遵循成本效益原则，对占费用总额比重较大的项目进行重点控制，以达到既节省控制成本，又能控制费用的效果。表9-5以酒店消耗较多的几项费用为例介绍几种费用的控制方法。

表9-5 几种费用的控制方法

序号	费用类别	控制方法
1	能源费用	（1）要对能源供应部门总额控制，即预算控制。制定预算时，将能源费用划分为基础费用（固定费用）和变动费用两部分，按照酒店经营的业务量（如客房入住人数、餐厅就餐人数等）核定变动费用，再加上基础费用，即为能源费用的预算总额。定期以实际产生的能源费用与预算数进行对比、分析、考核，就可起到促进能源节约，控制能源费用的作用 （2）要健全对能源费用的计量，在各使用部门都安装测量能源消耗的计量仪表，分清经济责任，使能源费用的高低和责任单位的能源节约相挂钩，以调动各使用部门节约能源的积极性
2	差旅费和交际应酬费	（1）酒店产生的差旅费和交际应酬费有两种情况 ① 租用自己酒店的出租车产生的差旅费和在自己餐厅开支的交际应酬费，这种情况下产生的费用属于非现金费用。有些酒店为了招待方便，节省开支，规定应酬客户只能在本酒店进行招待 ② 在外面产生的直接以现金支出的差旅费和交际应酬费，这种费用属于现金费用

续表

序号	费用类别	控制方法
2	差旅费和交际应酬费	（2）对属于现金费用的差旅费和交际应酬费应通过审批制度和权限进行控制。应规定各个级别人员可报销的最高标准，如有超额的开支则需要自己承担
3	广告宣传费	广告宣传费在酒店期间费用中也占有较大的比重，因此要加强控制 （1）销售部应在每个广告投放期开始前，制订出本期的广告投放计划，并报财务经理、总经理、董事会批准同意 （2）进行广告宣传时，还要与广告公司签订详尽的广告合同，经上述部门审批后，按照合同规定的金额支付广告费

2. 非现金费用的控制

非现金费用，是指那些不需要直接支付现金而由酒店为自己提供服务的一种费用支出形式。例如，在餐厅里开支的交际应酬费、因酒店公务自己租用本酒店的车辆而产生的车费等。非现金费用控制的基本程序如图9-9所示。

步骤一　批准

（1）对非现金费用的控制，一般要求在其发生之前得到批准，但有时可能来不及呈报批准，如临时做出招待某业务团体的决定而来不及遵循一定的程序上报审批等，但必须事后补报
（2）不管是事前，还是事后，都必须填报费用支出"申请单"，所办事由、支出额等填写清楚，报给总经理审批

步骤二　支出

（1）费用支出批准后，即可按照批准的内容执行，在执行产生的费用时应像对外营业一样计价
（2）产生费用支出的人员应把批准的"申请单"交给收银员，暂没有批准"申请单"的，应在账单上注明此项费用的性质，以便收银员正确处理结算事宜

步骤三　稽核

（1）收入稽核人员对各收银员交来的本店费用支出的账单进行审核。审核的要点如下
①是否附有已批准的"申请单"，如果没有，应通知有关人员迅速补上，否则不能作为本店的费用支出，而是将其费用额计入有关人员的私人账户，从工资中扣除
②账单的数额是否超出"申请单"批准数额，如果超出，应让有关人员解释原因，并补充文字说明，连同账单、申请单一同再报总经理审批
（2）这些费用支出的账单、经稽核人员审批无误后，送交成本处计算成本，列入费用账

图9-9　非现金费用控制的基本程序